中国国情调研丛书
乡镇卷
China's national conditions survey Series
Vol. Towns

中国国情调研丛书·乡镇卷
China's national conditions survey Series · **Vol.Towns**
主　编　裴长洪　刘树成　吴太昌
副主编　周　济

民族落后地区同步小康之路

——湘西农发行支持乡镇发展调研报告

The Role of Policy-based Financial Institutions in Rural-urban
Integration and Synchronous Well-off:Investigation Report on
Xiangxi Rural Development Bank

彤新春　主编

中国社会科学出版社

图书在版编目（CIP）数据

民族落后地区同步小康之路：湘西农发行支持乡镇发展调研报告／
彤新春主编 . 一北京：中国社会科学出版社，2015.7
　ISBN 978-7-5161-6549-2

　Ⅰ.①民…　Ⅱ.①彤…　Ⅲ.①农村金融—金融政策—
研究报告—湖南省　Ⅳ.①F832.764

中国版本图书馆 CIP 数据核字（2015）第 160005 号

出 版 人	赵剑英
责任编辑	冯春凤
责任校对	张爱华
责任印制	张雪娇

出　　　版	中国社会科学出版社
社　　　址	北京鼓楼西大街甲 158 号
邮　　　编	100720
网　　　址	http：//www.csspw.cn
发 行 部	010－84083685
门 市 部	010－84029450
经　　　销	新华书店及其他书店

印　　　刷	北京君升印刷有限公司
装　　　订	廊坊市广阳区广增装订厂
版　　　次	2015 年 7 月第 1 版
印　　　次	2015 年 7 月第 1 次印刷

开　　　本	710×1000　1/16
印　　　张	18.5
插　　　页	2
字　　　数	256 千字
定　　　价	68.00 元

课题组成员：

董志凯　中国社会科学院经济所

徐建青　中国社会科学院经济所

赵学军　中国社会科学院经济所

曲　韵　中国社会科学院经济所

姜长青　中国社会科学院经济所

于文浩　中国社会科学院经济所

彤新春　中国社会科学院经济所

蔡朝晖　广州职业技术师范学院

陈晓明　湖南农发行

李　辉　湘西州农发行

中国国情调研丛书·企业卷·乡镇卷·村庄卷

总 序

陈佳贵

　　为了贯彻党中央的指示，充分发挥中国社会科学院思想库和智囊团作用，进一步推进理论创新，提高哲学社会科学研究水平，2006 年中国社会科学院开始实施"国情调研"项目。

　　改革开放以来，尤其是经历了近 30 年的改革开放进程，我国已经进入了一个新的历史时期，我国的国情发生了很大变化。从经济国情角度看，伴随着市场化改革的深入和工业化进程的推进，我国经济实现了连续近 30 年的高速增长。我国已经具有庞大的经济总量，整体经济实力显著增强，到 2006 年，我国国内生产总值达到了 209407 亿元，约合 2.67 万亿美元，列世界第四位；我国经济结构也得到优化，产业结构不断升级，第一产业产值的比重从 1978 年的 27.9% 下降到 2006 年的 11.8%，第三产业产值的比重从 1978 年的 24.2% 上升到 2006 年的 39.5%；2006 年，我国实际利用外资为 630.21 亿美元，列世界第四位，进出口总额达 1.76 亿美元，列世界第三位；我国人民生活水平不断改善，城市化水平不断提升。2006 年，我国城镇居民家庭人均可支配收入从 1978 年的 343.4 元上升到 11759 元，恩格尔系数从 57.5% 下降到 35.8%，农村居民家庭人均纯收入从 1978 年的 133.6 元上升到 2006 年的 3587 元，恩格尔系数从 67.7% 下降到 43%，人口城市化率从 1978 年的 17.92% 上升到 2006 年的 43.9% 以上。经济的高速发展，必然引起国情的变化。我们的研究表明，我国的经济国情已经逐渐从一个农业经济大国转变为一个工业经济大国。但是，这只是从总体上对我国经济国情的分析判断，还缺少对我国经济国情变化分析的微观基础。这需要对我国基层单位进行详细的分析研究。实际上，深入基层进行调查研究，坚持理论与实际相结合，由此制定和执行正确的路线方针政策，是我们党领导革命、建设与改革的基本经验和基本工作方法。进行国情调研，也必须深入基层，只有深入基层，才能真正了解我国国情。

为此，中国社会科学院经济学部组织了针对我国企业、乡镇和村庄三类基层单位的国情调研活动。据国家统计局的最近一次普查，到 2005 年底，我国有国营农场 0.19 万家，国有以及规模以上非国有工业企业 27.18 万家，建筑业企业 5.88 万家；乡政府 1.66 万个，镇政府 1.89 万个，村民委员会 64.01 万个。这些基层单位是我国社会经济的细胞，是我国经济运行和社会进步的基础。要真正了解我国国情，必须对这些基层单位的构成要素、体制结构、运行机制以及生存发展状况进行深入的调查研究。

在国情调研的具体组织方面，中国社会科学院经济学部组织的调研由我牵头，第一期安排了三个大的长期的调研项目，分别是"中国企业调研"、"中国乡镇调研"和"中国村庄调研"。"中国乡镇调研"由刘树成同志和吴太昌同志具体负责，"中国村庄调研"由张晓山同志和蔡昉同志具体负责，"中国企业调研"由我和黄群慧同志具体负责。第一期项目时间为三年（2006—2008），每个项目至少选择 30 个调研对象。经过一年多的调查研究，这些调研活动已经取得了初步成果，分别形成了

《中国国情调研丛书·企业卷》、《中国国情调研丛书·乡镇卷》和《中国国情调研丛书·村庄卷》。今后这三个国情调研项目的调研成果，还会陆续收录到这三卷书中。我们期望，通过《中国国情调研丛书·企业卷》、《中国国情调研丛书·乡镇卷》和《中国国情调研丛书·村庄卷》这三卷书，能够在一定程度上反映和描述在 21 世纪初期工业化、市场化、国际化和信息化的背景下，我国企业、乡镇和村庄的发展变化。

国情调研是一个需要不断进行的过程，以后我们还会在第一期国情调研项目基础上将这三个国情调研项目滚动开展下去，全面持续地反映我国基层单位的发展变化，为国家的科学决策服务，为提高科研水平服务，为社会科学理论创新服务。《中国国情调研丛书·企业卷》、《中国国情调研丛书·乡镇卷》和《中国国情调研丛书·村庄卷》这三卷书也会在此基础上不断丰富和完善。

2007 年 9 月

中国国情调研丛书·乡镇卷

序 言

　　中国社会科学院在 2006 年正式启动了中国国情调研项目。该项目为期 3 年，将于 2008 年结束。经济学部负责该项目的调研分为企业、乡镇和村庄 3 个部分，经济研究所负责具体组织其中乡镇调研的任务，经济学部中的各个研究所都有参与。乡镇调研计划在全国范围内选择 30 个乡镇进行，每年 10 个，在 3 年内全部完成。

　　乡镇作为我国最基层的政府机构和行政区划，在我国社会经济发展中，特别是在城镇化和社会主义新农村建设中起着非常重要的作用，担负着艰巨的任务。通过个案调查，解剖麻雀，管窥蠡测，能够真正掌握乡镇层次的真实情况。乡镇调研可为党和政府在新的历史阶段贯彻城乡统筹发展，实施工业反哺农业、城市支持乡村，建设社会主义新农村提供详细具体的情况和建设性意见，同时达到培养人才，锻炼队伍，推进理论创新和对国情的认识，提高科研人员理论联系实际能力和实事求是学风之目的。我们组织科研力量，经过反复讨论，制定了乡镇调研提纲。在调研提纲中，规定了必须调查的内容和自选调查的内容。必须调查的内容主要有乡镇基本经济发展情况、政府职能变化情况、社会和治安情况三大部分。自选调查内容主要是指根据课题研究需要和客观条件可能进行的各类专题调查。同时，调研提纲还附录了基本统计表。每个调研课题可以参照各自调研对象的具体情况，尽可能多地完成和满足统计表所规定的要求。

　　每个调研的乡镇为一个课题组。对于乡镇调研对象的选择，我们没有特别指定地点。最终确定的调研对象完全是由课题组自己决定的。现在看来，由课题组自行选取调研对象好处很多。第一，所调研的乡镇大都是自己工作或生活过的地方，有的还是自己的家乡。这样无形之中节约了人力和财力，降低了调研成本。同时又能够在规定的期限之内，用最经济的支出，完成所担负的任务。第二，在自己熟悉的地方调研，能够很快地深入下去，同当地的父老乡亲打成一片、融为一体。通过相互间无拘束和无顾忌的交流，能够较快地获得真实的第一手材料，为最终调研成果的形成打下良好的基础。第三，便于同当地的有关部门、有关机构和有关人员加强联系，建立互惠共赢的合作关系。还可以在他们的支持和协助下，利用双方各自的优势，共同开展对当地社会经济发展状况的研究。

第一批的乡镇调研活动已经结束，第二批和第三批的调研将如期进行。在第一批乡镇调研成果即将付梓之际，我们要感谢经济学部和院科研局的具体安排落实。同时感谢调研当地的干部和群众，没有他们的鼎力支持和坦诚相助，要想在较短时间内又好又快地完成调研任务几乎没有可能。最后要感谢中国社会科学出版社的领导和编辑人员，没有他们高效和辛勤的劳动，我们所完成的乡镇调研成果就很难用最快的速度以飨读者。

目　录

前　言 ·· （ 1 ）

  第一节　湘西州与周边五个地区发展比较分析 ············ （ 2 ）

  第二节　从武陵山片区县（区、市）比较中看

        湘西州县市经济发展 ·························· （16）

  第三节　湘西州第三产业发展剖析 ···················· （29）

  第四节　湘西州城镇化发展情况 ······················ （46）

  第五节　湘西州2013年财政金融运行情况简析 ·········· （61）

第一章　湘西自治州的基本特征 ························ （ 1 ）

  第一节　基本情况 ·································· （ 1 ）

  第二节　地理环境、资源禀赋和交通状况 ·············· （ 3 ）

  第三节　历史沿革、行政区划、人口特征、民俗风情 ····· （13）

  第四节　经济结构、就业状况及金融生态 ·············· （20）

第二章　湘西州农发行角色定位与业务发展 ············· （28）

  第一节　湘西州农发行在当地金融生态中所处的地位 ····· （28）

  第二节　湘西州农发行的体制、规模及业务范围、业

        务分类 ···································· （37）

  第三节　近年来湘西州农发行存贷业务发展情况 ········· （72）

第三章　湘西州农发行推进乡镇经济实现同步小康实践 ····· （101）

  第一节　湘西自治州三农发展情况及存在的问题 ········· （101）

  第二节　湘西州农发行金融服务乡镇经济供给状况 ······ （108）

  第三节　对当地三农的支持 ·························· （115）

第四节　存在的不足和困难 ……………………………（119）

第四章　湘西州农发行推动城乡一体化建设 …………（121）

第一节　湘西自治州城乡一体化建设目标 …………（121）

第二节　城乡一体化中的资金供需矛盾分析 ………（127）

第三节　农发行在民族自治地区同步小康中应发挥

重要作用 ……………………………………（130）

第五章　湘西州农发行转型与发展的思路 …………（138）

第一节　少数民族贫困地区需要农业政策性银行的

支持 …………………………………………（138）

第二节　中国农业发展银行发展困境与转型思路 ……（162）

第三节　湘西农发行先行先试的政策建议 …………（181）

附录：农发行在支持少数民族贫困地区城镇化建设中必须

实行差别信贷政策 ……………………………（201）

后　记 ……………………………………………（217）

前　言

"湘西梦"是"中国梦"的一个组成部分，是"中国梦"在湘西州的具体体现。建设绿色、文化、开放、和谐"四个湘西"，与全国同步全面建成小康社会，就是"湘西梦"的真实体现。目前摆在湘西州面前最大的任务，就是脱贫。按照国家最新的贫困线标准（人均年收入低于2300元），湘西州的贫困人口达到150万人，占总人口的50%左右。立足湘西州贫困范围广、程度深、类型多的基本州情，湘西州坚持富民为先、行动在先，把扶贫攻坚作为最紧迫、最重大的民生工程来抓，大力推进精细化扶贫，努力在武陵山片区率先实现整体脱贫目标。

湘西州按照"集中布局、连片开发、整村推进"原则，整合涉农扶贫资源，大力推进凤凰腊尔山、保靖吕洞山、古丈泸溪吉首红土壤带、永龙大界4个集中贫困片区和100个重点移民村的扶贫攻坚。把凤凰腊尔山、保靖吕洞山作为扶贫攻坚试点的重中之重，在资金调配、项目安排、力量配备上给予特别倾斜，积极探索中高海拔连片贫困地区扶贫开发新路子，为区域发展与扶贫攻坚积累实践经验。随之启动实施的"万名干部结对帮扶万户贫困家庭"精细化扶贫行动，着力在1184个贫困村扶持21万名扶贫对象脱贫致富，为贫困群众"量身定做"个性化扶贫措施，算细账到户，选产业到户，送资金到户，建台账到户，切实做到一家一户制订脱贫计划，明确帮扶责任人，检验扶贫成效，真正把各项扶贫政策和资金落实到具体项目，落实到每家每户，推动扶贫工作更加具体化和扶贫效益最大化，加快实现扶贫对象"两不愁、三保障"。

　　除了政府的大力扶贫之外，湘西州另一张王牌，也将湘西州的小康梦想不断拉近。"神秘湘西"、"原生态湘西"，这或许才是人们对湘西州的第一印象。利用这样的原生态文化优势，湘西州不断完善基础设施，全世界游客的纷至沓来，为鼓起湘西州人民的腰包也作出不少贡献。据悉，目前在建和已建高速公路480公里，其中常德至吉首、吉首至重庆、吉首至凤凰的高速公路已经通车，吉首到怀化也已通车。另外，世界桥梁奇观——矮寨大桥顺利通车，让每天进出吉首的车辆，由通车前的4000多辆增加到9000多辆，对湘西州的人流、物流、资金流、信息流都起到明显的促进作用。

　　少数民族贫困地区农发行如何重新认识和界定农业政策性银行的市场定位和职能作用，在积极支持新农村建设的同时，实现自身业务的可持续发展，是当前基层农村金融体系建设一个迫切需要解决的课题。农发行湘西自治州分行立足山区实际，将农业产业化建设作为支持新农村建设和业务有效发展的着力点，采取有效措施，加大投入力度，大力扶持山区特色优势产业发展。如何更加有效地支持少数民族贫困地区实现同步小康、如何为"湘西梦"助力、如何为乡镇经济发展做出更大的贡献，湘西州农发行还需要做出更多的努力和实践。那么，从对湘西州周边的比较、湘西州在武陵山片区的所处地位以及湘西州第三产业的发展和金融情况的分析中，可以更好地提供发展思路。

第一节　湘西州与周边五个地区发展比较分析

　　湘西州与周边的怀化市、张家界市、湖北恩施州、贵州铜仁市和重庆黔江区同属武陵山连片开发地区，资源禀赋、民族风情和发展基础大致相同。近几年来，六个地区充分发挥各自优势，突出特色，大力发展地方经济，都取得不同程度的进展。通过对近三年（2010—2012年）主要经济指标的比较，查找差距，分析原因，从而能够制定更加有效的政策。

一　现状对比

（一）基本情况

六个地区土地总面积 10.36 万平方公里，总人口（常住人口）1570.76 万人。怀化市市域面积最大，人口最多，为 2.80 万平方公里和 477.5 万人，湘西州州域面积和人口均排第 4 位。6 个地区森林覆盖率远远高于全国水平，均达到了 50% 以上，而城镇化率却没有一个地区高过全国，约在 40%。湘西州这两项指标在 6 个地区中的排位靠后。

基本情况

市州名	湘西州	怀化市	张家界市	恩施州	铜仁市	黔江区
土地面积（万平方公里）	1.55	2.80	0.97	2.40	2.40	0.24
排位	4	1	5	2	2	6
常住人口（万人）	258.12	477.50	150.21	330.58	309.44	44.91
排位	4	1	5	2	3	6
森林覆盖率（%）	66.86	68.80	69.62	70.00	52.98	53.40
排位	4	3	2	1	6	5
城镇化率（%）	37.60	39.00	41.10	34.55	35.00	42.53
排位	4	3	2	6	5	1

（二）主要指标

1. 总量指标

2012 年湘西州实现生产总值 398 亿元，总量在六个地区中排第 4 位，比总量最大的怀化市少 603 亿元，仅为怀化市的 40%，比恩施州少 84 亿元，比铜仁市少 46 亿元，比张家界市和黔江区分别多 59 亿元和 250 亿元。2010—2012 年三年间，湘西州生产总值总量增加了 129 亿元，增量仅比黔江区多 60 亿元，比其他地区的增量都少，与其他地区的差距越来越大。与怀化市的差距从 286 亿元扩大到 603 亿元，与恩施州从 25 亿元扩大到 84 亿元，而铜仁市从比湘西州少 17 亿元到 2012 年反超湘西州 46 亿元，与张家界市的差距也在缩小。2012 年湘西州完成固定资产投资 232 亿元，排第 4 位，铜仁市、怀化市和恩施州分别比湘西州高 3 倍、2.6 倍和 1.8 倍；2012 年湘西州完成工业增加值 133 亿元，比怀化市少 268 亿元，与恩施州并列第 2 位；实现社会消费品零售额 159 亿元，比怀化市和恩施州分别少 158 亿元和 24 亿元，排第 3 位；财政收入 48 亿元，在六地区中排第 4 位；完成进出口总额 15092 万美元，在六地区中排第 3 位，不到铜仁市和恩施州的 50%。

2012 年主要经济指标总量比较　　　单位：亿元、万美元

	湘西州	怀化市	张家界市	恩施州	铜仁市	黔江区
生产总值	398	1001	339	482	444	148
排位	4	1	5	2	3	6
固定资产投资完成额	232	601	170	406	703	176
排位	4	2	6	3	1	5
工业增加值	133	401	70	133	95	71
排位	2	1	6	2	4	5
社会消费品零售额	159	317	113	183	104	52
排位	3	1	4	2	5	6
进出口	15092	7095	3865	30322	30664	13850
排位	3	5	6	2	1	4
财政收入	48	100	32	91	64	42
排位	4	1	6	2	3	5

2. 速度指标

比较 2010—2012 年三年平均增速，湘西州社会消费品零售额排第 5 位，生产总值、固定资产投资、工业增加值和财政收入均排末位。湘西州生产总值年均增长 9.2%，比增长最快的黔江区慢 8.3 个百分点，比铜仁市、怀化市、张家界市和恩施州分别慢 5.4 个、4.4 个、4.2 个和 3.8 个百分点。湘西州固定资产投资年均增长 17.8%，其他地区年均增长均在 20% 以上，最高的铜仁市达到了

60%以上。湘西州工业增加值年均增长不及六地区平均数17%的一半，仅为8%，最快的黔江区年均增速是湘西州的2.8倍。湘西州社会消费品零售额年均增长17%，比黔江区慢3.1个百分点，比张家界市慢1.5个百分点，比铜仁市慢1个百分点，比怀化市慢0.8个百分点，排第5位，仅比恩施州快0.3个百分点。湘西州财政收入年均增长20.8%，比增长最快的黔江区慢9.4个百分点，比恩施州、张家界市和铜仁市分别慢3.4个、2.3个和1.2个百分点。

2010—2012年主要经济指标年均增长速度　　　　　单位:%

	湘西州	怀化市	张家界市	恩施州	铜仁市	黔江区
生产总值增速	9.2	13.6	13.4	13.0	14.6	17.5
排位	6	3	4	5	2	1
固定资产投资	17.8	35.4	20.3	33.1	61.3	35.1
排位	6	2	5	4	1	3
工业增加值	8.0	18.2	17.3	19.0	16.6	22.7
排位	6	3	4	2	5	1
社会消费品零售额	17.0	17.8	18.5	16.7	18.0	20.1
排位	5	4	2	6	3	1
进出口	-3.6	26.1	17.8	29.2	517.8	196.2
排位	6	4	5	3	1	2
财政收入	20.8	30.0	23.1	24.2	22.0	31.5
排位	6	2	4	3	5	1

3. 人均指标

2012年湘西州人均工业增加值5171元，排第3位；人均生产总值、人均消费和人均储蓄排第4位，人均生产总值15475元，是黔江区的46%，比黔江区少17583元，比张家界市少7184元，比怀化市少5541元，比恩施州多400元，比铜仁市多1093元，人均储蓄13424元；人均消费6182元，排第4位；人均投资、人均财政收入、城镇居民可支配收入和农民人均纯收入均排末位，人均固定资产投资湘西州为9021元，比黔江区、铜仁市、恩施州、怀化市和张家界市分别少 30291 元、13750 元、3677 元、3597 元和 2342 元。

2012 年主要经济指标人均数　　　　　　单位：元/人

市州名	湘西州	怀化市	张家界市	恩施州	铜仁市	黔江区
人均生产总值	15475	21016	22659	15075	14382	33058
排位	4	3	2	5	6	1
人均固定资产投资	9021	12618	11363	12698	22771	39312
排位	6	4	5	3	2	1
人均工业增加值	5171	8419	4679	4160	3077	15859
排位	3	2	4	5	6	1
人均社会消费品零售额	6182	6655	7553	5723	3369	11615
排位	4	3	2	5	6	1
人均财政收入	1866	2100	2139	2846	2073	12285
排位	6	4	3	2	5	1
城镇居民可支配收入	15038	15666	15641	15058	16338	18254
排位	6	3	4	5	2	1
农民人均纯收入	4229	5025	4574	4571	4802	6215
排位	6	2	4	5	3	1
人均储蓄	13424	14534	15107	9519	10780	17639
排位	4	3	2	6	5	1

二　原因分析

近几年的主要指标比较表明，湘西州与周边地区发展差距明显，探究原因，主要体现在五个方面。

（一）产业结构调整步伐慢，第二产业比重下降，带动力减弱，而合理的产业结构是区域健康发展的前提

近几年，湘西州三大产业结构有一定的变化。表现出第一产业比重日益缩小，第二、第三产业比重日益扩大的趋势，这是一种强烈的工业化和现代化的表现。但湘西州单一的工业结构未能经受住市场风云变幻的冲击，工业经济发展出现了停滞甚至下滑。产业调整步伐放慢。而周边地区，第二产业的比重无一下降。怀化市、恩施州和黔江区上升幅度较大，三年间上升了 5 个百分点以上。

1. 产业结构总体趋优，湘西州产业结构被动调整因素明显。近几年，六地区均以提升一产、扩大二产、培育三产为发展导向，加大结构调整力度，共同表现出第一产业比重持续下降，第二、第三产业比重稳步上升的特点。结构层次有了进一步提升，协调发展进一步增强。至 2012 年年末，湘西州、张家界市、恩施州和铜仁市产业结构为"321"，而怀化市和黔江区则为"231"。这两种产业结构绝不能作出孰优孰劣的简单判断。但作为正处在工业化初级阶段的经济发展时期，"231"的产业结构难以逾越。虽然湘西州表面呈现良好的"321"产业结构，但实质上是工业化初期阶段，在市场政策调整等因素影响下，第二产业呈现出低速乃至萎缩发展的被动结果。

2. 工业化进程受阻，产业层次提升缓慢。湘西州第二产业比重下降，其他地区均在上升。与 2009 年相比，第二产业比重上升最快的是恩施州，上升了 7.1 个百分点，其次为黔江区和怀化市，分别上升了6.7 个和 4.8 个百分点。而湘西州则下降了 0.2 个百分点。这表明湘西州第二产业在宏观经济政策和市场因素影响下，发展的稳定性较差。发展基础不稳固，影响了经济的快速发展。从第二、第三产业比重来看，黔江区、怀化市、张家界市和湘西州水平相当，处于同一层次，比重均达到 85% 以上。恩施州和铜仁市结构层次相对偏低，第二、第三产业比重不足 75%。

产业结构比重变化情况　　　单位:%、百分点

	2012 年			2009 年			产业比重增减百分点		
	第一产业	第二产业	第三产业	第一产业	第二产业	第三产业	第一产业	第二产业	第三产业
湘西州	14.8	39.9	45.3	16.4	40.1	43.5	-1.6	-0.2	1.8
怀化市	14.5	44.9	40.6	15.6	40.1	44.3	-1.1	4.8	-3.7
张家界市	12.4	25.1	62.5	13.3	23.2	63.5	-0.9	1.9	-1.0
恩施州	25.9	34.0	40.1	32.7	26.9	40.4	-6.8	7.1	-0.3
铜仁市	27.9	28.6	43.5	32.9	25.8	41.3	-5.0	2.8	2.2
黔江区	10.8	56.1	33.1	11.4	49.4	39.2	-0.6	6.7	-6.1

3. 第二、第三产业贡献突出，传统行业仍居主导地位。从三个产业结构看，各地经济增长都是第二、第三产业增长的结果，六个地区第二、第三产业对经济的贡献率均达到了80%以上。从行业看则各有不同。怀化市、黔江区和湘西州主要靠工业经济的有力拉动，工业增长快则经济增长快，而近几年湘西州工业经济遇到了前所未有的困难，发展异常艰难，工业增长慢最主要最直接的原因是全州经济增长慢。张家界市和铜仁市则主要靠服务业快速增长。具体观察贡献率排前三位的行业，湘西州排前三位的是工业、服务业和商业，三个行业对经济增长的贡献率达到了75%以上；怀化市主要依赖工业、服务业和农业，三个行业贡献率79%以上；张家界市服务业、工业和农业贡献率近79%；恩施州依赖工业、服务业和农业的增长，三个行业的贡献率达77%以上；铜仁市依赖服务业、工业和农业的增长，三个行业的贡献率接近70%；黔江区则完全靠工业的拉动，工业对经济增长的贡献率达到了60%左右。

（二）工业结构重型化严重，规模小、速度慢

不同的工业结构标志着不同的核心竞争力和工业化阶段。主导工业群不仅是具有比较增长优势和比较规模优势的部门，而且具有较高的产业关联度、带动作用和新技术的扩散效应。矿产业、食品加工业和生物医药制造业是湘西州工业经济经过多年探索发展而形成的三大工业支柱产业集群，曾是湘西州经济增长的主要增长点。但自2008年后，产业集群特别是矿产业遇到来自市场低迷、资源不足、宏观环境趋紧的严峻考验，近几年一直低迷不振。加大工业投入，要求转型发展的呼声越来越强，近几年，湘西州咬紧牙关，强忍转型阵痛，以壮士断腕的决心开展矿产业整治整合，努力改变散、小、乱的矿产业生产格局，打造"航母"企业，实现集约式发展。通过和周边地区比较，发现湘西州工业经济规模小、结构不优、重型化严重、主导行业带动不强的问题依然存在。

1. 规模工业增速最低。2010—2012年，湘西州规模工业年均增

长 6.8%，是周边地区最慢的，增长最快的黔江区，比湘西州快 25.2 个百分点，增长速度是湘西州的 4.7 倍，排倒数第二位的怀化市增长速度是湘西州的 2 倍多，高出湘西州 7 个百分点。

2. 县域工业排位靠后。县域工业强则全州工业强。县域工业经济是全州工业经济强弱的重要标志。面对周边地区县域经济进位争先的形势，湘西州要实现"两个率先"，实现更好更快地发展，县域工业经济必须要有更大的突破。2012 年湘西州县均规模工业个数和县均工业增加值仅比铜仁市高，和恩施州差不多。县均企业户数低于黔江区、怀化市和张家界市 3 户以上，县均增加值比黔江区、怀化市和张家界市低 5 亿元以上。差距明显。

2012 年规模工业情况表

	湘西州	怀化市	张家界市	恩施州	铜仁市	黔江区
规模工业个数	263	602	146	306	232	55
规模工业增加值	97	288	70	101	71	62
三年年均增长速度（%）	6.8	13.8	19.5	20.2	19.9	32
企业户均增加值（万元）	3688	4784	4795	3301	3060	11273
县均增加值（亿元）	12.1	22.2	17.5	12.6	7.1	62.0
县均企业个数（户）	32.9	46.2	36.5	38.3	23.2	55.0

3. 重化工业特征突出。从轻重工业结构来看，湘西州工业重型化结构比较突出，高耗能行业占比较大。近三年，湘西州重工业比重虽然下降了 5.1 个百分点，但比重依然高达 84% 以上，仍占据绝对主导的地位。这些年，湘西州轻重比例失衡现象有所缓解，然而这种缓解，虽有大力调整结构的因素存在，但更多的是由于外部环境严峻、资源日趋紧缺受到制约的结果。与周边地区相比，湘西州重工业比重是最高的，达到 84.5%。比排在第二位的铜仁市高出 4 个百分点以上，比最低的黔江区要高 60 个百分点以上。湘西州过重的重化工业比会导致工业发展对资源的依赖度高，使得湘西州工业"两高一资"的格局难有明显改变，严重影响了工业经济的快速发展。

2012 年轻重工业比重　　　　　　　　　　　　单位:%

	湘西州	怀化市	张家界市	恩施州	铜仁市	黔江区
轻工业	15.5	26.4	41.4	51.5	19.7	75.8
重工业	84.5	73.6	58.6	48.5	80.3	24.2

（三）投资规模小、速度慢，结构差、自主投资能力弱

投资规模是决定经济增长速度的重要因素，投资增速事关经济发展的活力和后劲。与周边地区比较，湘西州投资速度不快、总量不大、动力不强、活力不够问题突出。湘西州在项目个数、实际完成投资以及占各自所在省的比重排位靠后，差距较大。

1. 施工项目个数少。2012 年，湘西州投资施工项目 503 个，在六个地区排位第 4 位，仅占六个地区总项目的 7.1%，比铜仁市少 2652 个，仅为铜仁市施工项目的 15.9%；比怀化市少 1065 个，仅怀化市的 32.1%；比恩施州少 716 个，为恩施州的 41.3%。新开工项目仅占六个地区的 6.9%，比铜仁市少 2205 个，为铜仁市新开项目的 14.4%；比怀化市少 822 个，为怀化市的 31.2%；比恩施州少 461 个，为恩施州的 44.7%。

2012 年施工项目、新开工项目数及排位

	施工项目（个）	排位	新开工项目（个）	排位
湘西州	503	4	372	4
张家界市	465	5	313	5
怀化市	1568	2	1194	2
恩施州	1219	3	833	3
铜仁市	3155	1	2577	1
黔江区	148	6	72	6

2. 实际投资总量小。2010—2012 年，湘西州共完成投资 654 亿元，比怀化市少 842 亿元，比铜仁市少 733 亿元，比恩施州少 310 亿元，比张家界市和黔江区多 195 亿元和 256 亿元。占全省的比重从

2010 年的 2.2% 下降到 2012 年的 1.6%，占全省的比重下降了 0.6 个百分点；同期怀化市也下降了 0.6 个百分点，占比重为 4.1%；张家界市下降 0.3 个百分点，占比重为 1.2%；恩施州占湖北省的比重为 2.7%，比 2010 年增加了 0.3 个百分点；铜仁市占贵州省的比重为 13%，增加了 4.6 个百分点；黔江区占重庆市的比重为 2%，增加了 0.6 个百分点。

3. 投资结构不优。2010—2012 年六个地区第一产业投资均不足 7%。从第二产业投资完成情况看，各地区第二产业投资中主要是工业投资，黔江区工业投资占全部投资的比重最大，达到近 40%，完成投资 159 亿元，而怀化市则是工业投资额最多，达到 505 亿元，是湘西州的 4 倍多。从第三产业投资看，湘西州三年向第三产业投资 509 亿元，占全部投资的 77.8%，比怀化市少 397 亿元，比铜仁市少 344 亿元，比恩施州少 140 亿元，排第 4 位。

2010—2012 分产业投资完成情况　　　　单位：亿元、%

	湘西州		怀化市		张家界市		恩施州		铜仁市		黔江区	
	合计	占比	合计	占比	合计	占比	合计	占比	合计	占比	合计	占比
投资额	654		1496		459		964		1387		398	
第一产业	18	2.8	64	4.3	10	2.2	46	4.8	87	6.3	21	5.3
第二产业	127	19.4	526	35.2	102	22.2	269	27.9	261	18.8	159	39.9
工业	124	19	505	33.8	99	21.6	269	27.9	250	18.0	159	39.9
第三产业	509	77.8	906	60.6	347	75.6	649	67.3	853	61.5	218	54.8

4. 房地产业发展慢。房地产投资作为增加投资总量，拉动经济增长的重要手段，各地都极为重视，纷纷出台各种优惠政策，刺激房地产市场，加大房地产开发力度，房地产投资得到迅猛发展。2012 年，湘西州房地产开发投资完成额居六个地区第 5 位，仅高于黔江区，比怀化市、铜仁市、张家界市、恩施州分别少 53.7 亿元、

34.4 亿元、18.8 亿元和 14.6 亿元；房地产开发投资增速 4.1%，速度排在六个地区末位，分别比张家界市、怀化市、恩施州、铜仁市、黔江区低 48.3 个、35.6 个、9.3 个、19.1 个和 13.7 个百分点。占全部投资比重为 11.2%，比张家界市和怀化市低，排第三位。

2012 年房地产总量、速度、占比情况表

	总量（亿元）	占全部投资比重（%）	速度（%）
湘西州	26	11.2	4.1
张家界市	45	26.5	52.4
怀化市	79	13.1	39.7
恩施州	40	9.9	13.4
铜仁市	60	8.5	23.2
黔江区	16	9.1	17.8

5. 自主投资能力弱。投资资金来源包括国家预算资金、国内贷款、利用外资、自筹资金和其他资金。三年间，怀化市投资资金来源规模最大，是湘西州的 3.8 倍，铜仁市是湘西州的 3.1 倍，恩施州是湘西州的 2.2 倍，湘西州比张家界市多 30 亿元，比黔江区多 95 亿元。从来源看，铜仁市获得国家预算资金最多，为 265 亿元，恩施州次之，为 151 亿元，湘西州排第 3 位，表明湘西州对国家预算资金的依赖较大。国内贷款以怀化市为最，为 300 亿元，高出湘西州近 6 倍，湘西州排第 4 位，仅比张家界市多 5 亿元，表明湘西州获得的金融支持力度不够。自筹资金湘西州最少，比最多的怀化市少 786 亿元，比倒数第二位的张家界市少 52 亿元，表明湘西州企业自主投资能力不强。

2010—2012 投资资金来源表　　　　　　单位：亿元

	湘西州	怀化市	张家界市	恩施州	铜仁市	黔江区
资金来源合计	424	1607	394	946	1309	329
国家预算资金	128	112	58	151	265	10
国内贷款	54	300	49	111	278	9

	湘西州	怀化市	张家界市	恩施州	铜仁市	黔江区
利用外资	0	6	6	0	11	0
自筹资金	188	974	240	561	652	304
其他资金	54	215	41	123	103	0

（四）财源不足，结构欠优，金融支撑乏力

财政收入是经济运行质量的最终体现。从总量看，怀化市和恩施州为第一方阵，总量为100亿元左右，铜仁市、黔江区和湘西州为第二方阵，总量在40亿—60亿元，张家界最少，总量为32亿元。从增量看，怀化市、恩施州和铜仁市在35亿—55亿元之间，黔江区、张家界和湘西州在15亿—25亿元之间，差距明显。从地方级收入占总收入比重看，湘西州地方级收入占财政总收入比重从2009年的57.7%上升至2012年的58.3%，三年间上升了0.6个百分点，表明湘西州地方财政实力逐步增强。但与周边地区相比，增强地方财力的能力不及怀化市、铜仁市、恩施州和黔江区。上述地区地方财政收入占总收入的比重分别上升了9个、6个、3.5个和2.4个百分点。从税收占总收入的比重看，湘西州税收占总收入的比重从2009年的80.8%下降到2012年的75.0%，三年下降了5.8个百分点，表明湘西州非税收入对财政收入增长的推动作用在增大。和周边相比，税收收入的贡献在减弱，仅好于黔江区。金融支持有所减弱。从存贷比率看，湘西州为40.8%，远远低于周边地区。最高的张家界市2012年存贷比率达到70%以上，高出湘西州31.0个百分点，排倒数第二位的怀化市也达到了50%以上，高出湘西州12.6个百分点。而且湘西州获得的金融支持有减弱的趋势，和2009年相比存贷比率下降了近1个百分点。

2012年财政收入金融分析表　　　　　单位：亿元、%

	湘西州	怀化市	张家界市	恩施州	铜仁市	黔江区
财政收入	48	100	32	91	64	42

	湘西州	怀化市	张家界市	恩施州	铜仁市	黔江区
比 2009 年增加	22	55	16	44	37	24
税收收入	36	80	22	83	64	37
税收占总收入比重	75.0	80.0	68.8	91.2	95.3	88.1
比 2009 年增减百分点	-5.8	-2.2	6.3	-0.3	13.8	-6.3
地方财政收入	28.0	69.0	23.0	40.0	37.0	15.0
地方占总收入比重	58.3	69.0	71.9	44.0	57.8	35.7
比 2009 年增减百分点	0.6	9.0	-3.1	3.5	6.0	2.4
各项存款余额	546.0	980.0	344.0	681.0	536.0	139.0
比 2009 年增加	237.0	420.0	151.0	345.0	247.0	63.0
各项贷款余额	223.0	523.0	247.0	371.0	381.0	93.0
比 2009 年增加	94.0	241.0	91.0	164.0	188.0	40.0
存贷比	40.8	53.4	71.8	54.5	71.1	66.9
比 2009 年增减百分点	-0.9	3.0	-9.0	-7.1	4.3	-2.8

（五）旅游发展相对滞后，人均消费层次居中

2010—2012 年湘西州旅游发展形势较好，旅游规模、人均旅游消费均迅猛增长，湘西州旅游收入从 2009 年的 51 亿元增至 2012 年的 105 亿元，增长了 1.05 倍。但与周边地区相比，增长是最慢的，恩施州增长了 3.1 倍，黔江区增长 1.8 倍，怀化市增长 1.7 倍，铜仁市增长 1.6 倍，张家界增长 1.09 倍。湘西州近几年旅游接待人数大幅度上升，年均增速达到了 21.2%，但和周边地区相比依然是最慢的，年均增速比恩施州、黔江区、铜仁市、怀化市和张家界市分别慢了 27.9 个、19.4 个、18.1 个、14.5 个和 1.8 个百分点。人均旅游消费湘西州与张家界市、恩施州在同一层次，人均旅游消费在 500—600 元之间，怀化市和铜仁市同处第一层次，人均旅游消费在 600 元以上，黔江区最低，为 350 元。

旅游发展比较

		接待游客（万人/次）	旅游收入（亿元）	人均旅游消费额（元）	旅行社（个）	星级宾馆（个）
湘西州	2012	1885	105	557	28	62
	2009	1006	51	507	29	48
怀化市	2012	2001	126	630	48	52
	2009	801	47	587	39	46
张家界市	2012	3590	209	582	62	43
	2009	1928	100	519	64	52
恩施州	2012	2199	120	546	73	52
	2009	664	29	437	40	47
铜仁市	2012	1850	120	649	20	27
	2009	685	47	686		
黔江区	2012	314	11	350	2	4
	2009	113	4	354	3	5

三　几点看法

（一）湘西州应着力培育和扶持大型企业、品牌企业、龙头企业，增强带动效应和支撑作用；坚持走新型工业化道路是实现经济跨越式发展的必由之路

一是要实施大企业大集团战略，培育壮大一批龙头企业。通过政府扶持和市场运作，推动生产要素向核心企业聚集，支持龙头企业通过兼并重组做大做强。全力打造工业发展的旗舰，充分发挥龙头企业的聚集带动作用。二是要打造一批骨干企业。积极扶持一批在行业内处于领先地位的企业扩大规模，加快发展，使之成为全州工业经济发展的生力军。三是要培育和壮大产业集群，推进工业集约化、规模化发展。坚持政府规划引导，发挥企业的主体作用，整合资源和力量，依托龙头骨干企业，针对一个产业集群，制定一套扶持政策，成立一套扶持班子，主抓领导和主抓部门，实行规划、协调、服务、招商一

条龙，规划建设一批产业园和产业集中区，促进企业聚集、行业整合、产业集中，推动产业集群加快发展。

（二）加大投入，扩大投资，通过加大投入加快结构调整，实现转型发展

牢牢把握各项政策叠加的发展机遇，保持固定资产投资对经济增长的有效拉动，力争保持较高的投资总量和较快的投资增速，推动经济持续较快发展。一是要强化项目管理，加快基础设施建设。二是要突出重点行业，强化支柱产业投资。积极加大财政和金融支持的力度，强化优势产业项目投资。重点增加新兴产业投资，以强有力的投资增量强化优势产业、支柱产业生产技术水平，提高市场竞争和发展能力。三是要重点加强技术改造投资，提高生产技术水平。以节能减排、淘汰落后产能、提高企业生产设备和工艺技术水平为重点，大力增加投资规模，加快技改工程进展，促进技术进步和产业升级。

（三）着力招商引资，借外力发展

加大招商引资力度，适度扩大外商投资领域，鼓励外资投向高新技术产业和基础设施建设行业，利用外商直接投资推动产业结构的优化和升级，增强对资源性产品的深加工和精加工能力，培育名牌产品。一是结合工业园区建设和优势产业的发展，有方向、有重点地加大招商引资力度，有意识、有目标地培育产业集群；二是以资源优势吸引国内外大企业，积极引进国内外大的战略投资者投资优势产业，努力把产业链拉长延伸，带动当地中小企业发展；三是加大对优惠政策的宣传力度，积极吸引民间资金，鼓励非国有经济的大力发展。

第二节　从武陵山片区县（区、市）比较中看湘西州县市经济发展

2010 年以来，先后有中央领导来湘西州考察调研。事关国家发展战略大局的武陵山片区区域发展与扶贫攻坚试点启动会议在湘西州召开，为湘西州经济社会发展提供了历史性的重大机遇。为了

深入分析研究武陵山片区的经济发展情况，基于湘西州在武陵山片区71个县（区、市）中所处的地位，针对2011年主要经济统计指标进行整理分析、比较研究，从中理出湘西州经济社会更好更快发展的一些思路。

一　现实情况

2011年，湘西州人均GDP为14137元，仅相当于全国平均水平的40.3%；城镇居民人均可支配收入为13592元，相当于全国平均水平的62.3%；农村居民人均纯收入为3674元，相当于全国平均水平的52.7%。根据联合国粮农组织的界定，恩格尔系数在59%以上为贫困，50%—59%为温饱，40%—50%为小康，30%—40%为富裕，低于30%为最富裕，2011年，湘西州农村居民恩格尔系数为60.1%，由此可见，湘西州的经济发展水平尚处于温饱的边缘。按照国家最新划定的扶贫标准2300元计算，2011年底湘西州有贫困人口150万人，饮水不安全人口89.2万人，缺乏基本生存条件需要易地搬迁对象1.47万人。贫困人口多分布在自然条件恶劣地区，其中少部分还处于赤贫状态。湘西州贫困面广、贫困程度深、脱贫能力弱，要缩小与湖南省以及与全国平均水平的差距，仍将面临诸多难以克服的现实困难。2011年以来，先后有四位中央领导来湘西考察调研，给湘西州带来了加快发展的历史性机遇。2011年5月底，原中共中央政治局常委、全国政协主席贾庆林，深入包括湘西在内的武陵山片区，就加快武陵山片区扶贫开发步伐、促进经济社会又好又快发展进行调研。10月，原中共中央政治局常委、国务院副总理李克强在湖南考察时，专门赴湘西实地调研。11月，武陵山片区区域发展与扶贫攻坚试点在湘西州吉首市启动，原中共中央政治局委员、国务院副总理、国务院扶贫开发领导小组组长回良玉在会上强调，要切实抓好武陵山片区区域发展与扶贫攻坚试点，先行先试，积累经验，为全国扶贫攻坚发挥示范引领作用。2011年5月25—27日，原中共中央政治局常委、国务院总理温家宝带着党中央、国务院的亲切关怀，深入湘西州古丈县、吉首市、花垣县，就推进武陵源连片特困地区扶贫开发工作进行调研。特别是国务院扶贫开发领导小组 2010 年 11 月 15 日在地处武陵山片区腹地的湘西州吉首市召开武陵山片区区域发展与扶贫攻坚试点启动后，以连片特困地区作为主战场的国家新一轮扶贫开发战略正式实施。会上公布了《武陵山片区区域发展与扶贫攻坚规划》，规划发展方向被定位为"经济社会发展扶贫开发实验区、少数民族经济社会发展示范区、国家区域性重要生态安全屏障、国际知名生态文化旅游胜地"。作为武陵山片区的中心地带和重要一极，湘西州无疑迎来了加快发展的历史性机遇。一是当前以国家战略层面突出统筹区域发展，以点带面，盘活经济版图。这种新一轮的区域改革实验也给湘西州带来了具有划时代意义的战略机遇。二是深入实施专项开发帮扶的政策机遇。这其中包括西部大开发，加大对民族地区、革命老区、边疆地区、贫困地区扶持力度。国家已把深入实施专业性开发、帮扶作为具有全局意义的重大方针，作为"十二五"时期经济社会发展的重大任务，将进一步完善扶持政策，加大资金投入，体现项目倾斜，必将有力推动包括湘西州在内的武陵山片区的跨越发展。三是统筹城乡和两型社会实验的新机遇。为了探索统筹城乡发展的新路径和经济社会发展与人口、资源、环境相协调的新模式，国家相继批准重庆市和成都市为"统筹城乡综合配套改革实验区"、武汉城市圈和长株潭城市群为"全国资源节约型和环境友好型社会建设综合配套改革实验区"。这是国家促进东中西互动和中部崛起的重大战略布局，也是合作发展的先导区和科学发展的实验区，为湘西州提供了全新的发展思路。湘西州正处在国家、省里多个战略支持、多重优惠政策叠加的发展战略机遇期。国家、省即将配套的一系列政策措施，给湘西州建设发展带来的政策机遇，有利于湘西州争资上项，为加快发展注入新的动力。

二　比较与差距

被纳入武陵山片区规划的 11 个市州、71 个县（区、市），处于我国中部较发达地区与西部不发达地区以武陵山脉为中心的湘、鄂、渝、黔四省市的接合部。集革命老区、少数民族地区、贫困地区于一体，是跨省交界面积大、少数民族聚集多、贫困人口分布广的连片特困地区。区域总面积 17.18 万平方公里，总人口 3645 万人。71个县（区、市）中，有 42 个国家扶贫开发工作重点县，13 个省级重点县；有 34 个地方自治县，18 个自治县。共 1376 个乡镇，其中少数民族乡有 122 个，占 8.9%；有 23032 个行政村，其中国家贫困村11303 个。境内少数民族人口约占全国少数民族总人口的 1/8，是土家族、苗族、侗族、白族、回族和仡佬族等 9 个世居少数民族最为集中的区域。武陵山片区 11 个市州、71 个县（区、市）行政区域范围包括：湖北省（11 个）有宜昌市的秭归县、长阳县、五峰县，恩施州的恩施市、利川市、建始县、巴东县、宣恩县、咸丰县、来凤县、鹤峰县；湖南省（37 个）有邵阳市、新邵县、邵阳县、隆回县、洞口县、绥宁县、新宁县、城步县、武冈市、常德市、石门县、张家界市、慈利县、桑植县、武陵源区、永定区、益阳市、安化县、怀化市、中方县、沅陵县、辰溪县、溆浦县、会同县、麻阳县、新晃县、芷江县、靖州县、通道县、鹤城区、洪江市、娄底市、新化县、涟源市、冷水江市；湘西州包括吉首市、泸溪县、凤凰县、花垣县、保靖县、古丈县、永顺县、龙山县；重庆市（7 个）有丰都县、石柱县、秀山县、酉阳县、彭水县、黔江区、武隆县；贵州省（16 个）有遵义市、正安县、道真县、务川县、凤冈县、湄潭县、余庆县、铜仁市、碧江区、江口县、玉屏县、石阡县、思南县、印江县、德江县、沿河县、松桃县、万山区。

（一）**区域面积及人口规模湘西州县市偏小**

2011 年，武陵山片区 71 个县（区、市）土地面积位居前 10 的依次为沅陵县（5853 平方公里）、酉阳县（5173 平方公里）、安化县（4945 平方公里）、利川市（4603 平方公里）、恩施市（3972 平方公里）、石门县（3970 平方公里）、彭水县（3903 平方公里）、永顺县（3810 平方公里）、新化县（3642 平方公里）、慈利县（3480 平方公里）。湖南省占 6 个。总人口位居前 10 的依次为新化县（140 万人）、

隆回县（121 万人）、涟源市（117 万人）、邵阳县（104 万人）、安
化县（102 万人）、利川市（91 万人）、溆浦县（90 万人）、洞口县
（85 万人）、丰都县（84 万人）、酉阳县（84 万人）。湖南省占 7 个。
常住人口居前 10 的依次为新化县（111 万人）、隆回县（110 万人）、
涟源市（100 万人）、邵阳县（93 万人）、安化县（90 万人）、洞口
县（77 万人）、恩施市（76 万人）、新邵县（74 万人）、溆浦县（74
万人）、武冈市（74 万人）。湖南省占 9 个，其中邵阳市占 5 个。湘
西州八县市，土地面积、总人口和常住人口三项指标，除永顺县土
地面积（3810 平方公里）居 8 位外，三项指标分别均居武陵山片区
71 个县（区、市）15—66 位、24—69 位和 20—68 位之间。

湘西州八县市 2011 年土地面积及人口在武陵山片区排位比较

单位：平方公里、万人

县市	土地面积	总人口	常住人口
吉首市	66	59	48
泸溪县	58	55	56
凤凰县	55	42	41
花垣县	65	56	53
保靖县	54	57	55
古丈县	64	69	68
永顺县	8	27	28
龙山县	15	24	20

（二）湘西州县市经济总量总体水平偏低

2011 年，武陵山片区 71 个县（区、市）GDP 总量居前 10 的
依次为涟源市（183 亿元）、鹤城区（178 亿元）、冷水江市（156
亿元）、石门县（146 亿元）、黔江区（129 亿元）、新化县（124
亿元）、永定区（123 亿元）、沅陵县（119 亿元）、安化县（112
亿元）、恩施市（105 亿元）。湖南省占 8 个，其中娄底市占 3 个、
怀化市占 2 个；重庆市占 1 个；湖北省占 1 个。湘西州八个县市
GDP 总量均居武陵山片区 71 个县（区、市）18—70 位之间，依次

为吉首市 18 位、花垣县 34 位、泸溪县 41 位、龙山县 42 位、凤凰县 45 位、保靖县 50 位、永顺县 51 位、古丈县 70 位。

（三）三次产业湘西州县市差距较大

2011 年，武陵山片区 71 个县（区、市）第一产业增加值居前 10 的依次为新化县（38 亿元）、洞口县（37 亿元）、冷水江市（35 亿元）、石门县（33 亿元）、武冈市（32 亿元）、安化县（29 亿元）、隆回县（28 亿元）、利川市（25 亿元）、邵阳县（24 亿元）、长阳县（24 亿元）。湖南省占 8 个，湖北省占 2 个。第二产业增加值居前 10 的依次为涟源市（129 亿元）、沅陵县（79 亿元）、冷水江市（75 亿元）、黔江区（72 亿元）、石门县（62 亿元）、鹤城区（59 亿元）、秀山县（50 亿元）、安化县（44 亿元）、丰都县（44 亿元）、恩施市（39 亿元）。湖南省占 6 个，重庆市占 3 个，湖北省占 1 个。第三产业增加值居前 10 的依次为鹤城区（113 亿元）、永定区（82 亿元）、石门县（52 亿元）、吉首市（51 亿元）、冷水江市（47 亿元）、新化县（46 亿元）、涟源市（46 亿元）、慈利县（46 亿元）、恩施市（45 亿元）、黔江区（44 亿元）。湖南省占 8 个，重庆市占 1 个，湖北省占 1 个。规模工业增加值居前 10 的依次为沅陵县（86 亿元）、冷水江市（86 亿元）、涟源市（63 亿元）、碧江区（58 亿元）、石阡县（55 亿元）、黔江区（53 亿元）、石门县（44 亿元）、秀山县（44 亿元）、鹤城区（41 亿元）、中方县（38 亿元）。湖南省占 6 个，重庆市占 2 个，贵州省占 2 个。

湘西州八县市 2011 年三次产业在武陵山片区排位比较

单位：亿元、%

县市	一产增加值	二产增加值	三产增加值	规模工业增加值	一产增速	二产增速	三产增速	规模增加值增速
吉首	67	39	21	62	4	49	26	63
泸溪	63	23	19	37	62	63	20	29
凤凰	58	55	60	66	23	27	63	67
花垣	65	47	13	69	56	71	15	68
保靖	60	20	35	68	60	69	38	69

县市	一产增加值	二产增加值	三产增加值	规模工业增加值	一产增速	二产增速	三产增速	规模增加值增速
古丈	69	8	70	31	70	57	70	3
永顺	40	28	51	59	49	52	65	56
龙山	38	49	49	6	36	36	64	18

（四）增长速度湘西州县市总体水平居后

2011 年，武陵山片区 71 个县（区、市）GDP 增速居前 10 的依次为江口县（20.5%）、黔江区（19.5%）、碧江区（18.6%）、武隆县（18.5%）、丰都县（18.4%）、石柱县（18.1%）、德江县（17.0%）、沿河县（16.8%）、武陵源区（16.5%）、印江县（16.5%）。贵州省占 5 个，重庆市占 4 个，湖南省占 1 个。人均 GDP 增长居前 10 的依次为长阳县（35.9%）、五峰县（30.7%）、秭归县（29%）、慈利县（25.1%）、来凤县（24.6%）、江口县（21.8%）、安化县（21.7%）、德江县（21.5%）、咸丰县（20.7%）、建始县（20.7%）。湖北省占 6 个，湖南省占 2 个，贵州省占 2 个。规模工业增加值增长居前 10 的依次为德江县（60.6%）、酉阳县（45.2%）、古丈县（40.7%）、咸丰县（39.2%）、玉屏县（37.1%）、湄潭县（36.3%）、武冈市（35.6%）、沿河县（34.8%）、建始县（34.6%）、江口县（34.5%）。贵州省占 5 个，湖北省占 2 个，湖南省占 2 个，重庆市占 1 个。财政总收入增长居前 10 的依次为泸溪县（90.5%）、酉阳县（58.0%）、古丈县（53.3%）、思南县（52.1%）、印江县（50.3%）、务川县（50.1%）、沿河县（46.7%）、武隆县（46.6%）、德江县（46.3%）、江口县（46.2%）。贵州省占 6 个，湖南省占 2 个，重庆市占 2 个。固定资产投资增长居前 10 的依次为江口县（172.5%）、正安县（130.3%）、德江县（103.7%）、思南县（95.1%）、石阡县（94.5%）、沿河县（89.7%）、玉屏县（88.5%）、万山区（88.1%）、碧江区（86.8%）、湄潭县

（77.1％）。贵州省占 10 个。城镇居民人均可支配收入增长居前 10 的依次为碧江区（25.9％）、咸丰县（18.5％）、利川市（18％）、巴东县（17％）、凤冈县（16.5％）、丰都县（16.3％）、湄潭县（16.2％）、来凤县（16.1％）、黔江区（16％）、武隆县（15.9％）。湖北省占 4 个，贵州省占 3 个，重庆市占 3 个。农民人均纯收入增长居前 10 的依次为沅陵县（38.2％）、麻阳县（38.1％）、新晃县（34.6％）、通道县（32％）、辰溪县（28.7％）、武隆县（25.8％）、丰都县（25.7％）、石柱县（25.5％）、秀山县（25％）、彭水县（24.7％）。湖南省占 5 个，重庆市占 5 个。社会消费品零售额增长居前 10 的依次为黔江区（21.6％）、丰都县（20.8％）、石柱县（20.8％）、碧江区（20.2％）、正安县（20.1％）、凤冈县（20.1％）、湄潭县（20.1％）、德江县（20.1％）、道真县（20％）、务川县（20％）。贵州省占 7 个，重庆市占 3 个。湘西州八县市 8 项增速指标比较，有泸溪县财政总收入增长居第 1 位，古丈县规模工业增加值增长居第 3 位，其余 6 项指标居后。GDP 增速八县市分别居 17—71 位之间，人均 GDP 增速居 40—70 位之间，规模工业增加值增速居 29—69 位之间，财政总收入增速居 21—71 位之间，固定资产投资增速居 32—60 位之间，城镇居民人均可支配收入增速居 29—61 位之间，社会消费品零售额增速居 22—70 位之间。

湘西州八县市 2011 年经济增速在武陵山片区排位比较

县市	GDP增速	人均GDP增速	财政总收入增速	固定资产投资增速	城镇居民可支配收入增速	农民人均纯收入增速	社会消费品零售额增速	规模增加值增速
吉首	40	63	67	53	59	49	67	63
泸溪	17	40	1	50	54	63	62	29
凤凰	53	45	21	58	29	27	27	67
花垣	71	70	71	32	49	71	68	68

续表

县市	GDP增速	人均GDP增速	财政总收入增速	固定资产投资增速	城镇居民可支配收入增速	农民人均纯收入增速	社会消费品零售额增速	规模增加值增速
保靖	69	67	70	61	55	69	36	69
古丈	55	47	3	51	60	57	22	3
永顺	65	51	41	60	37	52	41	56
龙山	54	53	58	55	61	36	37	18

（五）人均 GDP 水平湘西州县市处中等偏下

2011 年，武陵山片区 71 个县（区、市）人均 GDP 居前 10 的依次为涟源市（55692 元）、武陵源区（48270 元）、鹤城区（32154元）、黔江区（28990 元）、吉首市（28482 元）、永定区（27701元）、石阡县（26072 元）、中方县（26003 元）、武隆县（24756元）、石门县（24409 元）。湖南省占 7 个，重庆市占 2 个，贵州省占 1 个。人均固定资产投资居前 10 的依次为石阡县（35166 元）、碧江区（31263 元）、武隆县（29805 元）、黔江区（28674 元）、石柱县（26018 元）、丰都县（25251 元）、武陵源区（22905 元）、冷水江市（21473 元）、玉屏县（20023 元）、中方县（17042 元）。重庆市占 4个，湖南省占 3 个，贵州省占 3 个。人均财政总收入居前 10 的依次为黔江区（9975 元）、武陵源区（5861 元）、冷水江市（5453 元）、武隆县（4247 元）、石柱县（3559 元）、石阡县（3506 元）、秀山县（3365 元）、酉阳县（2689 元）、丰都县（2471 元）、碧江区（2289元）。重庆市占 6 个，湖南省占 2 个，贵州省占 2 个。人均社会消费品零售总额居前 10 的依次为吉首市（16384 元）、冷水江市（15140元）、武陵源区（11875 元）、永定区（10862 元）、黔江区（9875元）、石门县（9322 元）、碧江区（8771 元）、武隆县（7624 元）、石柱县（7314 元）、鹤城区（6818 元）。湖南省占 6 个，重庆市占 3个，贵州省占 1 个。居民人均储蓄存款余额居前 10 的依次为吉首市（26553 元）、冷水江市（18904 元）、丰都县（16493 元）、石柱县

（16014 元）、武隆县（15225 元）、黔江区（14082 元）、石阡县（12679 元）、靖州县（12106 元）、恩施市（11687 元）、石门县（11599 元）。湖南省占 4 个，重庆市占 4 个，贵州省占 1 个，湖北省占 1 个。城镇居民人均可支配收入居前 10 的依次为冷水江市（20352 元）、武隆县（18030 元）、石门县（17207 元）、鹤城区（17135 元）、秀山县（16823 元）、石柱县（16555 元）、吉首市（16344 元）、涟源市（16297 元）、黔江区（16007 元）、中方县（15818 元）。湖南省占 6 个，重庆市占 4 个。农民人均纯收入居前 10 的依次为冷水江市（8515 元）、丰都县（5991 元）、石柱县（5981 元）、鹤城区（5902 元）、湄潭县（5841 元）、武隆县（5792 元）、武陵源区（5714 元）、洪江市（5600 元）、石门县（5572 元）、黔江区（5452 元）。湖南省占 5 个，重庆市占 4 个，贵州省占 1 个。7 项人均水平指标比较，湘西州吉首市有 4 项指标居武陵山片区 71 个县（区、市）前 4 位，7 项指标均居 1—25 位之间。泸溪县均居 13—62 位之间，凤凰县均居 13—44 位之间，花垣县均居 11—53 位之间，保靖县均居 34—62 位之间，古丈县均居 37—65 位之间，永顺县均居 29—69 位之间，龙山县均居 40—69 位之间。从单项指标看，湘西州八县市居前指标主要是居民人均储蓄存款余额和人均 GDP，近半数县市接近或达到武陵山片区 71 个县（区、市）平均位次水平，但发展不平衡，人均水平差距较大。从 7 项指标综合看，湘西州八县市排位靠前的有吉首、花垣和凤凰三县市，综合排位分别居 9 位、27 位和 32 位，泸溪、保靖、永顺、古丈和龙山五县排位较后，分别居 42 位、49 位、52 位、54 位和 55 位。

（六）财政、金融实力湘西州县市居中偏下水平

2011 年，武陵山片区 71 个县（区、市）财政总收入居前 10 的依次为黔江区（44.52 亿元）、冷水江市（17.92 亿元）、秀山县（16.74 亿元）、丰都县（15.8 亿元）、酉阳县（15.45 亿元）、武隆县（14.8 亿元）、彭水县（14.65 亿元）、石柱县（14.64 亿元）、恩施市（11.94 亿元）、利川市（11.48 亿元）。重庆市占 7

个，湖北省占2个，湖南省占1个。财政总支出居前10的依次为
黔江区（47.39亿元）、酉阳县（38.16亿元）、秀山县（34.3亿
元）、丰都县（33.31亿元）、彭水县（31.55亿元）、武隆县
（31.32亿元）、石柱县（29.07亿元）、新化县（29.06亿元）、利
川市（27.01亿元）、涟源市（24.97亿元）。重庆市占7个，湖南
省占2个，湖北省占1个。湘西州八县市与武陵山片区71个县
（区、市）比较，财政收支差距较大。花垣县财政总收入居前，排
18位，古丈县居末，排71位，其余县市均居21—62位之间。财
政总支出龙山县居前，排25位，古丈县居末，排69位，其余县市
均居28—52位之间。金融存贷吉首市居前，排8—13位，其余县
居后，排33—70位之间，相差甚远。

湘西州八县市2011年财政收支、金融存贷在武陵山片区排位比较

单位：亿元

县市	财政总收入	一般预算收入	财政总支出	金融机构存款余额	金融机构贷款余额
吉首	21	18	43	8	13
泸溪	24	17	45	50	55
凤凰	48	40	48	43	35
花垣	18	33	46	41	50
保靖	54	59	52	58	60
古丈	71	71	69	70	70
永顺	62	63	28	37	42
龙山	53	52	25	33	43

（七）城乡居民收入水平湘西州县市偏低

2011年，武陵山片区71个县（区、市）城镇居民人均可支配收
入居前10的依次为冷水江市（20352元）、武隆县（18030元）、石门
县（17207元）、鹤城区（17135元）、秀山县（16823元）、石柱县
（16555元）、吉首市（16344元）、涟源市（16297元）、黔江区（16007
元）、中方县（15818元）。湖南省占6个，重庆市占4个。农民人均纯

收入居前 10 的依次为冷水江市（8515 元）、丰都县（5991 元）、石柱县（5981 元）、鹤城区（5902 元）、湄潭县（5841 元）、武隆县（5792元）、武陵源区（5714 元）、洪江市（5600 元）、石门县（5572 元）、黔江区（5452 元）。湖南省占 5 个，重庆市占 4 个，贵州省占 1 个。

湘西州八县市 2011 年居民收入在武陵山片区排位比较

县市	城镇居民人均可支配收入	农民人均纯收入
吉首	7	25
泸溪	49	50
凤凰	32	39
花垣	17	43
保靖	47	46
古丈	60	65
永顺	55	59
龙山	44	52

综合评价，湘西州八县市处于中偏下水平。用经济总量、结构、速度、效益、人均所构成的主要指标对武陵山片区 71 个县（区、市）2011 年综合经济实力进行综合评价，湘西州八县市综合经济实力处于中偏下水平，总量和速度、效益和人均指标显示的优势不明显，弱势指标较多。因此，做大经济总量，加快经济增长，提高人均水平，缩小区域差距，是湘西州提升排位的关键。

三　相关对策

（一）把握战略机遇，加大扶贫力度

湘西州正处在国家和湖南省多重优惠政策叠加的发展战略机遇期，正处在资源优势不断提升、地理困境全面破解、平台支撑能力大幅提高的黄金发展期，正处在转变发展方式、深化扶贫开发、缩小发展差距的攻坚关键期。要紧紧抓住国家实施新一轮西部大开发、武陵山片区扶贫开发、省委省政府继续实施新一轮湘西地区大开发并把湘西州作为全省扶贫攻坚主战场等重大战略机遇，不断强化机

遇意识和自觉，在操作和对接上作研究，在运用和落实上见成效，用好用活用足机遇，将机遇内生为发展动力，转化为发展成果。要开放心灵推进扶贫攻坚，创新扶贫思路，创新扶贫模式，科学规划、分步实施、全方位扶持，使10大扶贫攻坚民生工程得以加快实施。

（二）突出区域特色，加快产业发展

湘西州经济总量小，工业化、城市化程度低，要加快发展，必须依托当地资源优势，集中力量发展特色优势产业。一要突出产品特色。以柑橘、烤烟、药材、猕猴桃、茶叶、百合等为主的支柱产业为依托，利用湘西州地处气候上的微生物发酵带、土壤中的富硒带和植物群落里的亚麻酸带的优势，着力打造生态、绿色、有机、富硒等特色品牌。建成几个大规模的农产品生产基地，叫响湘西椪柑、老爹猕猴桃、果王素、古丈毛尖、龙山百合、武陵青蒿、湘西黄牛等特色品牌。人无我有，人有我优。这些资源是湘西州进一步发展的坚实基础。并以绿色、环保、优质的武陵山片区特色产品进行包装，瞄准大都市市场，甚至将视野投向港澳台及海外市场。二要发挥矿产优势。湘西州主要矿产有铅、锌、汞、锰、磷、铝、煤、紫砂陶土、含钾页岩等，其中锰、汞、铝、紫砂陶土矿居湖南省之首，锰储量居全国第二，汞储量居全国第四。以锰、锌为主的矿产品已成为湘西州一大主导产业，要利用现有矿产品，搞好科技创新，提高附加值和经济效益，做到技术含量高、资源利用率高、经济效益高，避免无序竞争和重复建设。三要提升旅游精品效应。湘西州已成为湖南旅游三大板块的"大湘西板块"中的重要支撑，凤凰已成为全国知名的热点景区。继凤凰旅游板块之后，以芙蓉镇为局域核心的第二大热点旅游板块已具雏形。要在精品景区和精品线路建设上取得新突破。主动对接国际国内精品旅游市场，实行整体促销，提高市场开发的实效。四要打响文化品牌。湘西州拥有28处国家级景区景点和24项非物质文化遗产，历史文化底蕴深厚、自然风光奇秀，民族民风古朴，集人文景观和自然景观之大统。要将最自然、最原始、最本真的原生态文化挖掘好、整理好、传承好，深度开发民俗文化，兴建高品位的民俗文化博物馆、民族历史展览馆等永久性文化工程设施，创建更多的国家风景名胜区、国家森林公园、国家地质公园、国家自然保护区、国家非物质文化遗产、国家工农业旅游示范点等国字号品牌。

（三）突出重点建设，加快项目推进

抢抓机遇，强力推进重点项目建设，坚持边争取边建设项目，牢固树立"发展靠项目支撑、工作靠项目推动、面貌靠项目改变"的意识，把扩大投资作为稳增长的重点来抓。一要加快在建项目建设，突出抓好大通道建设和水利能源项目建设。举全州之力，跑部进委，加快实施湘西州州委、州政府直接调度的130个重点项目、以5条高速为主的重点交通项目、30个州市共建重点项目、10个凤凰旅游拓展提质重点项目和芙蓉镇景点圈系列重点开发项目。二要尽快启动一批新开工项目，张花高速3条连接线、黔张常铁路力争尽早开工。三要精心谋划一批事关湘西州长远发展的大项目、好项目。通过"十二五"的努力，实现乡乡通水泥路，基本实现村村通水泥路，乡镇到所属的县也实现两小时经济圈，村到乡镇也将实现两小时经济圈。同时，两条铁路的开工，可以把整个湘西南北打通，使湘西州的经济发展走上快车道，推动湘西州在武陵山片区率先发展，率先脱贫。

第三节　湘西州第三产业发展剖析

近年来，湘西州第三产业在全州经济稳步增长的同时取得了较大的发展。涵盖流通和服务两大部门的第三产业的快速发展不仅有利于提速经济、优化结构、提升综合实力，更有利于扩大就业，提高人民生活水平，实现经济增长与劳动就业的同步发展。

一　湘西州第三产业发展状况

（一）第三产业成为全州经济增长的主要动力

新中国成立初期，湘西州经济落后，农业成为湘西州经济发展的主要动力。随着改革开放的不断深入，全州第二、第三产业尤其是工业得到了快速发展，1999年第三产业比重上升到35.5%，首次超过第一产业，开始成为全州经济的主导产业，到2001年，第二产业比重超过第一产业上升到31.9%，全州产业结构演变为"三、二、一"。

近年来，在工业生产形势不断下滑的背景下，全州第三产业虽经历了波动，却仍然保持较为平稳的增长态势。2013年，第三产业占全部生产总值的比重已达49.2%。

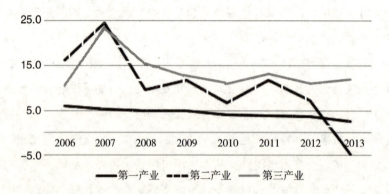

2006—2013年湘西州产业结构增速图　　（单位:%）

（二）第三产业的投资力度不断加大

近年来，湘西州经济实力不断增强，城市建设规模也不断扩大。伴随着全州固定资产投资总量的快速增长，第三产业投资力度也不断加强，从2006年的40.4亿元增长为2013年的186.6亿元，增长了4.6倍。投资建设成就显著，城区的商业服务网点建设进一步铺开，新的超市、百货商场不断涌入，不断繁荣的市场助推全州流通业的发展，多元化的消费格局在释放居民消费潜力的同时吸引了更多资金的流入。2013年，全州固定资产投资完成248.3亿元，其中第三产业投资186.6亿元，所占比重为75.2%，较上年提高6.9个百分点。第三产业投资的增长成为扩大需求、带动经济增长的重要因素，同时也为第三产业创造了有利的发展环境。

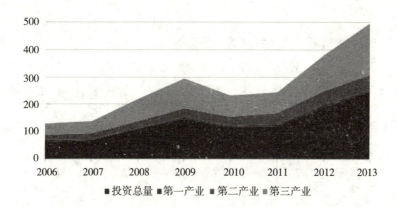

2006—2013 年湘西州投资业结构总量图　（单位：亿元）

（三）第三产业成为扩大劳动就业的主要渠道

第三产业是指除第一、第二产业以外的其他所有行业，也是与我们生活紧密联系的产业，我们平时的衣食住行都与其密不可分。第三产业行业多、门类广，成为承担农村劳动力转移的主要行业。由于第三产业与经济发展同步，岗位创造力、创新力强，对新成长的劳动力吸引力强。自 2006 年以来，湘西州第三产业从业人员所占比重不断提升，2013 年全州第三产业从业人员 59.37 万人，占全部从业人数的 32%。

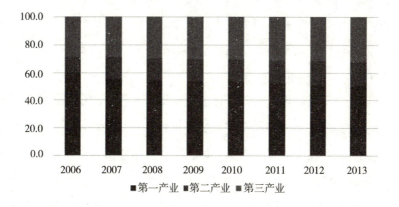

2006—2013 年湘西州从业人员比重图　（单位：%）

二 影响第三产业发展的主要因素

尽管近年来第三产业得到较快的发展，但由于发展时间短及其他各方面的原因，产业潜力还远未发挥出来。具体来说，以下几个方面是影响第三产业发展的主要因素。

（一）第一产业从业人员所占比重量大

虽然湘西州农业从业人员数量在逐年下降，但是从农业从业人员占全部从业人员的比重来看依然是很高的。2013 年，湘西州农业从业人员 93.62 万人，占全部从业人员的比重达 50.5%。而湖南省在 2005 年第一产业从业人员所占比重就已经降为 48.6%。湘西州第一产业还未形成产业化、规模化，生产效率低、对土地的依存度强不利于带动第三产业的发展。

（二）第三产业内部结构还需优化

2013 年，在第三产业所有行业中，仅交通运输仓储及邮政业、批发零售、公共管理和社会组织三个传统行业就已经占到第三产业增加值的 47.6%，而新兴行业如信息传输计算机服务和软件业、金融保险业、租赁和商务服务业所占比重为 9.6%，所占比重偏低。说明湘西州第三产业的结构还是以传统行业结构为主，第三产业中的一些新兴产业如网络服务业、金融服务业等现代服务业的发展仍处在低水平甚至是空白的状态，制约着该产业的发展。

（三）人才培养滞后于市场需求

传统行业如超市、百货不仅提供的岗位多，对技能要求低，而且人员流动频繁，因此成为大多数农村转移劳动力的首选，如百货销售人员、餐厅宾馆服务员等，但也正是这个原因导致了对人才培养存在很多的不足。随着人们对服务的要求不断提高，人才培养滞后于市场的要求，高层次服务人才短缺的现象比较严重，制约了第三产业的发展。而一些新兴服务领域，如金融、保险、中介服务等行业就更需要大量的专门人才。

三　对湘西州进一步发展第三产业的一些建议

（一）围绕生态旅游业确定重点发展行业

湘西州正在大力发展生态旅游业，结合湘西州目前的情况，要从地理位置、自然人文景观、商品经济发展程度等方面综合比较优势，科学地确定第三产业的行业发展重点和优先顺序，寻找和培养那些具有现实优势和潜在优势的行业作为发展重点。同时要建立完善的市场体系，将规则统一、公平竞争、规范有序作为市场体系建设的重点，让行业从"小"就形成良好的行为习惯，同时建立与行业发展相适应的商品流通体系。各级政府一方面要充分引导、促进各类市场的形成和发展；另一方面要鼓励引进新的运营模式，加大对金融服务、物流配送、电子商务等新型经营模式的扶持力度。

（二）加快人才培养步伐，提高产业队伍的整体素质

人才是行业发展的动力。要提升产业发展的水平，促进产业进入良性循环，除了需要良好的市场环境外，更需要专业素质过硬的人才。随着湘西州生态旅游的快速发展，围绕旅游产业衍生的零售、住宿餐饮及电子商务等行业都急需大批优秀的人才，培养能适应现代化市场经济需要的服务专业人才迫在眉睫。相关部门要积极拓宽人才培养途径，除聘用高水平人才外，更要大力开展多种形式的岗位职业培训，提高第三产业从业人员的业务水平，提升产业整体服务水平，适应市场的需要。

四　服务业——湘西的核心竞争力

一个地区要在激烈的市场竞争中获取竞争优势，就必须识别和培育自己的核心竞争能力，区域经济的发展才能保持其可持续性，具有核心竞争能力的区域，才可能具备持续的竞争优势。21世纪初，湘西州以锰、锌等矿产品加工为主的重工业作为核心竞争力，取得了很好的成效，经济增速曾一度在全省领先，然而近年来随着国际经济持续低迷，锰锌价格一路下跌，导致湘西自治州工业

经济一蹶不振。湘西州新的核心竞争力在哪里呢？湘西州应该把发展服务业作为调整经济结构、转变经济增长方式的重要手段，到服务业中去发现和培育新的核心竞争力，那么这几年全州服务业到底发展得怎么样？服务业能不能形成未来经济发展的核心竞争力呢？

（一）2012 年湘西州服务业总体情况

1. 服务业增加值稳步增长，占 GDP 比重逐年提升。近年来，湘西州抢抓支持湘西州发展政策叠加和交通制约因素逐步缓解两大机遇，以文化旅游产业为龙头，带动服务业持续快速增长，自 2007 年以来，全州服务业增速一直高于 GDP 增速，服务业增加值占 GDP 的比重不断上升，2012 年服务业完成增加值 180.37 亿元（包含农林牧渔服务业），同比增长 11.0%，服务业增加值占 GDP 的比重为 45.4%，位居全省前列。

2007—2012 年全州服务业发展情况　　　　　　单位:%

年份	2007	2008	2009	2010	2011	2012
GDP 增速	16.0	8.2	11.0	8.3	11.0	8.3
服务业增速	16.7	9.9	12.6	11.0	13.1	11.0
服务业占 GDP 的比重	41.3	42.4	43.5	43.8	43.9	45.4

2. 服务业对全州经济贡献率进一步提高，对经济增长的拉动作用不断增强。2010 年、2011 年、2012 年全州服务业对 GDP 增长的贡献率分别为 41.1%、44.6% 和 59.1%，拉动经济增长 3.7 个、4.9 个和 4.9 个百分点。服务业逐渐成为拉动全州经济增长的主要力量。

3. 内部行业结构进一步优化。传统服务业稳定增长，现代服务业逐渐壮大。2012 年全州传统服务业中的交通运输仓储和邮政业、批发和零售业、住宿和餐饮业实现增加值 26.71 亿元、28.17 亿元和 18.46 万元，分别比 2011 年增长 9.6%、8.5% 和 6.1%，在服务业中所占比重为 40.7%，比 2011 年降低 1.4 个百分点。而信息传输计算机服务和软件业、房地产、金融、租赁和商务服务、科技服务、文化旅游服务等现代服务业共实现增加值 46.5 亿元，在服务业中所占比重达到 25.8%，比上年提高了 0.5 个百分点。

4. 吸纳就业能力不断增强。服务业是吸纳就业的天然"蓄水池"。与其他产业部门相比，服务业具有就业弹性大，劳动密集、技术密集和知识密集并存的特点，在吸纳劳动力就业方面具有独特优势，能够吸纳各种不同素质的劳动者就业。2012 年末，全州从业人员人数为 181.74 万人，服务业从业人员达 57.78 万人，比 2011 年增长 4.2%，占全部从业人员的 31.79%，比上年提高 0.75 个百分点，比第二产业高 14.66 个百分点。2012 年末全州服务业单位从业人员 11.38 万人，占全部单位从业人员的 80.6%，全州 208 家限额以上服务业企事业单位从业人员平均人数为 37476 人，比 2011 年增长了 3.6%，占全部单位从业人员的 26.6%，服务业已成为缓解全州社会就业压力和转移农村剩余劳动力的主要途径，在促进经济增长和稳定社会方面发挥了重要的作用。

5. 重点服务业企业竞争力增强。一是营业收入保持平稳增长，企业效益继续提高。2012 年，全州 41 家重点服务业企业实现营业收入 19.05 亿元，比 2011 年增长 8.6%；企业营业利润和利润总额分别达到 1.13 亿元和 1.75 亿元，比 2011 年分别增长 5.8% 和 7.5%。二是资产规模持续扩张。2012 年末，全州重点服务业企业资产总计 41.16 亿元，同比增长 18.7%。三是吸纳就业的能力增强。重点服务业企业共吸纳就业人数 7943 人，比 2011 年同期增加 256 人，增长 4.8%。四是员工薪酬提高，财税贡献加大。重点服务业企业应付职工薪酬 3.67 亿元，同比增长 6.7%，人均月工资为 3847 元，比 2011 年增加 120 元。企业共上缴各种税税金及附加共 1.05 亿元，比上年增长 5.9%，对财政税收的贡献进一步加大。五是信息化建设步伐加快。为降低成本、提高效益和管理水平，全州服务业重点行业企业加快了信息化建设步伐，并初显成效。2012 年末，全州 41 家重点服务业企业都在生产经营中使用了计算机，在用计算机共有 4759 台，平均每户企业 116 台，近一半的企业有专职从事信息技术工作的人员，61% 的企业建有局域网，88% 的企业在生产经营中使用了互联网，有83%的企业通过固定宽带接入互联网，34%的企业建有自己的网站，绝大部分企业认为其信息化建设既强化了管理，又降低了成本，同时也扩大了销售。

（二）2012年湘西州服务业各行业发展特点

1. 基础设施不断完善，交通运输业步入新的发展时期。2012年末全州公路通车里程12361公里，其中等级公路9147公里。2012年底，随着吉茶、吉怀高速的开通，全州高速公路里程达到152.43公里。加上州内国道、省道升级改造，高速成网、城乡一体、内外通畅的交通运输体系逐渐形成。随着交通基础设施的不断改善和城乡居民收入水平的不断提高，民用车辆保有量也在逐年提高，2012年末全州民用车（汽车、摩托车、拖拉机、挂车和其他类型车等五类车）拥有量为20.53万辆，比2011年末增加2.9万辆，增长16.5%。其中，民用汽车拥有量73916辆，比2011年末增加9230辆，增长14.3%，占民用车辆总量的36%。民用汽车中载客汽车拥有量44589辆，比2011年末增加7094辆，增长18.9%。全州民用载货汽车拥有量20313辆，比2011年末增加2088辆，增长11.5%。承运能力逐年提高，交通运输业保持了持续稳步的发展势头。2012年，全州客运量4944万人次，比2011年增长7.5%；旅客周转量323589万人公里，增长7.3%；货运量3855万吨，增长12.6%；货物周转量613044万吨/公里，增长21.1%。全年交通运输、仓储和邮政业实现增加值26.7亿元。占全部服务业增加值的比重为14.8%。

2012年全社会客货运量

指　标	客运量（万人）	旅客周转量（万人/公里）	货运量（万吨）	货物周转量（万吨/公里）
总　计	4944	323589	3855	613044
公路运输	4660	322450	3648	585713
水路运输	71	1139	71	27331
铁路运输	213		136	

2. 城乡居民收入增加，商贸零售市场活跃，商贸服务业迎来新的发展机遇。2012 年，在居民收入提高、商品供销体系进一步健全完善的带动下，湘西州社会消费需求较快增长。全州累计实现社会消费品零售总额 158.62 亿元，同比增长 15.2%。随着公共财政支出更多向民生倾斜，教育、医疗、住房等保障力度的逐步加大，城乡居民的消费能力得到进一步提升，对商贸服务业产生了刺激带动作用。2012 年全州批发零售业实现增加值 28.17 亿元，增长 8.5%。占全部服务业增加值的比重为 15.6%。住宿和餐饮业实现增加值 18.46 亿元，增长 6.1%。占全部服务业增加值的比重为 10.2%。

3. 旅游目的地知名度不断提升，全州旅游业迈上新的台阶。随着常吉、吉茶、吉怀三条高速公路的开通，湘西旅游交通条件进一步得到改善，矮寨大桥通车造就新的矮寨奇观景点，低空跳伞节和高空走钢丝等众多旅游促销活动和宣传推介活动的不断推广，使 2012 年湘西州旅游业实现持续高位增长。全年共接待国内外游客 1884.68 万人次，实现旅游收入 105.45 亿元，分别增长 25.5% 和 34.8%。其中，接待入境游客 15.93 万人/次，增长 25.6%。永顺老司城遗址、凤凰区域性防御体系成功入选"中国世界文化遗产预备名单"。全州成功创建国家等级景区 7 家。其中国家 4A 级景区 3 个，3A 级景区 2 个，2A 级景区 1 个，新创建的 3 个国家 4A 级景区，已通过省局和国家旅游局的检查评定。

4. 邮电通信行业不断发展，通信服务实现新的跨越。邮电通信行业 2012 年完成邮电业务总量 15.26 亿元，比 2011 年增长 10.5%，其中电信业务总量 13.93 亿元，增长 10.5%。2012 年末全州固定电话用户 25.37 万户，固定电话普及率为 9.9 户/百人，移动电话用户 122.9 万户，移动电话普及率为 47.8 户/百人。2012 年末互联网宽带接入用户达 19.96 万户，增长 17.3%。光缆线路长度 2.61 万公里。全州 3G 移动电话用户 24.68 万户，较 2011 年增加 11.91 万户，增长 93.2%。3G 应用进一步普及，移动电信服务更加优质。信息传输、计算机服务业和软件业实现增加值 5.61 亿元,增长 4.7%,占全部服务业增加值的比重为 3.1%。

5. 金融业业务继续快速增长。2012 年末全州金融机构人民币存款余额 545.69 亿元,比年初增加 102.17 亿元,增长 23.0%,其中城乡居民储蓄存款余额 345.25 亿元,比年初增加 61.69 亿元,增长 22.0%。金融机构人民币贷款余额 222.95 亿元,比年初增加 37.47 亿元,增长 20.2%。其中短期贷款 42.24 亿元,增长 8.0%;中长期贷款 135.85 亿元,增长 26.2%。农村信用社和长行村镇银行新增贷款 12.30 亿元,增长 13.3%,占全部金融机构新增贷款的 32.9%,支持经济社会发展的作用明显。全州 15 家商业银行及信用社共实现营业收入 29.43 亿元,同比增长 22.6%。实现增加值 4.85 亿元,占全部服务业增加值的 3.7%。

保险业业务略有萎缩。由于前几年保险公司通过银行代理推销分红保险,保费收入增长较快,而保户通过几年观察,分红保险并没有达到投资的预期目的,逐渐放弃了这种保险,使得保险公司全年保费只收入 10.34 亿元,比 2011 年减少 1.5%。其中,寿险业务保费收入 7.39 亿元,减少 6.4%;财产险业务保费收入 2.94 亿元,增长 13.7%。保险深度(保费收入占 GDP 比重)2.6%,保险密度(人平保费收入)400.41 元。全年支付各类赔款及给付金额 2.09 亿元,同比增长 37.9%,其中:寿险业务给付 0.76 亿元,同比增长 40.4%;财产险业务赔款 1.33 亿元,同比增长 36.6%。全州 12 家保险公司实现营业收入 9.22 亿元,同比增 0.3%,实现增加值 0.82 亿元,占全部服务业增加值的 0.5%。

6. 房地产业恢复快速增长。在国家宏观调控趋严、货币政策从紧的背景下,2011 年国内一些城市房地产出现崩盘,而湘西州因为城市化水平较低,在党的"十八大"所提出的新型城镇化带动下,旺盛的刚性需求被激发,加上开发商多样的促销优惠手段,使湘西州房地产业逐步摆脱了几年前集资事件的阴影,重新恢复快速增长,出现产销两旺的发展态势,商品房的施工面积和销售面积的增速均达到30%以上。2012年，全州施工房屋面积为1010万平方米，增长42.0%；商品房销售面积68万平方米，增长34.6%。全年累计完成房地产开发投资25.69亿元，实现增加值10.93亿元，增长15.2%，增速比上年提高了8.2个百分点；房地产业增加值占全部服务业增加值的比重为6.1%，比2011年增加4.6个百分点。房地产业的快速增长不仅改善了居住环境，提高了城市品位，而且带动了相关产业的发展。

7. 文化产业不断做大做强，民族特色激发出新的活力。农家书屋、文化馆、博物馆等文化基础设施建设不断推进。文艺表演创作成果丰硕。歌舞《五彩湘韵》代表湖南省赴京参加全国第四届少数民族会演，取得了圆满成功，荣膺剧目金奖，排全国第7名，同时获得最佳导演奖、最佳编剧奖、优秀组织奖等11个单项奖项。文化遗产保护继续推进。全州有国家级非物质文化遗产项目24项，全国重点文物保护单位6处，实施"武陵山（湘西）土家族苗族文化生态保护实验区"建设，完成生态保护实验区总体规划省级评审。2012年，湘西州文化及相关产业年末资产总计为29.59亿元，从业人员18181人，总产出为20.88亿元，实现增加值11.13亿元，作为组成文化及相关产业的文化用品、设备及相关文化产品的生产、销售和文化服务三大部分在总资产中所占的比重分别为9.2%、5.5%、85.3%，在年末从业人员中所占的比重分别为16.2%、2.8%、81.0%，在总产出中所占的比重分别为21.5%、15.0%、63.5%，在增加值中所占的比重分别为14.3%、12.9%、72.9%，由此可以看出，湘西州文化及相关产业的发展基本上形成了以文化服务业为主，文化产品生产、销售为辅的发展格局。

此外，与人民生活息息相关的居民服务业、教育、卫生、社会保障和社会福利业也都得到不同程度的发展，对拉动经济、扩大就业，改善人民生活质量的积极作用越来越明显。随着社会分工越来越细，专业化程度越来越高，物流、信息服务、会计、咨询、法律服务等新兴行业以及科技服务业也逐渐兴起，并有了较大发展，为社会生产和人民生活带来了极大便利。

(三) 湘西州服务业发展面临的问题

1. 发展不充分是全州服务业最大的实际。虽然近年来，湘西州实施旅游带动战略，服务业获得了较快发展，服务业增加值的增速一直快于 GDP 的增速，服务业增加值占 GDP 的比重逐年提高，到 2012 年达到 45.4%，位列全省第一，在武陵山片区周边市州中也是第一，在全国 30 个少数民族自治州中也名列前茅，位居第七。但是也要清醒地认识到，湘西州的服务业发展还很不充分，主要表现在三个方面：一是总量小，全州服务业增加值 180.37 亿元，在全省 14 个市州中排名是倒数第一，占全省服务业增加值的比重仅为 2.1%。二是企业单位个数少，2012 年底全州共有重点服务业企业 41 家，重点企业个数是全省最少的。其中还包括电信行业中视同法人单位的央企，本土企业确实很少。三是发展慢。限额以上服务业统计从 2007 年开始进行全面调查，当年限额以上服务业企业 43 家，2008 年发展到 48 家，至 2012 年末发展到 90 家，5 年时间增加 47 家限额以上服务业企业，年均增长 15.9%。2008 年全州限额以上服务业企业中只有大型企业 1 家、中型企业 3 家，到 2012 年末，全州限额以上服务业企业中还是只有大型企业 1 家、中型企业增加到 4 家，五年间只增加了 1 家中型企业。服务业企业中不少是私营企业，由于资金、人才等因素的制约，竞争激烈，发展壮大十分艰难。

2. 缺乏竞争力是湘西州服务业最大的不足。2012 年，全州拥有服务业法人单位 10607 个，占全部法人单位的 78.5%，限额以上服务业单位只有 208 个，占全部服务业法人单位的 1.96%。其中限额以上服务业法人企业（不包括银行和保险企业）63 家，包括大型企业 1 家、中型企业 3 家，其他全部为小型或微型企业，规模普遍偏小，63 家企业共有固定资产原值 38.33 亿元，户均 6086 万元，其中固定资产在 100 万元以下的有 17 家，在 10 万元以下的有 6 家；企业从业人员平均人数在 100 人以下的有 45 家，20 人以下有 15 家，营业收入上亿元的企业只有 5 家，上千万元的只有 18 家，大中型服务业企业较少，较大规模和较强实力的服务业企业集团偏少，总体规模偏小，有影响力的品牌企业缺乏，难以形成规模效应，导致市场综合竞争能力不强。

近年来，武陵山片区各市州都把发展旅游业作为新的支柱产业予以积极培育，湘西州旅游业的竞争力相对于周边市州也有所下降。张家界市坚定不移地突出旅游产业的主导地位，完成了发展总体规划的修编工作，多渠道、多途径不断提升市场综合竞争力，使得旅游产业蓬勃发展，始终处于领跑地位，2012 年底，到张家界旅游的人数达到 3590.1 万人次，旅游收入 208.72 亿元，分别是湘西州的 1.9 倍和 1.98 倍。恩施州通过加快景区标准化建设，积极创建 A 级景区，加大营销力度，带领企业、旅行社出去对接。2012 年底恩施州的旅游人次和旅游收入在 2011 年就已经反超湘西州，达到 1658.27 万人/次和 86.45 亿元。铜仁市旅游业持续强劲发展，其旅游人次和旅游收入于 2011 年超过湘西州，分别达到 1503.03 万人/次和 112.73 亿元。怀化市提出旅游强市的战略构想，通过培育精品旅游产品，提升旅游服务功能，提升文化旅游品质，加快产业转型升级，拓展客源市场，提高产业素质等，旅游产业获得飞速发展，其旅游人次和旅游收入也于 2011 年超过湘西州，分别达到 1500 万人/次和 92.87 亿元。湘西州的旅游在武陵山片区起步算是比较早的，发展得也不错，为什么短短几年时间被其他几个市州反超呢？这不能不引起我们的深思。如果说旅游业就是服务业的核心竞争力，那么旅游业的核心竞争力又在哪里？我们是否在努力提升自己的核心竞争力了呢？

2012 年湘西州与张家界市、恩施州旅游业基本情况对比

	恩施州	张家界市	湘西州
旅游人数（万人/次）	2198.58	3590.10	1884.68
旅游收入（亿元）	119.55	208.72	105.45

	恩施州	张家界市	湘西州
A 级景区数（个）	26	18	7
5A 景区（个）	1	5	0
4A 景区（个）	10	7	3
旅行社总数（个）	73	62	28
其中：国际旅行社（个）	0	62	0
星级宾馆数（个）	52	45	62
其中：床位数（万张）	0.85	1.27	5.15

从上面湘西州与张家界市、恩施州旅游业基本情况对比表中不难看出。湘西州的旅游业与张家界市、恩施州的差距不仅在于旅游人数和旅游收入，更体现在 A 级景区和旅行社总数方面。景区和旅行社应该就是旅游业的核心竞争力，景区吸引游客来，旅行社招揽游客来，并通过它们的优质服务吸引游客再来。

3. 城镇化水平低是湘西州服务业最大的短板。湘西州所辖八县市均属经济欠发达地区，大多都是人口不到 10 万人的小县城，就是州府吉首市，目前市区人口也不过 20 万左右。2012 年全州城镇化率为 37.6%，比全省低 9.05 个百分点，比全国低 15 个百分点；城市规模小、承载能力弱，消费积聚效应难以发挥，服务业发展空间受限。服务企业的设立、发展需要有服务与消费的群体，因此从一定意义上来说，城市规模的大小，决定了服务业的发展水平。湘西州由于城镇化水平低、城镇人口偏少，导致服务业消费市场小、服务面窄，服务业难以快速发展。

4. 内部结构不优是湘西州服务业最大的隐忧。2012 年湘西州公共管理等非营利性服务业完成增加值 66.01 亿元，占整个服务业增加值的 36.6%，而信息传输、计算机服务及软件业等营利性服务业为 22.89 亿元，只占全部服务业增加值的 12.7%。传统产业和传统部门仍是带动服务业增长的主要力量，全年交通运输、批零住餐行业的增加值占服务业比重达 40.7%，而信息传输计算机服务和软件业、房地产、金融、租赁和商务服务、科技服务、文化旅游服务等现代新兴服务业比重仍然偏低，在服务业中所占比重为25.8%，教育、卫生、公共管理和社会组织等社会服务业在服务业中所占比重为 33.4%，新兴服务业发展明显不足，科学研究、高新技术服务业基础薄弱，服务业技术含量高、服务层次高的领域进展较慢，导致全州服务业仍处于低层次结构水平。

（四）加快湘西州服务业发展的对策建议

1. 提高认识，加强领导，大力推动服务业发展

湘西州拥有得天独厚的旅游资源优势，随着交通条件的不断改善，发展服务业大有可为。近几年来，在工业增速下滑的情况下，服务业迅速崛起，并推动经济保持平稳增长，就充分地说明了这一点。当前在服务业发展中还存在不容忽视的问题，对发展服务业重视不够，对服务业的发展缺乏总体规划。目前湘西州各县市都在搞园区建设，但建的都是工业园区，缺乏与之配套为之服务的科技园区和物流园区，园区内大部分都是以矿产品加工、生物制药为主导的产业，低水平重复建设不仅造成资源浪费，而且造成产能过剩，抵御市场风险的能力下降。科技、物流等服务业产业的不配套也制约了工业的发展。应该要转变发展观念，拓宽发展思路，加强对服务业发展的组织领导，要像抓农业、抓工业一样，各级党委政府应明确由一名党政领导主抓服务业。2011 年底，中央正式启动武陵山片区区域发展与扶贫攻坚试点，周边地区都在竞相打造武陵山片区商贸物流中心，大力发展旅游、现代物流等新兴服务业产业。湘西州作为先行先试地区之一，要实现"两个率先发展"，就必须把加快服务业发展与农业产业化、新型工业化、城市化进程紧密结合起来，相互促进，相互融合，共同发展。

2. 立足实际，制定规划，科学引导服务业发展

在产业发展的过程中，科学的发展规划和政府的引导作用始终都很重要，近年来，湘西州以文化旅游产业为龙头，带动相关服务

业的发展，2010 年已完成了《湘西自治州旅游总体规划》的制定，但这仅仅是服务业发展规划的一部分，它不能完全包括服务业的各个行业和各个方面。因此要立足本地实际和比较优势，制订出切实可行的服务业总体发展规划，用来指导全州服务业的发展。同时还要制订保障措施，引导服务业健康快速发展。一是要以旅游业为龙头，充分挖掘、利用湘西州的人文旅游资源和交通便利等优势，着力将湘西州打造成为国际文化旅游的目的地城市，带动其他行业的发展。二是要以生产性服务业为重点，以新型工业化建设为契机，以延伸产业链为突破口，加快生产性服务业发展；大力发展金融证券业、高新技术及信息化服务和物流业。三是要大力发展文化产业，特别是现代教育与民间文化。四是要大力发展面向民生的服务业和新兴服务业，除了加快发展与人民生活息息相关的房地产业、批发零售业、住宿餐饮业外，要更加注重提升人民精神享受的教育、文化、体育和娱乐业、家政服务、社区服务的发展，同时要促进新兴服务业的发展，大力拓展创意设计、旅游度假、电子商务等新兴服务领域，培育现代服务业的新增长点。五是实施品牌战略，培育一批在同行业中具有影响力的服务业大型企业或集团，以带动同行业的发展。

3. 优化发展环境，加大扶持力度

一是要积极优化服务业发展的政策环境，加大对自主创新、节能减排、吸收就业多、资源消耗低等新兴服务业的各项政策的优惠力度和扶持力度，进一步扩大税收优惠的范围，实行有利于服务业发展的土地管理政策，完善服务业价格、收费政策，认真清理并及时调整各类过高的收费项目及过时的政策；二是完善服务业的市场体系和竞争机制，放宽市场准入，凡是国家法律法规没有明确禁入的领域，凡是能够实行多元化投资的领域，都应该鼓励和引导民间资本加快进入，在资金层面上允许服务业企业融入资本市场，鼓励民间资本投入，盘活民间资本，从而拓宽融资渠道；三是切实加强市场监管，着力构建公平竞争、发展有序的市场秩序，切实打造诚信社会，推动并鼓励企业争创服务业品牌。四是加大人才的培养和引进力度，为服务业的发展提供人才保障。针对服务业人才匮乏、管理水平低的突出问题，要建立完善人才培养和引进机制，既要注重加大对本地人才的培养力度，又要加强对高层次管理人才和高水平技能型人才的引进，并采取有力措施留住人才、用好人才，为服务业发展提供有效的智力保障。五是加大对服务业特别是服务业中小企业的资金引导和政策扶持力度，对于服务业的薄弱环节、关键领域和重点行业，要在财政、税收、信贷、审批、土地等方面给予优惠，支持其健康快速发展。六是制定服务业评价考核体系，按照部门职能分工，分解目标，落实责任。要建立服务业发展情况监测评价指标体系，考核各县区市、各部门服务业行业发展情况，以考核促进服务业的大发展。

4. 借鉴先进经验，提升服务业的核心竞争力

根据国家主体功能区划分的主要方法和原则，整个武陵山片区都被划分为限制开发区域，一切经济活动都必须坚持以保护生态环境、促进生态功能改善为基本前提，做到保护优先，适度开发，点状发展。那么生态旅游业无疑是最适合该区域经济发展的产业，旅游业将成为武陵山片区的服务业乃至整个经济增长的核心竞争力。

要重振湘西州旅游业的雄风，提高服务业的核心竞争力，就应该从以下几方面入手：一是进一步加大旅游基础设施的投入，积极创建A级景区，不断提升景区档次、树立景区品牌、提高景区知名度和市场影响力；同时，有针对性地发展集观光、采摘、垂钓、宾馆、餐饮为一体的休闲旅游农业，增强吸引力，提高综合竞争力。二是加大宣传促销力度。要在过去常规、有效的促销方式的基础之上，抓紧节会等关键时点，带领企业、旅行社走出去对接，对长沙、广州、武汉、重庆等重点区域和旅行社等重点对象，采取有针对性的宣传措施。通过举办民族文化旅游艺术节，选拔旅游形象大使，组建旅游专业宣传团队，出台政策，对招徕会议、

大型活动的单位和个人进行奖励，用派发免费门票等方式招揽游客，拓宽旅游客源市场。三是将优惠政策结构性推进。将旅行社、车队、景区、宾馆等旅游产业主体捆绑在同一产业链上，形成共同的利益追求，制定优惠政策，扶持企业做大做强，创立自己的品牌。四是加快旅游商品开发，拉长旅游产业经济链。在突出地方文化特色和创新商品设计上下功夫，加强产品研发，满足国内外不同层次游客的不同需求，建立旅游商品特色购物街和大型商场，构建旅游商品销售和流通体系。

第四节　湘西州城镇化发展情况

城镇化是工业化的必然结果，是现代化的必由之路，是扩大内需的战略重点和调整经济结构的重要抓手，也是解决农业农村农民问题，促进城乡统筹发展的重要途径。推进新型城镇化是湘西州经济社会发展的重要引擎，是脱贫致富奔小康的根本出路。伴随着湘西州经济规模的不断扩大，城镇人口的大量集聚，以"集约高效、功能完善、环境友好、社会和谐、个性鲜明、城乡一体"为主要特征的新型城镇化将会更快地实现城乡统筹，更好地解决民生领域问题。那么，湘西州新型城镇化发展现状如何，还存在哪些差距和不足？

一　城镇化的基本内涵及实现方式

城镇化的基本内涵主要表现为五个转变。一是产业结构和社会结构的转变。劳动力从第一产业向第二、第三产业转移，农业人口比重下降，工业、服务业人口比重上升，人类社会从传统的农业社会向工业化社会转变。二是城乡人口分布结构的转变。越来越多的人口由分散的农村向城镇集中，城镇规模和数量不断增多，城市产业结构提升。三是城镇空间形态的转变。城镇建成区扩大，新的城镇地域、城镇景观涌现，城镇基础设施和服务设施不断完善。四是经济要素集聚方式的转变。在技术创新和制度创新的双重推动下，人口、资本等经济要素更健康、高效地在城乡之间流动、重组。五是人的价值观念和生活方式的转变。城市文明、城市生活方式和价值观念向乡村地区渗透和扩散，传统乡村文明走向现代城镇文明，最终实现城乡一体化和"人"的城镇化和现代化。

城镇化的实现方式，从表面上看，是劳动力或者说是人口由农村向城镇流动的过程，外观特征表现为农业人口转化为非农人口、乡村人口向城镇集中。但其本质上是生产三要素——土地、劳动力和资本在一定经济基础和技术的作用下重新组合的过程。而且是通过劳动力的两种转换来实现的：产业的转换和空间的迁移。产业的转换表现为从传统产业到现代产业，从农业到非农业，或者说从第一产业到第二产业；空间的迁移表现为从农村到城市，从分散到集中。

二　湘西州的城镇化发展历程

建州以来，特别是改革开放后，湘西州城镇化伴随着经济的发展而发展，其间虽然经历了曲折的过程，但取得的成绩是巨大的。城镇化总体上经历了一个城镇数量不断增加、城镇人口规模不断扩大、城镇人口比重不断上升的发展历程。纵观 50 多年的发展历程，大致可分为三个阶段。

第一阶段：艰难起步阶段（1957—1978 年）。1957 年湘西土家族苗族自治州正式成立。当年，城镇人口 10 万人，城镇化率 7.3%。是年遭遇"大跃进"，经济发展过度偏向工业生产，大量农村劳动力盲目涌入城市，城市人口增加，至 1960 年，城镇人口达到 11.8 万人，城镇化率 9.1%。为减轻城镇负担，国家调整政策，动员城镇人口回乡，并对城乡人口实施严格的户籍管理，限制人口城乡间的流动，再加上受三年自然灾害的影响，城市人口机械减少，城市化进程出现了停滞甚至倒退。至 1969 年城镇人口仅为 6.1 万人，城镇化率 3.9%。1966—

1976 年国家政治、经济的动荡，城市化进程缓慢。至 1978 年城镇人口为 12 万人，城镇化率 6.3%。和 1957 年相比，20 年间，城镇个数减少 9 个，城镇人口仅增加 2 万人，城镇化率反而下降了 1 个百分点。

第二阶段：调整恢复阶段（1978—2000 年）。该时期上山下乡知识青年和下放干部陆续返城并就业，城乡集贸市场的开禁，出现大量的城市暂住人口，乡镇企业异军突起带动了小城镇的发展。与此同时，国家提出了城市维护和建设费，拨专款用于城市住房补贴，结束了城市建设多年徘徊不前的局面。1984 年国务院《关于农民自理口粮进城落户问题的通知》的颁布，蓝印户口等政策的推出，再加上快速发展起来的农村经济和乡镇企业，农民进城的意愿空前高涨，大量农村劳动力涌向城镇。同时国家调低改镇建市标准，并允许农民自带口粮进城办第三产业，这些措施大大促进了城镇化的发展。至 2000 年全州城镇发展到 63 个，城镇人口 48.6 万人，城镇化率达到 18.6%，和 1978 年相比，城镇个数增加 52 个，城镇人口增加 36.6 万人，年均增加 1.7 万人，城镇化率增加 12.30 个百分点，年均增加 0.56 个百分点。

第三阶段：快速发展阶段（2000 年至今）。进入 21 世纪后，湘西州通过"撤乡并镇"，城镇数量虽增加有限，但城镇人口快速增加，规模不断扩大。2013 年末全州城镇人口达到 100.8 万人，城镇化率达到 38.8%，与 2000 年相比，13 年间，城镇人口增加 52.2 万人，年均增加 4 万人，城镇化率提高 20.2 个百分点，年均提高 1.6 个百分点。按城镇化进程三阶段理论评判，目前湘西州城镇化进程处在快速增长阶段。（城市化水平低于 30% 为低速增长阶段、城市化水平在 30%—70% 之间为快速增长阶段、城市化水平高于 70% 为成熟的城市化社会。）

主要年份城镇化水平情况

	城镇个数（个）	总人口（万人）	城镇人口（万人）	城镇化率（%）
1957 年	20	136.4	10.0	7.3
1978 年	11	191.4	12.0	6.3
2000 年	63	260.8	48.6	18.6
2013 年	69	292.1	100.8	38.8

三　湘西州城镇化发展现状

在国家和省里的大力支持下，州委、州政府深入贯彻落实《湖南省推进新型城镇化实施纲要》和省委、省政府决策部署，立足湘西州实际，突出经济建设与城镇建设互动发展，坚持城镇建设与生态保护并重，加大了城镇建设的力度，完善了城镇功能，加快了全州新型城镇化建设的进程。

（一）城镇规模不断扩大，但"不完全城镇化"突出

1. 城镇地域扩大。2000 年以来，湘西州城镇数量变化不大，比较稳定。2005 年在基本保留原有镇建制的基础上，完成了乡镇区划调整，将地理连接紧密，经济关联度高，特色特征相近，规模相对较小的乡归并到城镇中，减少乡镇 59 个。2013 年底，全州辖1 市 7 县、7 个街道办事处、69 个镇、89 个乡、186 个居委会、1961 个村。在城镇中，街道办事处 7 个，县城镇 6 个、县以下农村镇 63 个。分县市情况，吉首市辖 4 个街道办事处、5 个镇，泸溪县 8 个镇，凤凰县 9 个镇，花垣县 8 个镇，保靖县 10 个镇，古丈县 6 个镇，永顺县 12 个镇，龙山县辖 3 个办事处、11 个镇。虽然城镇个数增加不多，但城镇地域面积大幅增加。2012 年，城镇建成区面积 74.13 平方公里，比 2000 年扩大 39.10 平方公里，增加了近一倍，年均扩大 2.36 平方公里。

2. 城镇人口增加。2013 年全州城镇人口 100.8 万人，比 2000 年增加 52.2 万人，平均每年增加 4 万人，年均增长 6.6%。但建成区人口偏少。2013 年，全州有 10 万人口以上城市 1 个，城镇人口

22.23万人，其中市区人口20.41万人。在76个城镇街道中，建成区人口在1万以上的有13个，占全部城镇个数的17%，八成以上的建成区人口在1万人以下。街道建成区平均人口4.8万人，县城建成区平均人口2.7万人，县以下城镇建成区平均人口0.4万人。

3. "不完全城镇化"突出。不完全城镇化是指人进入城镇但并没有享受城里人待遇的现象。表现为农民大量从一产业向二、三产业分流、转移，虽然从事非农产业、居住在城镇，但与城镇户籍人口存在着很多方面的差别，他们并没有割裂与农村土地之间的关系，与农村仍有千丝万缕的联系，实际上是农村人口向城市人口转化过程中的一种不完整状态。形成了一种"身在城镇，根留农村"的现象。我国现行统计制度规定，城镇常住人口不仅包括具有城镇户口的常住居民，也包括没有城镇户口、但在城镇居住、离开户口登记地6个月以上进城务工经商的农村人口，但是这些人虽然已在城镇工作，户籍却在农村。这部分农村人口虽然暂时实现了就业转移，但没有真正实现"市民"身份的根本转变和居住地的根本转移，没有真正融入城镇社会，2013年，湘西州非农业人口51.7万人，而城镇人口达到了100.8万人，有49.1万人没有完全城镇化，占全部城镇人口的48.7%。

2013年户籍人口与常住人口城镇化率比较　　　　单位：万人、%

	全州	吉首市	泸溪县	凤凰县	花垣县	保靖县	古丈县	永顺县	龙山县
户籍人口	292.1	29.8	31.3	40.9	31.0	31.2	14.5	54.0	59.4
常住人口	260.0	30.8	28.2	35.3	29.2	28.5	12.9	43.8	51.3
非农人口	51.7	13.4	5.7	5.0	4.8	4.3	2.7	7.3	8.5
城镇人口	100.8	22.2	11.0	10.3	10.6	10.2	4.5	14.7	17.1
户籍人口城镇化率	17.7	45.0	18.2	12.3	15.4	13.7	18.7	13.5	14.3
常住人口城镇化率	38.8	72.3	38.9	29.2	36.4	35.8	34.9	33.6	33.4
差距（百分点）	21.1	27.3	20.7	16.9	21.0	22.1	16.2	20.1	19.1

（二）城镇化进程稳步推进，但城镇化水平较低

随着社会经济持续增长和行政的强有力推动，全州城镇化建设稳步推进。全州城镇化水平由 2000 年的 18.6% 提高到 2013 年的 38.8%，十三年提高了 20.2 个百分点，年均提高 1.60 个百分点。但与全国、全省和其他地区相比仍存在较大差距，处于落后状态。一是总体水平不高。2013 年湘西州城镇化水平比全国低 14.90 个百分点，比全省低 9.20 个百分点，在全省 14 个市州中，排倒数第 2 位，仅高于邵阳市 0.70 个百分点。在周边六个地区中排第 4 位，比张家界市低 3.50 个百分点，比怀化市低 1.60 个百分点，比黔江区低 5 个百分点，比铜仁高 0.80 个百分点，比恩施州高 2.70 个百分点。全省设市城市 29 个，湘西州仅有吉首 1 个县级城市，设市城市规模小数量少。二是发展速度慢。在 2001—2013 年十二年间，湘西州城镇化率年均提高 1.39 个百分点，同期全国年均提高 1.33 个百分点，全省年均提高 1.26 个百分点，湘西州略快。但年均增速在全省各地市中位次靠后，排第 9 位。在周边六个地区中排第 5 位，比铜仁市、恩施州、黔江区慢，与怀化市比稍差一些，略高于张家界市。

城镇化水平与全国、全省及周边地区比较　　　　单位:%、百分点

	2013 年	2001 年	年均增加
全国	53.70	37.70	1.33
全省	47.96	32.80	1.26
长沙市	70.60	44.70	2.16
株洲市	60.12	39.65	1.71
湘潭市	55.10	37.00	1.51
衡阳市	48.10	26.90	1.77
邵阳市	38.04	23.49	1.21
岳阳市	50.82	33.00	1.49
常德市	44.38	28.14	1.35

续表

	2013 年	2001 年	年均增加
张家界市	42.23	25.65	1.38
益阳市	43.31	28.10	1.27
郴州市	47.03	26.70	1.69
永州市	41.26	21.48	1.65
怀化市	40.44	22.94	1.46
娄底市	40.96	25.34	1.30
湘西州	38.75	22.07	1.39
铜仁市	38.00	8.80	2.43
恩施州	36.10	11.70	2.03
黔江区	43.80	19.80	2.00

（三）城镇经济日益发展，但产城互动发展协调性不够

近几年，湘西州经济稳步发展为建设新型城镇化打下扎实的基础。以锰锌为主的矿产品加工业、以白酒香醋为主的食品加工业、以中药材为主的生物制药业三大工业集群不断壮大；以柑橘、猕猴桃为主的水果业，以优质烟叶、茶叶为主的高效经济作物产业，以牛、羊、猪为主的草食畜牧业，以青蒿、百合为主的中药材种植业四大特色产业已粗具规模；以凤凰古城、乾州古城、芙蓉镇和里耶镇为龙头的旅游业也日益兴旺。从 2000 年开始，全州生产总值年均增长 9.8%。财政总收入年均增长 34.1%，固定资产投资年均增长 20.2%，社会消费品零售总额年均增长 13.7%，城镇居民人均可支配收入年均增长 10%，农民人均纯收入年均增长 10.6%。

城镇化离不开产业支撑，两者相互依赖，相互促进。城镇化和工业化协调性是否合理是经济健康发展的重要因素。城镇化创造需求，促进消费，为工业化发展提供持久推动力。工业化创造供给，提供就业，为推进城镇化打下坚实的经济基础。那么，二者的关系在湘西州呈现什么样的状况呢？研究城镇化与工业化互动发展关

系，主要有两类指标，一类是产值结构指标，如工业增加值占GDP的比重、第二产业占GDP的比重、非农产业占GDP的比重等；另一类是就业结构指标，如工业就业比重、第二产业就业比重、非农产业就业比重等。

1. 从产值结构指标看，湘西州城镇化与工业化发展协调性不够。产值结构是反映工业化水平的一个重要指标，一般用工业化率或者非农产业增加值占GDP比重来体现工业化水平。本文选取工业化率（工业增加值占生产总值比重）判别二者的协调性是否合理。从2000—2013年工业化率变动情况看，湘西州工业化率整体上呈现"∧"形轨迹，顶峰出现在2007年，工业化率达到35.4%，其间工业化率提高了5.1个百分点。同时期城镇化率则基本保持上升态势，从18.6%上升到38.8%，提高了20.2个百分点。经济学界通常用城镇化率与工业化率比值来衡量彼此的关系，比值的合理范围在1.4—2.5之间。经测算，2000—2013年，湘西州城镇化率与工业化率比值在0.74—1.29之间，均未达到合理区间，表明二者协调性不够。

2. 从就业结构指标看，湘西州城镇化超前于工业化。工业化进程推动产业结构的变化，进而带来就业结构的城镇化，最后形成人口的城镇化。一般情况下，农业劳动力转入其他产业的人口大部分转化为城镇人口，那么劳动力的非农产业就业比重基本等于城镇化率，因此，可以使用一段时期内城镇人口比重变动值（ΔPu）和非农产业就业比重的变动值（ΔPa）之间的比值来评价该时期内城镇化与工业化是否协调。协调状况下，$\Delta Pu / \Delta Pa = 1$；若 $\Delta Pu / \Delta Pa > 1$，则城镇化速度超过工业化进程；若 $\Delta Pu / \Delta Pa < 1$，表明城镇化滞后于工业化。但现实中，从事非农产业的人口不一定都住在城镇，城镇化率一般会低于非农产业就业比重。国际经验显示，城镇化率与非农产业就业比重的比值一般在0.83左右。2000—2012年湘西州非农产业就业比重的变动值为17.7，即 $\Delta Pa = 17.7$。城镇人口比重变动值为19，即 $\Delta Pu = 19$。$\Delta Pu / \Delta Pa =$

1.076，大于国际经验值，我们判定城镇化进程超过工业化进程。

（四）城镇架构初步形成，但湘西文化彰显不足

湘西州加快推动州府吉首发展，加大县城建设力度，初步形成以"州府吉首为核心，7 个县城为重点，61 个镇为基点"的城镇化骨架。2010 年进一步加大了城镇化推进的力度，"一核七星三十点"的新型城镇化体系雏形已跃然眼前。2014 年州委再次提出加快构建"一个核心城市、半小时生态城镇群、一小时旅游经济圈、七个县城区域节点、三十个卫星集镇"的新型城镇体系和发展格局，湘西州新型城镇化框架升级版已清晰呈现。

但湘西文化彰显不足。文化是一座城市的灵魂，没有文化的城市、没有故事的城市，其生命力就不强。文化特色的彰显虽然是建立在规划设计的基础上，但更在于对历史文化资源优势的充分挖掘。湘西州在城镇化建设中，城镇规划忽略了山区个性。湘西州绝大多数城镇都是政府所在地，仅仅发挥着行政中心的单一功能，城镇本色发挥不足，具有自身特色的小城镇不多，2012 年，湘西州仅有吉首市矮寨镇、凤凰县山江镇、古丈县红石林镇等 10 个镇被确定为省级中心镇特色镇。大多数城镇建设淡化了民族特色，现代文化同化了民族本色，砖瓦楼房取代了民族建筑，时尚服装取代了民族装饰，水泥路取代了古老的石板街，民族文化没能得到充分挖掘和传承，城镇民族特色未能充分体现，城镇文化功能影响不够，独特的湘西民族特色文化未能充分彰显。

（五）城镇基础设施不断完善，但基本公共服务发展滞后

1. 城镇基础设施不断完善。近年来，湘西州逐年加大对城镇基础设施建设的投入，城镇功能进一步得到完善。2011—2013 年，全州新增城市道路 19.4 万平方米，新增城镇公共绿地面积 9.7 万平方米；新、改、扩建城镇自来水厂 13 座，新建吉首等 9 座污水处理厂和 9 座城镇垃圾处理场，实现了全州县级城镇污水、垃圾处理全覆盖；累计城镇供水总量 18897 万吨，处理污水 16763.96 万立方米，处理生活垃圾 102.34 万吨。2013 年，全州城镇人均道路

达 8.7 平方米，比 2006 年增加 3.1 平方米；城镇人均公共绿地达
6.8 平方米，比 2006 年增加 3.5 平方米，城镇供水普及率 89%，
燃气普及率 71%，城市生活垃圾处理率达 88%，城市生活污水处
理率 89%，比 2006 年增加 60 个百分点。建成区面积达到 112 平方
公里，比 2011 年增加了 10 平方公里。城镇服务功能日益完善。但
与全国、全省相比差距较大，从 2012 年的数据看，湘西州各项主
要指标均低于全国全省水平。

2012 年湘西州城镇基础设施建设与全国全省比较

	单位	全州	全国	全省
燃气普及率	%	52.3	93.2	91.3
用水普及率	%	82.0	97.2	97.6
人均拥有道路面积	平方米	8.6	14.4	13.5
人均公园绿地面积	平方米	4.8	12.3	8.8
建成区绿化覆盖率	%	16.5	39.6	37.0
每万人拥有公厕	座	1.5	2.9	2.3

　　2. 基本公共服务发展滞后。在保障体系上，城镇基本建立起
了包括养老、医疗、失业、工伤、生育为基础的社会保险体系，在
救助、福利、优抚等方面也相对项目齐全、覆盖面广泛，而农村则
仅建立了较低水平的救助、优抚措施，失业、工伤、生育等保险基
本没有。在运作模式上。城镇企业职工养老保险制度强调风险共
担，较多地体现了社会保险的原则，而农村社会养老保险制度则只
突出个人的养老责任，以土地保障和家庭保障为主。城乡居民实行
不同的基本医疗保障模式和运行机制，城镇职工参加基本医疗保
险，由用人单位和个人共同缴费，实行社会统筹和个人账户相结合
的管理模式，其保障水平比较高。在农村，农民从 2005 年开始大
规模自愿参加新型农村合作医疗制度，但参合农民人均医疗保险费
每年只有 90—100 元，其中个人交费 10 元，其余部分由中央和地
方政府分担。在补助标准上，城镇高于农村，2013 年，城市低保

对象月人均补差 255 元，农村低保对象月人均补差 111 元；城镇居民人均得到政府最低生活保障 2524 元，农村居民人均得到政府最低生活保障 901 元，城镇是农村的 2.8 倍。城镇医疗救助人均 215 元，农村为 142 元，城镇比农村高 73 元。在卫生资源上，城乡卫生资源分布不均衡，城市卫生技术人员的数量和素质均高于农村，城市人均医疗保健支出均高于农村，2012 年城镇居民人均医疗保健支出 603 元，农村居民人均医疗保健支出 236 元，城镇是农村的 2.5 倍。在教育资源上，无论是教育经费的配置、教育办学条件、教育师资配置，还是教育发展水平都存在较大的城乡差别，城镇教育资源远远多于农村。

四 湘西州城镇化目标测算

（一）城镇化发展目标

2014 年州委城镇化工作会议提出，到 2015 年全州城镇化率达到 45% 左右，具有湘西特色的新型城镇体系基本形成；到 2017 年建州六十周年城镇化率达到 50% 左右，到 2020 年，全州城镇化率达到 60% 左右，建成以"一个核心城市、半小时生态城镇群、一小时旅游经济圈、七个县城区域节点、三十个卫星集镇"为主体的新型城镇体系，城镇综合承载能力和新农村建设水平全面提升，城镇基本公共服务覆盖全部常住人口，城乡发展一体化格局基本形成。

（二）需要转移的人口

2013 年全州常住人口 260.2 万人，城镇人口 100.8 万人，按照 8‰ 的人口自然增长率计算，预计 2015 年全州常住人口约为 264.2 万人。按照城镇化率目标计算，2015 年城镇人口应达到近 119 万人，那么，2014—2015 年两年需要转移约 18.1 万人，平均每年需转移 9.05 万人。2017 年城镇人口应达到 134.2 万人，2014—2017 年四年需要转移 33.4 万人，年均转移 8.35 万人。2020 年城镇人口应达到 164.9 万人，2014—2020 年七年需要转移 64.1

万人，年均转移 9.16 万人。

目标时期年均转移人口预测　　　　　单位：万人、%

	2013 年	2015 年	2017 年	2020 年
常住人口	260.2	264.2	268.4	274.9
城镇化率	38.8	45.0	50.0	60.0
城镇人口	100.8	118.9	134.2	164.9
需转移人口	—	18.1	33.4	64:1
年均转移人口	—	9.05	8.35	9.16

（三）实现目标的可行性

2000 年以来城镇人口年均增加 4 万人，近三年城镇人口年均也只增加 4.1 万人。那么，要实现既定目标，年均需转移人口 8 万—9 万人，难度极大。但不是没有可能。同时要实现既定目标还必须满足五个基本条件。第一是有可供转移的农村人口；第二是城镇的接纳能力；第三是产业支撑能力；第四是资源承载力；第五是资金保障能力。

1. 可供转移的农村人口。本文在对农村剩余劳动力数量估计上，采用中国社会科学院和中国农业科学院提出的估算方法，该方法认为，农业劳动生产率应该到达社会平均劳动生产率水平，当农业劳动生产率低于社会平均劳动生产率时，则认为有农业剩余劳动力的存在。首先根据社会平均劳动生产率计算农业生产对劳动力的现实需求量，再根据农业从业人员数减去现实需求量，可大体估算出目前农村剩余劳动力数量，按此思路计算得出 2012 年农村剩余劳动力为 66 万人，按照第六次人口普查湘西州劳动力负担系数 1.5 计算，有 99 万农村人口可供转移。

2. 城镇接纳能力。湘西州有 76 个城镇街道，根据 2015 目标要求，平均每年每个城镇需接纳农村人口 1191 人；根据 2017 目标要求，平均每年每个城镇需接纳农村人口 1098 人；根据 2020 目标要求，平均每年每个城镇需接纳农村人口 1205 人。

3. 产业支撑能力。农村人口向城镇转移，从根本上讲取决于城镇第二、第三产业接纳就业人员的能力。也就是说接纳的就业人数与其负担系数的乘积要大于或等于需要转移的人口数，城镇化进程的目标才能实现。从经济发展的情况看，2000—2012 年湘西州GDP 年均增长 10.3%，其中第二产业年均增长 11.6%，第三产业年均增长 12.8%。从业人员年均增长 2.0%；第二产业从业人员年均增长 7.9%，第三产业从业人员年均增长 5.0%。据此计算出就业与经济增长的弹性系数，第二产业从业人员弹性系数为 0.6844，第三产业从业人员弹性系数为 0.3913。预计未来 GDP 年均增长10%。根据第二、第三产业从业人员弹性系数，测算得到 2015 年全州第二、第三产业可新增接纳从业人员 14 万人，按 1.5 倍农村劳动力负担系数计算，2015 年第二、第三产业可承载城镇人口新增 21 万人。超过需要转移的人口 2.9 万人。2017 年可承载城镇人口新增加 37 万人，超过需要转移人口 3.6 万人，2020 年可承载城镇人口新增加 64 万人，与需要转移的人口基本一致。也就是说，经济年均增长速度需要保持在 10% 以上，否则城镇化进程目标会因为经济发展慢，产业支撑不够而难以实现。

4. 资源承载力。一是土地人口承载力。国家颁布的《城市用地分类与规划建设用地标准》（GB50137—2011）将人均城市建设用地标准划分为七个等次，并特别规定：边远地区、少数民族地区以及部分山地城市、人口较少的工矿业城市、风景旅游城市等具有特殊情况的城市，可根据地方实际情况，放宽标准，但上限不得大于 150 立方米。根据国家标准和湘西州土地利用总体规划，2020年湘西州城市、建制镇建设规划面积为 15941.92 公顷，采用人均100 立方米作为人均城市建设规划用地标准，可承载 159 万人，不能满足 2020 年 165 万城镇人口的土地需求量。二是水资源承载力。湘西州水资源总量为 110 亿—160 亿立方米。按联合国规定的人均水资源标准：丰水线（3000 立方米/人）、警戒线（1700 立方米/人）和下限值（1000 立方米/人），湘西州水资源的承载能力为：

最佳人口规模 367 万—533 万人，警戒人口规模 647 万—941 万人，最大人口规模 1100 万—1600 万人。

5. 资金保障能力。国家财政部科学研究所研究表明，如果将目前在城市打工的农民市民化，政府在其子女教育，社会保障、社会救助和保障性住房上的投入是人均 1.2 万元（不包括城镇基础设施的投入）。湘西州到 2015 年需转移 18.1 万农村人口，政府需投资 21.72 亿元，年均 10.86 亿元，到 2017 年需转移 33.4 万农村人口，四年内政府需投资 40.08 亿元，年均 10.02 亿元，到 2020 年需要转移 64.1 万农村人口，八年内政府需要投资 76.92 亿元，年均投入 10.98 亿元，年均投入资金约占 2013 年全州财政总收入的五分之一。每个城镇平均每年需投入 1470 万元。资金压力太大，难以保证。

五　湘西州城镇化发展建议

（一）推进新型城镇化要以科学规划为引领

城镇化发展，事关国民经济全局和长远发展大局，是一项长期的艰巨任务，需要科学规划，统筹安排。城镇建设的目标就是完善功能、聚集产业，提高第二、第三产业的规模和档次，以满足"市民化"的需要。湘西州城镇规模小，居住分散，城镇化建设有自身的特点和重点，要从实际出发，优先发展县城，有重点的发展中心镇。在全州一盘棋的基础上，突破行政区划界限，统筹规划城镇的整体布局。对过小过密的乡镇，进行乡镇行政区划合理调整，以经济区域代替行政区域。

（二）推进新型城镇化要以产业支撑为基础

发展经济是城镇化发展的基础和核心。只有发展城镇经济，城镇才能吸引人、留住人、聚集人。农民能不能进入城镇，关键在于有没有就业机会，有没有发展空间，因此，推进城镇化要充分发挥产业对城镇化的带动作用，把发展特色优势产业和战略性新兴产业作为主攻方向，以中心城区和产业园区为载体，引进和培育大企业、大集团，提升产业规模和水平，推动产城统筹发展。有效避免缺乏产业的"空心城镇化"，防止重建设轻经济，先建设后经济，以建设代经济的现象。要始终树立以产兴城、以城促产、产城融合、协调发展理念，让城镇具有持续发展的强劲动力和旺盛的生命力。

（三）推进新型城镇化要以政府和市场双轮驱动为动力

从政府角度讲，第一是做好规划；第二是财政预算中安排一定的财政投入，用于城镇基础设施建设和完善公共服务体系；第三是建立符合城镇建设和发展要求的软环境，增强城镇对企业家和个人的吸引力；第四是制定有利于人口流动和劳动者创业的鼓励政策。

从市场角度看，城镇建设仅仅依靠政府是不够的，因此，要积极发挥市场的作用，对公用设施、基础设施等，可允许外资、个体私营经济、集体所有制经济以各种形式投资经营。坚持谁投资、谁管理、谁受益的原则。允许和鼓励公用设施经营权等转让和拍卖。盘活土地存量，对规划用地使用权进行招标拍卖，收入用于城镇建设。鼓励房地产商带资开发。拓宽融资渠道，解决城镇建设和企业发展资金短缺问题。建立中小企业信用担保中心，为个体私营企业融资提供担保。

（四）推进新型城镇化要以制度创新为支撑

在城镇化的过程中，"准市民"的现象客观存在。社会歧视、制度限制、就业非正规化、居住边缘化等使得农村流动人口难以真正融入到城市中来。所以当务之急是既要把农民转化为农民工，又要使农民工转化为市民。这就需要政策探索，制度创新。一要加快户籍制度改革，解除城市化发展的制度约束。要采用灵活的户籍政策；逐步建立起以居住地划分城市人口或乡村人口的管理制度，使全体公民在户口身份上完全平等，让进城农民能安下心来长期定居。二要完善政策，创造农民进城的宽松环境。目前农民进城的成本过高，进城后的收入低，农民工无法实现在城镇买房定居的愿望，大多数进城农民长期处于流动状态。因此，要降低农民进城的门槛，简化农民进城务工的各种手续，严禁各种限制农民工就业范围的歧视性规定，建立城乡统一、公平竞争、开放的就业市场，培育城乡一体的劳动力市场，让农民工能够在城镇安居乐业。三要创新社会保障制度，减少农民工的后顾之忧。要淡化政策上的城镇偏向，取消城镇居民的特殊待遇，增加农村居民的公共福利，建立完善的社会保障制度，让农民工平等地享受现代城市文明。

（五）推进新型城镇化要以"人"的城镇化为目标

人既是社会发展的手段，也是社会发展的目的。城市的形成、扩张和形态塑造，人的活动始终贯穿其中，同时，城市的变迁也深刻地改变着人类社会的组织方式、生产方式和生活方式。因此在推进新型城镇化过程中，不仅要满足人的基本生活需求，更要在文明意识、价值观念、文化素质等精神层面大有作为，让人充分享受到城市现代文明的幸福。

第五节　湘西州 2013 年财政金融运行情况简析

2013 年，面对错综复杂的宏观经济形势，全州财政收入继续保持平稳增长，金融机构人民币存款持续增长，有力地促进了湘西州经济社会事业的良性发展。

一　湘西州财政运行情况

（一）公共财政预算收入总量继续保持增长，增幅缩小

1—10 月，湘西州地方公共财政预算收入完成 23.5 亿元，同比增长 23.1%，继续保持两位数增长，比上月下降 2.7 个百分点，比 2011 年同期提高 7.2 个百分点。其中，营业税完成 4.6 亿元，同比增长 33.0%；增值税完成 1.3 亿元，同比下降 20.1%；企业所得税完成 1.2 亿元，同比下降 13.8%；个人所得税完成 0.5 亿元，同比下降 1.8%。从整体来看，1—10 月湘西州公共财政预算收入增速处于持续下滑的状态，1—10 月增速为 23.1%，比 1—

3月下降16.3个百分点。1—10月月度具体增长情况如下图所示。

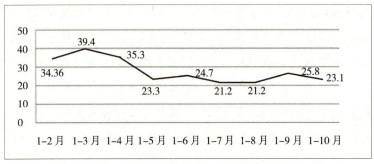

湘西州1—10月公共财政预算收入增速图 （单位：%）

（二）主要税种增长缓慢，增值税持续负增长

受当前部分企业生产经营压力大、效益下滑的影响，自3月以来全州企业所得税收入一直处于负增长状态，1—10月全州企业所得税累计完成1.2亿元，同比下降13.8%，比1—9月下降10.5个百分点；受全州工业产业持续下滑的影响，今年以来全州增值税也一直处于负增长的状态，但降幅逐渐收窄。1—10月全州增值税累计完成1.3亿元，同比下降20.1%，比1—9月下降0.7个百分点。

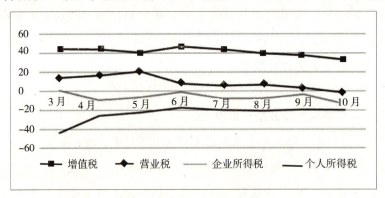

湘西州1—10月主要税种增速趋势图

（三）财政主要支出项目持续增长

在全州财政收入稳定增长的同时，财政支出积极发挥保障作用，支持民生领域各项事业的发展。1—10月，湘西州地方公共财政预算支出117.5亿元，同比增长25.1%，继续保持平稳较快增

长态势。其中，一般公共服务支出 13.9 亿元，增长 18.7%；社会保障和就业支出 18.9 亿元，增长 16.6%；教育支出 20.8 亿元，增长 16.4%；农林水事务支出 16.4 亿元，增长 33.7%；医疗卫生支出 12.5 亿元，增长 23.5%；节能环保支出 5.4 亿元，增长 16.3%；住房保障支出 9.1 亿元，增长 271.2%。

二　金融机构存贷款运行情况

（一）存款运行情况

至 10 月末，全州各金融机构本外币存款余额 617.8 亿元，比上月增加 2.9 亿元，比年初增加 72.1 亿元，同比增 21.1%。全州金融机构各项存款与去年相比有较为明显的增长。

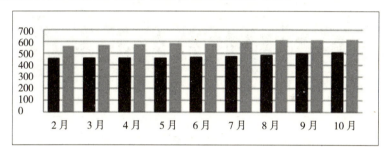

湘西州金融机构存款变化图　（单位：亿元）

1. 企业资金回笼、财政资金拨付到位，对公存款大幅增加。至 10 月末，全州各金融机构单位存款余额 196.5 亿元，比上月增加 4.0 亿元，比年初增加 22.6 亿元，同比增长 29.8%，其中企业活期存款余额 165.6 亿元，比上月增加 5.0 亿元。

2. 居民收入不断增长，股市持续低迷，个人存款长期保持增长。由于今年以来全国股票交易市场震荡剧烈，且股市持续走低，黄金市场波动较大，房地产市场走势不明。居民的投资行为趋于谨慎，储蓄意愿增强。至 10 月末，个人存款余额 402.0 亿元，比上月增加 1.8 亿元，同比增长 19.6%，其中储蓄存款 401.1 亿元，比上月增加 1.9 亿元。

3. 财政资金拨付到位，财政性存款持续减少。一方面，今年以来湘西州财政收入增速较缓；另一方面，在教育、社会保障和就业、农林水事务等民生领域公共财政支出增加较多，财政资金拨付到位，致使财政性存款增速放缓。至 10 月末，全州财政性存款 17.1 亿元，较年初减少 8.2 亿元。

（二）贷款运行情况

全州各金融机构本外币各项贷款余额 253.0 亿元，比上月增加 1.2 亿元，比年初增加 30.0 亿元，同比少增 3.4 亿元；同比增长 15.6%。1—10 月，全州贷款增速低于存款增速 5.5 个百分点。

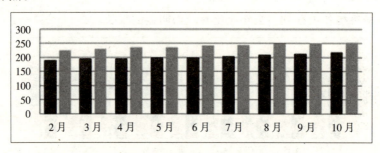

湘西州金融机构货款变化图　（单位：亿元）

1. 由于对水利水电工程建设、各类企业及农户生产经营的支持力度不断加大，全州金融机构中长期贷款继续保持增长，但短期贷款出现暂时回落，整体来看全州本外币各项贷款保持稳定增长。至 10 月末，短期贷款余额为 98.5 亿元，比上月减少 1.1 亿元，同比增长 13.5%。中长期贷款余额为 153.9 亿元，比上月增加 2.4 亿元，比年初增加 18.1 亿元，同比增长 16.7%。

2. 个人消费贷款长期呈现高增长态势。随着湘西州经济持续不断发展，居民收入也得到较快增长，居民消费意愿和消费能力不断增强，加之消费环境的不断优化改善，居民消费潜力不断得到释放。至 10 月末，个人消费贷款余额 40.5 亿元，比上月增加 2.1 亿元，比年初增加 14.3 亿元，同比增长 57.1%，比年初增长 54.3%。

从目前情况看，1—10月，全州营业税、耕地占用税、契税及烟叶税推动税收收入实现"两位数"增长，但增值税、企业所得税两大主题税收仍处于负增长状态，并且整体税收呈现下降趋势。从整体经济形势看，湘西州企业生产经营仍面临巨大的压力，效益好转仍需经历较长的时间，且影响经济回暖因素较多，这些都将对今后湘西州税收带来不确定性，湘西州税收收入可持续增长任重而道远。

湘西州银行业存款分县市排序表　2012 年 12 月 31 日　单位：万元

项目单位	余额	余额排名	比年初增加	增量排名
湘西州合计	5204338		982948	
吉首市	1693853	1	291052	1
泸溪县	420879	6	52796	8
凤凰县	561632	4	119074	4
花垣县	541177	5	85736	5
保靖县	366622	7	63864	6
古丈县	248750	8	58132	7
永顺县	648243	3	151689	3
龙山县	723182	2	160605	2

注：本表数据来源于人民银行，不含财政性存款。

湘西州银行业贷款分县市排序表　2012 年 12 月 31 日　单位：万元

项目单位	余额	余额排名	比年初增加	增量排名
湘西州合计	2229512		374715	
吉首市	828289	1	109956	1
泸溪县	162657	6	13040	7
凤凰县	286300	2	46931	4

续表

项目单位	余额	余额排名	比年初增加	增量排名
花垣县	252244	4	75782	3
保靖县	125370	7	11692	8
古丈县	77844	8	21068	5
永顺县	283993	3	81870	2
龙山县	212815	5	14375	6

注：本表数据来源于人民银行。

"农发行湖南省分行将在全力做好粮棉油收储信贷工作的同时，不断拓展支农领域，大力支持农业开发和农村基础设施建设。"2014年3月召开的农发行湖南省分支行行长会议这样要求，并部署优先支持水利、新农村、高标准农田、农村路网等建设项目。农发行湖南省分行行长谢文表示，2014年将重点支持水利和新农村建设；优先支持纳入国家投资规划、有可靠还款来源的高标准农田建设等农业开发项目；择优支持农村路网；积极支持已纳入国家和省城镇化建设规划、符合办贷条件的县（市）开展基础设施建设；按照总行精准扶贫的新要求，适时推动扶贫开发贷款项目。同时，湖南分行积极探索以城镇化带动新农村建设项目和农业现代化项目的支持模式，探索高标准农田建设的支持模式，探索投贷结合的支持模式，并争取在支持"整区域、全产业"的新型城镇化项目上实现突破。

数据显示，截至2013年末，农发行湖南省分行贷款余额首次突破1000亿元大关，达1005.41亿元。其中，累放粮棉油贷款360.95亿元，同比多放46.68亿元；累放农业农村基础设施建设贷款90.90亿元，同比净增21.45亿元；累放农业产业化龙头企业贷款240.62亿元，支持农村土地收储整治和农民集中建房项目97个，新增土地收储67415亩，改善农民住房14092户。

第一章

湘西自治州的基本特征

第一节　基本情况

　　湘西自治州位于湖南省西北部，地处湘鄂渝黔四省市交界处。1952 年 8 月成立湘西苗族自治区，1955 年改为湘西苗族自治州，1957 年 9 月成立湘西土家族苗族自治州。现辖泸溪、凤凰、古丈、花垣、保靖、龙山、永顺 7 县和吉首市，州域面积 1.55 万平方公里，总人口 285 万，其中以土家族、苗族为主的少数民族就占 77.2%，是典型的"老、少、边、山、库、穷"地区，是国家西部大开发、武陵山片区区域发展与扶贫攻坚先行先试地区，是湖南省唯一的少数民族自治州，是湘西地区开发重点和扶贫攻坚主战场。

　　湘西自治州有着厚重的历史文化。国家历史文化名城凤凰古城，被新西兰著名作家路易·艾黎誉为中国最美丽的两座小城之一；里耶战国古城一次性出土秦简 3.7 万枚、20 多万文字，填补了文献中有关秦代历史的大片空白，考古专家称"北有西安兵马俑，南有里耶秦简牍"；八百年土司王都老司城，是中国大西南地区现存规模最大、保存最完好的土司城址，堪称"中国的马丘比丘"和"东方庞贝古城"；除此以外，还有里耶古镇、芙蓉镇、浦市镇等国家历史文化名镇和南方长城等近 400 处历史文化古迹。厚重的历史文化孕育了民国总理熊希龄、现代文豪沈从文、著名画家黄永玉、民族歌唱家宋祖英、何继光以及奥运冠军杨霞等一批名人。

湘西自治州有着浓郁的民族风情。土家族、苗族是能歌善舞的民族，湘西州是武陵山片区土家族苗族文化生态保护区，拥有 24 个国家级非物质文化遗产保护名录，土家族茅古斯被誉为"中国戏剧的活化石"，苗族鼓舞堪称中华一绝，苗族的"赶秋节"、土家族的"社巴节"等传统节庆活动丰富多彩、独具特色；酒鬼酒、土家织锦和苗族银饰、蜡染已成为游客珍藏的佳品。

湘西自治州有着神奇的山水风光。境内有国家级景区景点 36 处。国家级风景名胜区猛洞河漂流，被誉为"天下第一漂"；小溪国家级自然保护区，是中南十三省唯一免遭第四纪冰川侵袭的原始次生林；国家级风景名胜区吉首德夯，被人们称之为"天凿奇峡"，拥有全国最高的流沙瀑布；矮寨大桥是世界上跨峡谷跨度最大的钢桁梁悬索桥，创下了四个世界第一；还有沈从文笔下的边城茶峒、坐龙峡国家森林公园、红石林国家地质公园等一批著名景区景点。全州拥有 54 个国字号生态文化旅游品牌，荣膺"中国十佳魅力城市"和"最佳旅游去处"。

湘西自治州有着独特的资源优势。湘西处于全国罕见的气候微生物发酵带、土壤富硒带和植物群落亚麻酸带，"酒鬼酒"、"果王素"、"古丈毛尖"、"保靖黄金茶"、"湘西椪柑"、"湘西金叶"等都源于这宝贵的"三带"资源。州域内已勘查发现 63 个矿种 485 处矿产地，其中锰、钒、汞、铝、紫砂陶土矿居湖南之首，锰矿居全国第二，铅锌矿居全国第三，钒矿遍及全州，有"锰都钒海"之称，全州矿产资源总价值达 2 万亿元以上。初步探明页岩气储量 4.8 万亿立方米，占全省的 70%，可采储量超过 1.4 万亿立方米，价值高达 3.5 万亿元，开发潜力巨大。近年来，在省委、省政府的正确领导下，在省直各部门的大力支持下，湘西州依托"四化两型"引领，抢抓国家新一轮西部大开发、武陵山片区区域发展与扶贫攻坚试点等重大机遇，大力推进优势产业、基础设施、新型城镇、生态文明、民生事业"五大建设"，突出项目支撑，围绕"武陵山片区试点、60周年州庆和同步小康建设"狠抓重点项目建设和项目储备工作。2012年全州实现生产总值397.7亿元，增长8.3%。其中，第一产业实现增加值59.2亿元，增长3.5%；第二产业实现增加值158.6亿元，增长7.4%；第三产业实现增加值179.9亿元，增长10.9%。人均生产总值为15465元，增长7.6%。全州财政总收入47.9亿元，增长14.3%。其中，公共财政预算收入28.3亿元，增长12.5%。税收收入36.3亿元，增加6.5亿元，增长21.7%，税收收入占财政总收入的比例达到75.7%。财政支出150.2亿元，增长18.9%。其中，民生支出比重为49.8%。工业初步形成了以锰锌为主的矿产品加工业、以白酒为主的食品加工业、以中药材加工为主的生物制药业、以民族工艺品为主的旅游商品加工业等四大产业集群。农业初步形成了以椪柑、猕猴桃为主的水果业，以优质烟草、茶叶为主的高效经济作物产业，以牛、羊为主的草食畜牧业，以青蒿、百合为主的中药材产业等四大特色产业。旅游业初步形成了凤凰、吉首、芙蓉镇和里耶四大旅游板块。基础设施明显改善，多条高速公路建成通车，大通道格局正在形成。湘西自治州呈现出各项事业稳步发展，民族团结社会和谐的大好局面。

第二节　地理环境、资源禀赋和交通状况

一　地理环境

（一）地理位置

湘西自治州位于湖南省西北、云贵高原东侧的武陵山片区，与湖北省、贵州省和重庆市接壤，地理坐标为北纬27°44.5′—29°38′，东经109°10′—110°225′。地处中国西南交通要冲，水陆交

通便利。东北部的龙山、永顺两县与湖南省张家界市桑植县、永定区交界，东南部的古丈、泸溪、凤凰三县与湖南省怀化市沅陵、麻阳苗族自治县、辰溪三县相邻，西南部的花垣县与贵州省铜仁地区松桃苗族自治县接壤，西北部的保靖、龙山两县与重庆市的秀山土家族苗族自治县和湖北省恩施土家族苗族自治州来凤县、宣恩县毗邻。

（二）地质地貌

地质：初露地层自中元古界冷家溪群至新生界第四系，除石炭系缺失外，大部层序完整，分层标志明显，沉积类型复杂，横线变化显著，过度特色突出。岩石类型以碳酸岩溶为主，次为碎屑岩和浅变质岩，火成岩都见。侵蚀、剥蚀、溶蚀作用强烈，断裂构造较发育，导致山体切割厉害，起伏落差大，岩溶发育，溪谷纵横、密度大，耕地零碎，土壤差异性大，工程地质复杂。

地貌：州域处于云贵高原东北侧与鄂西山地西南端之结合部，属中国由西向东逐渐减低第二阶梯之东缘。武陵山脉由南西向北东斜贯全境，地势西北高、东南低，可分为西北中山山原地貌区、中部低山山原地貌区、中部及东南部低山丘岗平原地貌区。最高点龙山县大灵山，海拔 1736 米；最低点泸溪县上堡乡大龙溪出口河床，海拔 97.1 米，五强溪水电站建成蓄水后，最低淹没线为 108 米；平均海拔为 800—1200 米。

（三）山川

山岳由西南至东北走向的武陵山贯穿州境龙山、保靖、古丈、永顺等县，其支脉绵延全境，构成奇峰竞秀、气势磅礴的武陵山系。境内主要支脉分为三支：北支为保靖白云山、龙山八面山；中支为永顺大米界，紧连张家界市朝天观、张家界；南支为凤凰腊尔山、永顺羊峰山并张家界天门山一线为主脉。三支余脉均没于洞庭湖平原。较高峰有大灵山，长 38 公里，主峰海拔 1736 米，为州境最高峰；洛塔界，长 35 公里，最高峰海拔 1409 米；八面山，长 40 公里，最高峰海拔 1414 米；羊峰山，最高峰海拔 1438.9 米等。

（四）土壤

根据 1978—1985 年第二次土壤普查，州境土壤母岩有 7 种，主要为石灰岩，107.2 万公顷，占土地总面积的 50.25%；次为板页岩、紫色砂页岩、砂岩；另有少量面积的河流冲积物、第四纪红土、花岗岩。

土壤有水稻土、潮土、红壤、黄壤、黄棕壤、石灰土、黄色土等 7 个土类，21 个亚类，88 个土属，261 个土种。其中，耕地耕作层大于 15 厘米的稻田和旱土层分别占其总土地面积的 67.4% 和 68.3%，有利于作物生长。山地土层大于 40 厘米的占 78.2%，有利于木、果、药和牧草的生长。

（五）气候特征

湘西州属中亚热带季风湿润气候。夏半年受夏季风控制，降水充沛，气候温暖湿润；冬半年受冬季风控制，降水较少，气候寒冷干燥。既水热同季，暖湿多雨，又冬暖夏凉四季分明，降水总量适中。光热水基本同季，前期配合较好，后期常有失调，类型多样，主题气候明显。

气温受区域性影响，冬暖夏凉。极端最低气温为 - 4.4 摄氏度，极端最高气温为 37.8 摄氏度；最冷月为 1 月，平均气温 4.4 摄氏度；最热月为 7 月，平均气温为 27.3 摄氏度。

年平均太阳辐射能为 3724—4091 兆焦耳/米，日照时数呈正常偏少趋势，并且南多北少、东多西少。无霜期长，在 250—294 天之间，主要农耕区无霜期在 271—294 天之间。

平均降水量 1290—1600 毫米，主要集中在春夏雨季。风向受大气环流影响，冬季多偏北风，夏季多东南风，有时受印度洋暖流影响，出现西南风。年平均风速 0.9—1.8 米/秒，最大风速为 10 米/秒[1]。

----

[1] 《湘西土家族苗族自治州概括》编写组、《湘西土家族苗族自治州概况》修订编写组编：《湘西土家族苗族自治州概括》，民族出版社 2007 年版，第 1—7 页。

二 资源禀赋

（一）土地资源及其利用状况

全州总面积 1.5462 万平方公里，占湖南省总面积的 7%。其中山地面积占全州总面积的 81.5%，丘陵占 10.3%，岗地占 2.5%，平原占 4.1%，水面占 1.6%。海拔 300 米以下土地占总面积的 8.9%，300—500 米占 27.9%，500—800 米占 41.7%，800 米以上占 21.5%。2005 年耕地面积为 132.42 千公顷，森林面积为 653.2 千公顷，森林覆盖率 61.5%。

耕地 13.5 万公顷，建设用地 3.96 万公顷，未利用土地 16.61 万公顷，土地开发储备资源约 4 万公顷。

从湘西第二次土地利用现状调查的土地利用数据和有关历史数据的对比来看，湘西州八个土地利用类型（一级分类）呈现四增四减的现象，即园地、城镇村及工矿用地、交通和水域用地递增，耕地、林地、草地和其他的地类日趋减少。2009 年末耕地面积有 2608500 亩，与历次调查确认数（按二调口径修订数）对比，均有较大幅度减少。减少的主要去向是退耕还林、农业结构调整（耕改园）和建设占用。随着农业产业结构调整的推进，湘西州以椪柑为主的园地开发得到长足发展。园地由详查的（1995 年）25.6 万亩增至目前的 106 万亩，净增 80 余万亩，从而为农村经济的发展起到较大的作用。林地总体面积虽呈减少趋势，但内衔结构得到了加强。林地面积由前期（1995—2008 年）的 1180 万亩，到 2009 年增至 1200 余万亩、疏林和未成林造林地由详查的 197 万亩增至目前的 319 万亩，造林地明显增加。尤其是原生态脆弱的花垣、凤凰两县林地比重由 46% 提高到 59%，增加 13 个百分点，使生态环境得到了有效的改善。在"八百里绿色行动"的推动下，绿色生态州建设成效显著。2009 年完成人工造林 6.4 万亩，封山育林 5.3 万亩，全民义务植树 524.9 万株，建立义务植树基地 180 个，完成补植补造 67.3 万亩。森林覆盖率为 66.8%。随着社会经济的发展和"西部开发"政策的实施，湘西州交通、城镇村及工矿等建设用地有了明显增加。建设用地由详查的 53 万亩，增至二调时的 81 万亩，尤其是近五年来基础设施用地净增 23 万亩，有效地改善了湘西州交通闭塞，城镇化落后的局面。2010 年，全州建设占用耕地 270.64 公顷。以河流、水库、坑塘为主的水域用地有一定的增长，该项用地面积由前期的 41 万亩增至二调时的 44 万亩，增加 3 万亩，提高了水域用地能力。其主要用地方面是拦河建库增加了水域面积。如碗米坡水库、五强溪水库等基本改变了酉、沅二水在湘西州流域的面貌，水面一度扩展，利用率增大。由于耕地补充、建设占用、农业结构调整等用地的需要和土地利用率的不断提高，以草地为主的其他地类面积逐年减少。现有该地类面积 1352649.3 亩（其中草地 870221.7 亩、田土埂 443529.8 亩），较详查比较减少 424732.3 亩（详查 1777238.6 亩）。从总体数据来看虽有一定的后备储量，但从质地而言地块分散，条件较差，存在一定的开发难度①。

（二）水能资源

有大小溪流 1000 余条。干流长度大于 5 公里、流域面积在 10 平方公里以上的溪河 444 条，水系主要属于沅水水系。主要河流为沅江及其支流酉水、武水。

沅江发源于贵州省都匀县云雾山鸡冠岭，在常德市德山汇入洞庭湖。干流从泸溪县浦市镇入境，流经浦市镇、白沙镇、武溪镇会武水，下流至大龙溪出境，过境里程 45.5 公里，州境流域面积 158 平方公里。沅江航运较为便利，水资源丰富。

酉水是沅江最大的一级支流，由西向东横贯州境龙山、保靖、古丈、永顺诸县，一路吸纳花垣河、古丈河等七条小河，至沅陵县汇入沅江。酉水干流在州境长度为 222.5 公里，流域面积 9098 平方公里。水能资源理论蕴含量 128 万千瓦，可开发量 94 万千瓦。在干流上已修建的电站州境内有保靖县的碗米坡电站。

① http://www.xxz.gov.cn/zjxx/xxgk/zrdl/201109/t20110905_4643.html。

武水，是沅江的一级支流，在泸溪县武溪汇入沅江，武水干流长 141 公里，流域面积 3676 平方公里。水能资源理论蕴含量 21 万千瓦，可开发量 8.9 万千瓦。

另有永顺县的杉木河等属澧水水系；凤凰县的苏马河、泸溪县的踏虎溪等属辰水—绵江水系。

有较大溶洞 900 余个，暗河 187 条，地下水总量为 31.5 亿立方米，占水资源总量的 23.7%。

州境内大部分区域地表水和地下水资源丰富，水质良好，且地表水与地下水相互转化，形成地表地下水综合利用的格局，核算总水量为 132.8 亿立方米，占湖南省总水量的 7% 左右。水力资源总蕴藏量 179 万千瓦，其中可开发量为 137.2 万千瓦。水质较好，pH 值适中，中等矿化度，离子总数不高。

（三）生物资源

湘西州堪称野生动植物资源天然宝库和生物科研基因库，是中国油桐、油茶、生漆及中药材的重要产地。共有维管束植物 209 科、897 属、2206 种以上。其中种子植物 174 科、820 属、1980 种，蕨类植物 35 科、77 属、226 种，在湖南省植物区系体系中占有重要地位，属数占全省的 72%，种数占全省的 51%。保存有世界闻名孑遗植物水杉、珙桐、银杏、南方红豆杉、伯乐树、鹅掌楸、香果树等；药用植物 985 种，其中杜仲、银杏、天麻、樟脑、黄姜等 19 种属国家保护名贵药材；种子含油量大于 10% 的油脂植物 256 种；观赏植物 91 科 216 属 383 种；维生素植物 60 多种；色素植物 12 种。

湘西州气候温和，植被丰富，极为适于各种动物繁衍生息，野生动物资源丰富、种类繁多，有脊椎动物区系 28 目 64 科，属国家和省政府规定保护动物 201 种，其中一类保护珍稀动物有云豹、金钱豹、白鹤、白颈长尾雉 4 种，二类保护动物有猕猴、水獭、大鲵等 26 种，三类保护动物有华南兔、红嘴相思鸟。

（四）矿产资源

州境地质结构复杂，矿产资源丰富。现已探明的矿产地 485

处，63 个矿种。其中 35 个矿种已探明一定储量，获大型矿床 21 处，中型矿床 26 处，小型矿床 73 处，矿点 374 处，地热矿泉水 6 处。矿产资源种类有三大类：一是能源矿产，包括煤、石油和铀矿三种；二是金属矿产，包括铁、锰、钒、铅、锌等 11 种；三是非金属矿产，包括金刚石、硫铁矿、滑石矿、石膏矿、萤石矿、紫砂陶土矿等 15 种。其中，锰、汞、铝、紫砂陶土矿居湖南省之首，锰工业储量 3106.57 万吨居全国第二，汞远景储量居全国第四[①]。

（五）旅游资源

湘西州有着众多的国家级的旅游名胜风景点，到 2011 年底共有国家重点风景名胜区、国家级历史文化名城、国家级历史文化名镇等旅游品牌 30 余个，详见表 1—2—1。

2012 年，旅游资源地的建设改造、知名度和数量又有了新的发展：芙蓉镇景区完成古镇风貌整治、新游线景观打造、民居改造、游客服务中心及停车场项目建设。永顺老司城遗址、凤凰区域性防御体系成功入选"中国世界文化遗产预备名单"。全州成功创建国家等级景区 7 家。凤凰县成功申报为全国、全省旅游强县城；里耶镇为全国特色景观旅游名镇，芙蓉镇为省级特色旅游名镇，老家寨、早岗村、德夯村、张家坡村、老司城、捞车村、夯沙村为特色旅游名村；泸溪军亭界度假山庄等 11 个景区为星级乡村旅游景区。芙蓉镇、猛洞河漂流、矮寨奇观 3 个国家 4A 级景区，已通过省和国家旅游局的检查评定。

表 1—2—1　　　　　　湘西州国家级旅游品牌名录

	单位	数量	品牌名录
国家重点风景名胜区	处	2	猛洞河、德夯
国家级历史文化名城	座	1	凤凰古城
国家级历史文化名镇	座	3	里耶镇、芙蓉镇、浦市镇

---

① 《湘西土家族苗族自治州概括》编写组、《湘西土家族苗族自治州概况》修订编写组：《湘西土家族苗族自治州概括》，第 10 页。

续表

	单位	数量	品牌名录
国家级自然保护区	处	2	小溪、高望界
国家森林公园	处	2	不二门、南华山
国家地质公园	个	3	红石林、凤凰、乌龙山
国家湿地公园	个	1	峒河公园
国家重点文物保护单位	个	6	溪州铜柱、老司城遗址、湘鄂川黔革命根据地旧址、里耶古城遗址、凤凰古城堡、沈从文故居
国家4A级景区	个	3	凤凰古城、凤凰南华、乾州古城
国家3A级景区	个	2	南方长城、边城茶峒
国家2A级景区	个	1	浦市古镇
国家级工农业旅游示范点	个	2	酒鬼工业科技园、老爹工业园
国家考古遗址公园	个	2	老司城、里耶古城

资料来源：2011年湘西州统计年报。

（六）其他资源

自治州农作物主产稻谷、小麦、玉米、大豆、油菜籽、烟叶等。工业主产原煤、电、水泥、木材、卷烟、化肥、纱、布等。卷烟是该州工业生产的"拳头"产品。土特产品以桐油、生漆、茶油、茶叶、烟叶、柑橘、板栗、蜂蜜、药材等最为著名。湘西自治州是全国桐油重点产区之一，所产桐油品质优良，色彩金黄，誉满中外。湘西又是"生漆之乡"，龙山被列为全国生漆基地。这里的"红壳大木"漆树被定为全国优良漆树品种之一。"古丈毛尖"、"保靖岚针"为全国名茶。泸溪浦市柑橘是湖南名橘之一。"织锦"在五代时，曾作为贡品进贡朝廷，现成为旅游者购买的珍贵纪念品。"古丈毛尖"茶和"七叶参"保健茶系全国名茶；"湘泉"、"酒鬼"为酒中佳酿，属国家级名酒，享誉海内外；土家织锦、苗家绣品以其鲜明的民族特色和独特的传统工艺得到人们的青睐。

三　交通状况

交通运输是湘西州经济发展的重要基础。经过多年的建设，湘西州交通运输事业得到很大发展，已经形成铁、公、水、航空综合立体运输格局，昔日湘西州交通闭塞落后的状况得到了极大改观。

（一）铁路运输

已经开通运行的从河南焦作通往广西柳州的焦柳铁路由北向南穿过州内5县市，境内里程132公里，是湘西州交通运输的一条主动脉。

即将开建的和规划中的铁路有：定于2014年开建的经过龙山、永顺的黔张常铁路；十二五规划中经过龙山、永顺、保靖、花垣、吉首龙山、永顺的吉恩铁路，经过花垣、保靖、吉首、泸溪的秀吉益铁路；经过永顺、保靖、吉首、凤凰的张怀城际铁路。

已经运行的、即将开建的和规划中的铁路将形成州境内方便快捷的铁路网。

（二）公路运输

国道有G209经过龙山、凤凰，G319经过花垣、泸溪；省道有S230桑植至永顺、S305桑植至龙山、S228桑植至张家界、S231花垣至龙山、S317保靖清水坪至古丈、吉茶高速子项目保靖至河西、S262龙山至保靖至吉首、S229吉首至石堤溪、S306永顺至张家界，还有原1828省道罗依溪至后坪。

高速公路有：杭瑞高速：途径泸溪、吉首、凤凰，设计时速80—100公里/小时；包茂高速：途径花垣、吉首、凤凰，设计时速80公里/小时；张花高速：途径张家界、永顺、保靖、花垣，设计时速80公里/小时；吉恩高速：途径龙山、永顺、古丈、吉首，设计时速80公里/小时；还有规划中的龙张高速：途径龙山、桑植、张家界，设计时速80公里/小时。

2008—2011年湘西州公路建设总的情况如表1—2—2所示。从表1—2—1可以看出，2008年至2012年的5年中，湘西州的公路通车里程有了大幅的增长,由于村村通公路的政策,村道建设更是非常之快,增长了将近一倍。由于公路通车里程,特别是高速公路通车里程的增长,使得全社会货物周转量、货运量、旅客周转量、客运量这些指标总体上都在稳步增长,有的是大幅度增长,这表明,已经形成的公路运输网,在湘西州的经济发展中发挥着越来越大的作用。

表1—2—2　　2008—2012年湘西州公路建设情况统计表

	2008年	2009年	2010年	2011年	2012年
年末通车里程(公里)	6462	6513	6513	12255	12258
国道(公里)	427	428	428	428	428
高速公路(公里)		49	49	49	152
省道(公里)	495	495	495	2244	2244
县道(公里)	1643	1643	1644	1713	1763
乡道(公里)	3897	3897	3897	3595	3595
全社会货物周转量(亿吨/公里)	22.8	58.35	58.59	49.51	61.3
增长(%)	16.6	51.6	0.4	−15.5	23.8
货运量(万吨)	2841	3229	3311	3254	3719
增长(%)	2.9	42.6	2.5	−1.1	14.3
旅客周转量(亿人/公里)	24.85	24.07	29.16	30.14	32.36
增长(%)	8.2	5.9	21.1	0.26	7.3
客运量(万人)	5402	4068	4404	4382	4731
增长(%)	1	−24.8	8.3	−2.5	7.9

资料来源:湘西州2008—2012年统计公报。

(三)水路

州内的水路主要有过境的沅水及其支流酉水、武水。武水、酉水构成州内的两大水系,其干流是州内水路运输的主要航道。沅水、武水、酉水常年通航,既有货运也有客运,沅水航道可经洞庭湖通江达海。2010年底,州境内航道总里程1067公里,通航里程

616公里，港口6个，港口货物吞吐量72万吨。全州民用船舶429艘，其中客船375艘/12508客位、货船54艘/10082吨位，水路客运量77万人、旅客周转量1134万人/公里，货运量38万吨、货物周转量12235万吨/公里。水上运输已经成为州内的一项与旅游业同步发展的传统产业。

（四）航空运输

州府吉首与张家界机场和铜仁机场分别相距152公里和80公里，航空运输较为便利。公路运输、铁路运输、水路运输和航空运输，构成了湘西州的立体交通体系，为湘西州的物流运输、对外开放和经济发展发挥着越来越重要的作用。

第三节　历史沿革、行政区划、人口特征、民俗风情

一　历史沿革

湘西土家族苗族自治州境域，战国时属楚黔中郡。西汉属武陵郡。三国时初属蜀，后属吴。西晋、东晋属荆州武陵郡。隋唐五代时期属黔中道。宋为荆湖北路的辰州、澧州。元为湖广行省恩州宣慰司、辰州路、澧州路和四川行省永顺宣慰司，以及新添葛蛮安抚司地。明置永顺宣慰司、保靖州宣慰司，其余为岳、辰两州地。清置永顺府和凤凰、乾州、永绥直隶厅，东北部为澧州地。1914—1922年为辰沅道。1938—1949年为第八、第九行政督察区。中华人民共和国成立之初，凤凰、乾城、永绥、泸溪等县和永顺、龙山、保靖、古丈等县分属沅陵专区和永顺专区。1952年设立湘西苗族自治区，自治区人民政府驻乾城县。原永顺专区所属永顺、龙山、大庸、保靖、桑植、古丈6县及原沅陵专区所属乾城、永绥、泸溪、凤凰4县划入湘西苗族自治区，辖10县。1953年乾城县改名为吉首县，永绥县改名花垣县。1954年永顺、龙山、桑植、大庸4县改由省直辖，仍委托该自治区代管。1955年湘西苗族自治

区改设湘西苗族自治州，自治州人民委员会驻吉首县。1957 年 9 月 20 日设立湘西土家族苗族自治州。自治州府驻吉首县。原湘西苗族自治州所属吉首、泸溪（驻武溪镇）、凤凰（驻沱江镇）、花垣、保靖（驻迁陵镇）、古丈 6 县及原由湘西苗族自治州代省领导的永顺、龙山、桑植、大庸 4 县划归湘西土家族苗族自治州，辖 10 县。永顺专区 1949 年设永顺专区，专署驻永顺县。辖永顺、龙山、大庸、保靖、桑植、古丈等 6 县。1952 年撤销永顺专区，原永顺专区所属永顺、龙山、大庸、保靖、桑植、古丈 6 县划归湘西苗族自治区①。

1952 年 8 月 1 日，湘西苗族自治区成立，辖吉首、古丈、泸溪、凤凰、花垣、保靖 6 县，代管永顺、龙山、桑植、大庸 4 县。年底，4 县亦属直接管辖。1955 年 4 月 28 日，湘西苗族自治区更名为湘西苗族自治州。1957 年 9 月 20 日，湘西土家族苗族自治州成立，州府设吉首，辖原管 10 县。1982 年 8 月 3 日，国务院批准撤销吉首县，设立县级吉首市。1985 年 5 月 24 日，国务院批准（国函〔1985〕77 号）撤销大庸县，设立大庸市（县级），以原大庸县的行政区域为大庸市的行政区域。1988 年 5 月 18 日，国务院批准将大庸市升为地级，设立永定区、武陵源区，将原常德市的慈利县和湘西土家族苗族自治州的桑植县划归大庸市。湘西土家族苗族自治州由原管辖 8 县 2 市减为 7 县 1 市②。

二　行政区划

湘西土家族苗族自治州位于湖南省西北部，与湖北省、贵州省和重庆市接壤，辖龙山、永顺、保靖、花垣、凤凰、泸溪、古丈 7 县和吉首 1 市。全州共有 90 个乡、68 个镇、7 个街道办事处，有 1970 个村委会、180 个社区（居委会）。其中：龙山县有 3 个街道

---

① 史为乐：《中华人民共和国政区沿革（1949—2002）》，人民出版社 2006 年版。

② http：//www.xxz.gov.cn/zjxx/xxgk/lswh/201109/t20110906_12496.html

办事处、11 个镇、20 个乡、28 个社区（居委会）、434 个村委会；永顺县有 12 个镇、18 个乡、27 个社区（居委会）、300 个村委会；保靖县有 10 个镇、6 个乡、17 个社区（居委会）、196 个村委会；花垣县有 8 个镇、10 个乡、19 个社区（居委会）、288 个村委会；凤凰县有 9 个镇、15 个乡、15 个社区（居委会）、340 个村委会；泸溪县有 8 个镇、7 个乡、16 个社区（居委会）、134 个村委会；古丈县有 5 个镇、7 个乡、18 个社区（居委会）、140 个村委会；吉首市有 4 个街道办事处、5 个镇、7 个乡、40 个社区（居委会）、138 个村委会。2005 年湘西州全面完成了所辖 8 个县（市）的乡镇村撤并工作，共撤并乡镇 56 个，乡镇总数由原来的 221 个减少到 164 个，撤并幅度为 26%①。

三　人口特征

（一）人口总数

2000 年，据第五次全国人口普查数据：湘西土家族苗族自治州总人口为 2463617 人，其中吉首市 294297 人、泸溪县 256869 人、凤凰县 343878 人、花垣县 253750 人、保靖县 260034 人、古丈县 119202 人、永顺县 445224 人、龙山县 490363 人（按当年行政区划）。

2010 年，据第六次全国人口普查数据：湘西土家族苗族自治州总人口为 2845797 人，其中吉首市 301460 人、泸溪县 273361 人、凤凰县 350195 人、花垣县 288082 人、保靖县 277379 人、古丈县 126756 人、永顺县 428373 人、龙山县 502227 人（按当年行政区划）。

10 年间，除了永顺县外，各县市人口均有不同程度的增长，总人口数增加了 382180 人，增长率为 11.05%。

（二）民族人口

据 2010 年全国第六次人口普查统计，全州共有 43 个民族成

---

① http://www.xxz.gov.cn/zjxx/xxgk/xzqh/201109/t20110905_4634.html.

分。按行政区域管理口径统计，2005 年末，全州在册人数 268.34 万人，其中汉族 67.48 万人，占总人口的 25.15%；少数民族 200.86 万人，占总人口的 74.85%。在少数民族人口中，土家族 110.59 万人，占总人口的 41.21%；苗族 88.61 万人，占总人口的 33.02%；另有回族 8424 人，瑶族 2349 人，侗族约 2000 人，白族 约 1800 人；其他 36 个少数民族，人口均在 400 人以下，有 22 个 少数民族人口不足 10 人。土家族、苗族是湘西自治州人口数量较 多的少数民族。

湘西各民族长期以来处于大杂居、小聚居的状态。土家族，自 称"毕兹卡"，主要分布在永顺、龙山、保靖、吉首、古丈等县 市。苗族，自称"果雄"，主要分布在花垣、凤凰、吉首、泸溪、 古丈、保靖等县市。旧时，土家、苗族多居住在比较偏僻的乡村， 汉族多分布于交通相对便利的河畔叉口、集镇圩场。随着经济文化 交流的日益频繁，各民族不断交往融合，特别是中华人民共和国成 立后民族团结工作的加强，使民族关系得到了根本的改善，生活在 这里的各民族人民休戚与共，和睦共处，共同开发湘西这片热土。

（三）人口密度

按 2010 年的统计，为每平方公里 184 人，高于 2000 年每平方 公里 159 人的密度。

（四）人口受教育状况

2001 年全州每万人中，在校大学生 39 人，中专生 37 人，初 中生 485 人，农职高中生 14 人，普通高中生 65 人。2001 年，全州 参加普通高考录取 3443 人，其中本科 1322 人，专科 2121 人。①

全州平均每万人口在校学生数分别为大学 75 人、中等职业学 校 101 人、普通高中 150 人、初中 371 人、小学 800 人②。

历经十余年的发展，湘西自治州每万人人口中，无论是大学生

---

① 湘西自治州 2001 年国民经济和社会发展统计公报。
② 湘西自治州 2011 年国民经济和社会发展统计公报。

数、中职生数、高中生数、初中生数还是小学生数都有了明显增长，表明湘西自治州人口受教育的程度有了显著提高。

四 民俗风情（以人口最多的两个民族土家族、苗族为例）

（一）土家族

土家族有自己的语言，属汉藏语系藏缅语族，是比较接近于彝语支的一种独立的语言。

土家住房：多依山建筑，一般是长方形，四排三开间，中为堂屋，门槛高而宽，大门四扇，高齐屋梁。房屋建筑材料，有的以木架屋，房顶盖瓦；有的编竹为墙，茅草为顶。土家居民，最具特色的是转角楼，俗称吊脚楼。

饮食方面：由于湘西山多田少，食粮以稻谷、玉米为主，杂以麦类、豆类、小米和红薯；喜吃酸菜和辣椒。

节日方面：土家族除过汉族的一些节日外，还有本民族的一些传统节日，如过年；舍巴日，俗称摆手节，是祭祖调年的活动；跳马节，求土地神保佑五谷丰登；四月八，土家族的一个大节；六月六，土家族过小年，吃新、祭祀祖先的节日；七月半，祭祀因战争而流入云南终身不归的先祖。

服饰：男子用青蓝色或白色的土布帕子缠头，喜穿对襟短衫，多纽扣；妇女穿无领开左襟大褂，袖子短肥，下着八幅罗裙，裙上绣有花纹、图案，有的穿裤，裤脚有两三条花边；老人着大襟衣。

婚嫁：土家族婚嫁，从请媒求亲到新婚夫妇转脚，其间经过放话、合八字定亲、打嫁奁、哭嫁、陪十姊妹、陪十兄弟、背亲、抬轿、拜堂、揭梦帕、洗和气脸、闹洞房、陪送亲客等几十道程序，仪式繁多，隆重讲究。婚俗非常独特的地方，就是哭嫁，哭的时间长，在离开娘家的前半个月就开始哭，《哭嫁歌》的内容，包括哭爹娘、哭哥嫂、哭姐妹、哭祖先、骂媒人等，多是诉说离别之情。有一人独哭，有母亲、姐妹同哭。

礼仪与禁忌：土家族人有团结互助、热情好客的优良传统。一家有事，大家帮忙。逢年过节到土家族人家里作客，热情的主人便会拿出几个雪白的糍粑去烤，烤得两面金黄开花的时候，几吹几拍，往里面灌白糖或蜂蜜，双手捧给客人。但在一些偏僻的山区，主人将烤好的糍粑送到客人手中后，客人不得吹拍火灰，要接过糍粑就咬，这时主人就会重新抢回去，吹打拍净，蘸上糖给客人吃，而后接二连三地烤好、拍净、蘸糖，递给客人。如果不懂规矩，接过来就只管吹拍，那你吃完一个没糖的就别想再吃了，主人还认为你对土家族人不尊重。节日不能说不吉利的话；不能扛锄、穿蓑衣、担空水桶进屋；不能用脚踏火坑及三脚架；在室内不能吹口哨；客人不能和少妇坐在一条长凳上。

宗教信仰：土家族信仰民俗尚处于原始宗教阶段，迷信诸神、信奉祖先、相信梯玛。

（二）苗族

湘西苗族自称"果雄"。明清以来，史籍泛称其为"红苗"。根据有关史料记载，苗族与九黎、三苗有着一脉相承的族源关系。

语言文字：湘西苗语属汉藏语系苗瑶语族苗语支苗语东部方言。湘西苗语可分为两个次方言，即湘西东部次方言和西部次方言。东部次方言通行于泸溪县的西部、吉首市的东部、古丈县的东南部、龙山县的南部和永顺县的东部等地。西部次方言通行于凤凰、花垣、保靖等县的所有苗区和吉首市大部分地区、古丈县西部。

居住方面：湘西苗族的村寨大都建在高山上、深谷中。在清代"改土归流"前，苗族人民多以氏族聚居，所以一寨同姓非常普遍。而"改土归流"后，汉族移民杂居苗地，才出现一村一寨有多个姓氏的变化。苗族的住房被称作"堡"，既有以土为墙、以石板为瓦的"堡"，也有以木杈搭架，用茅草、杉树皮和稻草盖顶的"堡"，还有三柱四挂、三柱六挂、五柱六挂、五柱八挂的"堡"。就间数而言，有一间、两间、三间，直至七间为一栋者。新中国成立后，尤其是改革开放后，苗族民居发生了很大的变化，苗乡不但建起了大量的传统民居，而且也建起了现代化程度较高、装饰精美的小洋楼。

饮食：苗族喜食酸食，在民间有"三天不食酸，走路打捞窜"的说法。他们善于制作酸食，鱼、肉、蔬菜等都能制作成酸食。苗族喜食野生的绿色食品，也喜爱生食。由于与土家族世代为邻，关系亲密，所以很多饮食习俗与土家族相差无几。

节日：苗族的传统节日有四月八、清明歌会、三月三歌会、六月六歌会、樱桃歌会、赶秋、赶年场等。尤以四月八和赶秋两大节最为隆重热闹。

服饰：湘西苗族服饰历史久远。据有关史料记载，早在4000多年前的高辛氏时期，迁居于州境武山地区的苗族先民即创制了"皆有尾形"的苗族原始服饰。湘西苗族支系多达20多个，其中又包括了若干的亚支系，这一格局导致了湘西苗族服饰款式及风格多样化的特点。湘西苗族服饰，工艺精湛，品种齐全，从纺织印染到加工制作，无一不具有其独到的技术流程和特殊的审美情趣。

婚嫁：苗族青年谈恋爱是比较自由的，旁人不多加干预。他们通过赶场、赶秋、樱桃会等交际场合相识后，便开始了苗家独特的以歌传情、以歌为媒的恋爱生活。恋爱成功后，男青年便会告诉父母亲，并请媒人前往女家求婚。其后，女方要去男方家了解男方的家境；男方则进行"卵卜"或"鸡卜"，测算能否合婚。如果合婚，男方便择定吉日，挑上肉、米、酒、面、糖等礼品到女家登门求亲。女方家同意后，男方请算命先生测定娶亲的良辰吉日。接亲时，要举行"拦门礼"。第二天凌晨，新娘出门时要由自己的兄弟背着哭嫁向父母辞行。在新娘的嫁妆中，一定有两株连根带叶的小竹，为的是让新郎栽在房前屋后，预祝人丁兴旺万代久长。新娘到婆家后，不行"拜堂"礼，第二天要在堂屋中举行讲《苗族婚姻礼词》的仪式，仪式结束后，新娘返回娘家，要等到新年再一次回到婆家后，新婚夫妻才能同床共枕，欢度蜜月。

礼仪与禁忌：苗族十分讲究礼仪。幼辈见长辈、长辈见幼辈、平辈见平辈都有相应的规矩。比如，幼辈见了长辈，不管是男是女，是熟识还是初次见面，都必须说话诚恳，行为恭敬，笑脸相迎，并要用一定的尊敬用语相称。又如，长辈见幼辈，一般都要行点头礼等。

苗族禁忌很多，主要有：忌在家里和夜间打口哨；忌踩三脚架；忌坐"杭果"；忌震龙岩；父母在，晚辈不能包白头帕；忌过小年；忌言；行船禁忌；逢年过节忌讳清早讲鬼；篾匠忌打赤膊做工，等等。

宗教信仰：苗族有着浓厚的原始宗教习俗，以"崇鬼尚巫"著称[①]。

第四节　经济结构、就业状况及金融生态

一　经济结构

所谓经济结构是指经济整体中，存在于社会再生产各个方面、各个环节之间质的组合与量的比例关系所形成的一种体系。主要包括产业结构、区域结构、城乡结构、所有制结构等方面。下文以湘西州2008年至2012年的产业结构（二次产业中又以重工业、轻工业比例为例）、所有制结构为例来大致说明湘西州的经济结构变动。表1—4—1即为反映这一时段产业结构和所有制结构方面的一些数据。

表1—4—1　　　2008—2012年湘西州经济发展数据　　　单位：亿元、%

经济数据 ＼ 年份	2008	2009	2010	2011	2012
生产总值	226.66	268.97	303.44	361.36	397.70
增长率	8.2	11.0	8.3	11.0	8.3
第一产业增加值	41.57	44.34	49.37	56.39	59.20
增长率	5.0	4.9	4.1	3.9	3.5

---

① 《湘西土家族苗族自治州概括》编写组、《湘西土家族苗族自治州概况》修订编写组编：《湘西土家族苗族自治州概括》，第29—39页。

续表

经济数据＼年份	2008	2009	2010	2011	2012
第二产业增加值	93.64	107.56	121.21	148.38	158.60
增长率	7.8	11.6	6.6	11.7	7.4
第三产业增加值	91.44	117.07	132.87	156.59	179.90
增长率	9.9	12.6	11.0	13.1	10.9
人均生产总值	9081	10724	12033	14138	15465
增长率			7.7	10.0	7.6
三次产业的比重	18.3:41.3:40.4	16.5:40.0:43.5	16.3:39.9:43.8	15.6:41.1:43.3	14.9:39.9:45.2
三次产业对经济增长的贡献率			7.8、28.9和63.3	5.7、42.4和51.9	7.1、32.2、60.7
工业增加值中重工业增加值	67.44	66.72	79.40	91.40	77.90
增长率	7.3	8.7	3.3	8.9	0.2
工业增加值中轻工业增加值	7.40	9.87	10.60	15.60	17.80
增长率	19.1	18.7	12.9	39.6	11.8
非公有制经济投资	42.00	51.57			78.80
增长率	21.8	22.0			29.9
占全社会固定资产投资总额的比重	32.1				33.9

资料来源：湘西州2001—2012统计年报。

　　分析表1—4—1，不难看出，在产业结构方面，自2008年至2012年的五年中，第一产业、第二产业和第三产业的增加值都逐年有所增长，分别由2008年的41.57亿元、93.64亿元、91.44亿元增加到2012年的59.20亿元、158.60亿元和179.90亿元，三次产业的构成由2008年的18.3：41.3：40.4调整演变为2012年的14.9：39.9：45.2，表明第一产业增加值在全州GDP中的比重下降，而第二、第三产业，尤其是第三产业的比重上升。众所周知，在一个相当长的时期内，湘西州是典型的农业州，产业结构一直是第一产业占据主要地位，直到20世纪90年代末期，第一产业领先的传统格局才被打破，第三产业率先超过第一产业，占据领先位置，当时的产业结构调整为"三、一、二"。在随后几年的发展中，第二产业也相继超过第一产业，到2008年以后，已经完全形成"三、二、一"的新结构，并且第二、第三产业把第一产业越抛越远，经济发展主要靠第二、第三产业推动，说明产业结构已经完成了由传统向现代的转型。

　　而在第二产业中，五年中工业增加值中重工业增加值增长的速度要远低于轻工业增加值增长的速度，重工业增长值最高也只有8.9%，而轻工业增长值最低也有11.8%，最高甚至达到了39.6%，表明第二产业内部结构中，轻重工业的比例越来越符合经济发展的规律，越来越协调合理，基本改变了过去那种轻重工业严重失调的状况。

　　在所有制结构方面，2008—2012年间，非公有制经济稳步增长，2008年的投资是42.00亿元，比2007年增长21.8%，占全社会固定资产投资总额的比重是32.1%，而2012年的投资则达到78.80亿元，比2011年增长29.9%，占社会固定资产总投资总额的比重是33.9%，表明在国有经济起着主导作用的前提下，非公有制经济在湘西州的经济发展中起的作用越来越大，成为不可或缺的一种重要经济力量，真正与公有制经济一道共同发展。因此，湘西州的所有制结构也是比较协调合理的。

正是因为湘西州的经济结构协调合理，所以湘西州的经济充满活力，吸引了大量投资，推动了经济又好又快的发展，使国民生产总值在 2008 年以后每年都能保持 8% 以上的增长，人均生产总值由 2008 年的 9081 元增长至 2012 年的 15465 元，增长率高达 59.3%。

二 就业状况

以 2008 年为例，湘西州就业基本情况如下。

（一）湘西州劳动力就业状况

截至 2008 年底，湘西州有人口 273.9 万人，其中，城镇人口 93.9 万、农村人口 179.96 万。总人口中，有从业人员 168.15 万人，其中，城镇 36.68 万、农村 131.47 万。截至目前，城镇劳动力就业累计达 35 万多人（含 6 万多下岗失业人员再就业），农村劳动力转移就业累计达 49 万人；城镇失业率 4.3%，农村富余劳动力大概在 20 万人。

（二）湘西州劳动者就业行业分布情况

全州从业人员从三次产业分布看，第一产业 91.93 万人、占 54.6%，第二产业 25.82 万人、占 15.43%，第三产业 50.4 万人、占 29.97%；从农村看，大约有 70 万—80 万人从事农业，有 45 万人以上常年外出务工；从城镇看，全州有 25 万余人在国家党政机关及国家企事业单位从业，占全州城镇从业人员的七分之五，还有 10 余万人分布在第二、第三产业。

湘西州的就业既面临机遇也遭遇挑战。从机遇来说，一是近年来湘西州经济发展不断提速，第二、第三产业已经具备了跨越式发展的条件，为拓宽就业渠道提供了载体；二是全州就业服务网络初步形成，工作队伍日益成熟，为推进就业工作打下了较好基础；三是国家城乡统筹的就业政策日益完善，为各类从业人员顺利就业提供了动力；四是就业法律法规日益健全，随着《劳动法》、《劳动合同法》、《就业促进法》等一系列法律法规的出台，为做好就业工作提供了制度保障。从挑战来说，一是州内就业容量小，门路窄，劳务输出压力大。二是湘西州剩余劳动力素质普遍较低，且对劳动技能培训重要性认识严重不足，就业效益低。三是州内促进就业，特别是促进大量自主创业的政策一般化，不能激发劳动者自主创业的强烈欲望。四是劳动保障服务体系建设与新形势下就业工作的需要仍不匹配，公共服务职能亟待加强①。

三 金融生态

湘西州有着比较理想的金融生态。

（一）各级政府都为湘西金融的发展提供政策支持

湘西州同属国家西部开发、民族自治、武陵山片区和湖南省湘西开发地区，近年来，国务院、湖南省委省政府出台了一系列区域优惠政策，其中涉及金融支持政策的文件有很多，比如《中华人民共和国民族区域自治法》、《国务院关于深入实施西部大开发战略的若干意见》（中发〔2010〕11号）、《武陵山片区区域发展与扶贫攻坚规划》和湖南省实施《中华人民共和国民族区域自治法的若干规定》、《关于继续支持湘西土家族苗族自治州加快经济社会发展的意见》（湘发〔2007〕7号）、《关于深入实施湘西地区开发战略的意见》（湘发〔2010〕17号）、《关于深入实施西部大开发战略推进湘西土家族苗族自治州加快发展的若干意见》（湘发〔2012〕4号）。州政府也先后出台了《关于切实改善金融生态环境加大金融支持力度促进经济发展的若干意见》、《关于加强金融支持湘西州实施武陵山片区区域发展与扶贫攻坚试点工作的意见》等系列文件。

（二）湘西金融正因为得到政府政策的支持和指导，自身才有了比较大的发展

湘西州现共有农发、工、农、中、建、邮储、信用社、村镇银

---

① 湘西州委2009年中青班就业课题调查组：《湘西州就业情况调查报告》，ht-tp：//www.xxznews.com/xxnews/ChongYaoZiXun/1915.html。

行、农商行 9 类经营性银行业机构，共有金融机构网点 401 个，从业人数 4081 人，自动取款机 453 台，POS 机 10193 台。

截至 2013 年 9 月末，全州各银行类金融机构本外币存款余额 614.84 亿元，比年初增加 69.15 亿元，同比增长 22.62%，在全省各地市中排名第二，快于全省平均水平 3.98 个百分点；贷款本外币各项贷款余额 251.73 亿元，比年初增加 28.78 亿元，同比增速 18.73%，在全省各地市中排名第五，快于全省平均水平 2.92 个百分点；实现利润 5.53 亿元，同比增盈 1.21 亿元①。

（三）因为金融业本身的良好发展，对经济发展的支持能力也随之加强

表现一，金融支持经济发展的力度不断加大。一是贷款保持平稳较快增长。2008—2012 年，湘西州金融机构年新增贷款分别为 12.0 亿元、20.3 亿元、34.7 亿元、25.3 亿元、37.5 亿元，分别增长 13.4%、19.0%、18.5%、15.6%、20.2%；2013 年上半年，全州金融机构新增贷款 19.3 亿元，同比增长 21.4%，比全省平均水平高 2.9 个百分点，其中农村信用社新增贷款 10.8 亿元，占全部新增贷款的 56.2%。二是异地银行贷款发展较快。截至 2013 年 6 月底，开发银行、浦发银行等外地银行贷款规模达 24.9 亿元，主要用于基础设施建设；其中开发银行先后与湘西州签订 53 个项目的贷款合同，合同金额 26.8 亿元，累计发放贷款 23.9 亿元。三是金融扶持力度不断加大。州内几家商业银行积极向上争取政策，获得了上级银行不同程度的信贷授权、规模、资金配置、行业扶持、利率等方面的支持，如建行总行对湘西分行实行差别化贷款准备金计提政策，当年新增贷款 20% 准备金由总行承担，允许其未来 5 年贷款增速高于全行平均增速 2—4 个百分点，优先核销涉农、民生、环保领域不良贷款；各金融机构对 669 家"两民企业"流动资金贷款全部执行基准利率，人民银行按照"应贴尽贴"的原

① 湘西州人民政府金融办公室：《湘西州金融情况汇报》，2013 年 10 月 23 日。

则，2008 年来累计为"两民企业"贷款贴息 2.54 亿元，促进了民族企业发展。

表现二，服务水平不断提升。一是金融机构逐步扩张。2010年在吉首市设立村镇银行，2012 年成立首家小额贷款公司，2013年引进华融湘江银行、交通银行来湘西设立分行，预计 2014 年初可开业。2008 年以来，各银行业金融机构新设或恢复网点 125 个，其中农村信用社和邮储银行在全州 26 个金融机构空白乡镇全部恢复营业网点，乡镇基础金融服务实现全覆盖。二是金融产品与服务方式不断创新。各金融机构积极开展农村金融产品与服务方式创新，与支持扶贫开发、改善民生结合起来，相继推出"旅游门票收益权质押贷款"、"惠农卡＋公司＋农户"、"农户联保贷款＋农户贷记卡一卡通"、"订单农业＋政府担保＋财政贴息"、"林权抵押贷款"、"信贷＋保险"6 大类创新产品，破解农村抵押担保缺失的难题，有效提升了信贷的可行性。2013 年上半年，全州创新类贷款余额达 5.5 亿元，同比增长 21.3%，惠及农户 6 万户、企业 110 家。三是保险保障功能不断增强。五年来，保险业为湘西州经济发展、民生事业、社会保障承担风险保障近 3 万亿元，支付赔款给付 9.8 亿元，吸纳就业人员 3000 余人，在应对事故灾害、弥补经济损失、提高保障水平、辅助社会管理方面发挥了重要作用。四是支付结算环境有效改善。全州累计发展特约商户 4660 户，安装 pos 及电话支付终端 1 万台，布放 ATM 机具 453 台，达到全省平均水平；设立银行卡助农取款服务点 3142 个，行政村覆盖率达98%，有效地改善了农村地区的支付结算环境。

表现三，融资渠道不断拓宽。一是债券融资取得新突破。2012年，吉首华泰公司成功发行 10 亿元企业债券，目前正筹备发行2013 年债券。二是上市融资取得新进展。5 家企业成功进入全省重点上市后备企业库，其中湘泉药业、金天铝业已在省证监局报备进入上市辅导期，今年将完成辅导验收并向证监会递交申报材料。三是大力发展股权融资和 BT 融资。2011 年成立全州首家股权类投资企业——湘西高新创业投资基金，金天铝业等 6 家企业获得州内外投资企业 8556 万元的股权投资。吉首市小溪桥大桥改造、城市规划展览馆、湘西州经开区道路基础工程、凤凰县城北停车场等项目推行 BT 融资建设，投资达 6.6 亿元。

（四）在金融加大支持经济发展力度的同时，湘西州采取有效措施，加强金融生态环境建设，金融生态环境有了很大的改善

近年来，州政府先后印发了《关于进一步加快社会信用体系建设的意见》、《关于组织开展行政事业单位和公职人员逾期贷款清收活动的通知》、《关于进一步加强金融安全区暨金融生态环境建设考评工作的通知》等一系列文件，进一步明确了湘西州金融生态环境建设的目标、原则、重点和具体措施。泸溪、保靖州级金融安全区达标授牌，全州已评定信用乡镇 27 个、信用村 107 个、信用农户 28 万户。开展了金融维权专项活动，清理收回行政事业单位及国家公职人员逾期贷款 1600 多万元。随着金融生态环境的不断改善，湘西州金融机构不良贷款率由 2008 年的 19.6% 下降到目前的 6.3%①。

湘西自治州人杰地灵，物华天宝——她有着厚重的历史文化和浓郁的民族风情、神奇的山水风光、独特的资源优势、日新月异的交通条件、日趋合理协调的经济结构、日渐增长的就业机会、日益改善的金融环境，所有这些都使她越来越成为一个宜居、宜游、宜投资、宜创业的福地。这块福地正张开双臂欢迎来自五湖四海的朋友到湘西州来安居旅游、投资兴业。

---

① 湘西自治州人民政府：《关于金融支持湘西州经济社会发展情况汇报》，2013年 8 月 6 日。

第二章

湘西州农发行角色定位与业务发展

第一节 湘西州农发行在当地金融 生态中所处的地位

在吉首市经济社会发展过程中，一批重要行业发挥了积极作用，特别是金融业起到了不可替代的支撑作用。截至 2013 年，吉首地区（由于人民银行没有在吉首市设立分支机构，吉首市对金融数据的统计口径为吉首地区，即包含州直存贷数据）共有银行业金融服务机构 8 家，银行业金融服务机构支行及主要网点 59 家，保险金融机构 14 家，小额贷款公司 1 家，融资性担保公司 1 家，证券公司 3 家，期货交易所 1 家。

2012 年末，吉首地区金融机构本外币存款余额 185.2 亿元，比年初增长 22.6%，其中人民币各项存款余额 168.4 亿元，比年初增长 17.8%。城乡居民储蓄存款 95.8 亿元，增长 11.6%，其中居民人民币储蓄存款余额 95.5 亿元，比年初增长 10.9%。金融系统贷款余额 82.8 亿元，增长 15.3%，其中人民币各项贷款余额 82.7 亿元，比年初增长 15.7%。

2012 年吉首地区保险机构实现保费总收入 4.8 亿元，增长 2.3%，其中，财产险保费收入 1.4 万元，增长 15.9%；人生险保费收入 3.3 亿元，下降 2.8%。全年赔付额 9417 万元，增长 43.4%，其中财产险赔付额 6727 万元，增长 39.2%；人身险赔付额 2690 万元，增长 55.0%。城市居民家庭总收入 18846 元，同比增长 9.2%。城市居民人均消费支出 13340 元，增长 11.5%。

2012 年 9 月，吉首市成立了湘西州第一家小额贷款公司；2013 年 9 月吉首市农信社改制为吉首农商行正式挂牌，标志着湘西州第一家农信社改制成功。

一　近年来吉首市金融业发展情况

在经济建设进程中，吉首市高度重视金融工作，认真贯彻国家金融政策，大力支持金融机构改革发展，着力优化金融生态环境，推动了金融实力与县域经济不断协调发展。近年来主要开展了以下几项工作。

（一）夯实基础，努力构建更趋合理的金融服务体系

一是支持银行优化农村金融网点布局。吉首市已于 2012 年底全面完成金融服务空白乡镇支付全覆盖验收。已于 2013 年初全面启动银行卡助农取款"村村通"工作，截至目前，各银行机构已在吉首市共设置银行卡助农取款"村村通"服务点 199 个。二是着力完成农村信用社改制工作。市政府积极帮助吉首市农村信用联社向国家、省直有关部门衔接汇报改制工作，促成中国银监会于 2013 年 4 月 8 日正式行文批复同意吉首市农村信用合作联社改制为吉首农村商业银行，9 月正式挂牌。三是努力搭建金融平台。争取并积极参与组建村镇银行，积极发展小额贷款公司。目前，村镇银行及海圳小额贷款公司已正常营业。同时，积极争取安信永国际小额信贷投资机构在吉首市设立扶贫性小额贷款公司，吉泽小贷公司也正在筹建申报中。另外，吉首市近期还争取到了省金融办的政策倾斜允许新增设立一家小额贷款公司。

（二）服务引导，不断加强银企对接服务平台建设

一是建立了常态化的银企对接机制。2013 年以来，市政府金

融办建立了制度化的点对点、面对面银企对接的工作机制，按月收集中小微企业的贷款需求信息，并向有关金融机构及时通报贷款需求情况，对扩大有效信贷投入发挥了积极作用。二是支持银行创新信贷产品。市政府金融办通过多种形式召集银企双方洽谈业务，一批顺应市场需求的新型信贷产品在信贷供需双方的充分磋商下应运而生。中国银行吉首分行发行了既可以支持公交车刷卡交费、又可以作为标准借记卡的市民卡；吉首信用联社发行了贷款方便、担保灵活、节约成本、功能齐全的福祥便民卡，受到了公交公司、乡镇企业等中小微企业和市民的欢迎。三是制定了促进银企合作的具体措施。先后酝酿起草了《吉首人民政府关于建立守信激励和失信惩戒机制的通知》、《吉首人民政府关于鼓励金融机构支持地方经济建设的奖励办法（试行）》等文件，积极支持银行机构与当地企业联姻，并对为吉首市经济建设作出较大贡献的金融机构进行奖励，提高了银行机构与当地企业的合作热情。

（三）科学运作，积极拓宽资本市场融资渠道

一是成功发行了第一期地方政府债券。华泰公司第一期地方政府债券已于 2012 年公开发行，发行规模 10 亿元，债券期限为 7 年，发行利率为 7.37%。目前，第二期债券发行工作正在积极申报中。地方政府债券的发行，对促进吉首市的资源优势转化为经济优势发挥了重大作用。二是积极倡导成长性较好的企业上市融资。吉首市注重对中小微企业扶持培育上市，支持中小企业发行企业债券，培养重点上市后备企业，并积极支持成聪软件在新三板的挂牌工作。三是推动华泰公司与元兴基金合作，已初步达成了合作意向。

湘西州共有农发、工、农、中、建、邮储、信用社、村镇银行、农商行共 9 类经营性银行业机构，共有金融机构网点 401 个，从业人数 4081 人，自动取款机 453 台，pos 机 10193 台。各金融机构建设情况见表 2—1—1。

表2—1—1　　　　　　　　辖内各金融机构建设情况

机构名称	工行	农行	中行	建行	农发行	邮储银行	农信社	村镇银行	吉首市农商行
入驻时间（年）	1984	1979	1988	1962	1996	2008	2007	2012	2013
机构网点	1个分行、13个支行	1个分行、8个支行、28个营业网点	1个分行、5个支行	1个分行、16个支行	1个分行、7个支行、1个业务组	1个分行、7个支行，111个营业网点（自营21、代理90个）	7个县联社、176个信用社或分社	1个总行、5个支行	1个总行、17个支行，11个分理处
机构分布	覆盖8县市	覆盖8县市	吉首、凤凰	覆盖8县市	覆盖8县市	覆盖8县市	除吉首外7个县	吉首、凤凰、花垣、泸溪（网点装修）	仅在吉首市

二　存贷款情况

截至2013年9月末，全州各银行类金融机构本外币存款余额614.84亿元，比年初增加69.15亿元，同比增长22.62%，在全省各地市中排名第二，快于全省平均水平3.98个百分点；本外币各项贷款余额251.73亿元，比年初增加28.78亿元，同比增速18.73%，在全省各地市中排名第五，快于全省平均水平2.92个百分点；实现利润5.53亿元，同比增盈1.21亿元。

表 2—1—2　2013 年 9 月末湘西州各金融机构本外币贷款余额及占比

单位：万元、%

项目名称	本月余额	比上月增减		比年初增减		占比	盈利
		2013 年	2012 年	2013 年	2012 年		
全金融机构	2517294	20826	22168	287782	265447	100	59552
全国性大型银行	1216244	6016	7121	128164	117922	48.32	41474
工商银行	161732	−19029	−1148	1891	−10098	6.42	4164
建设银行	540977	4379	355	40478	52636	21.49	16745
农业银行	218964	9869	2661	27434	25455	8.70	11307
中国银行	160909	4539	−41	16272	14947	6.39	3988
邮政银行	133661	6258	5293	42089	34982	5.31	5269
农发行	214794	−4350	5212	1761	37374	8.53	2385
农信社	837670	−184277	7545	−41594	91427	33.28	8323
村镇银行	46795	1646	2290	−2340	18724	1.86	2410
农商行	201791	201791	0	201791	0	8.02	4960

三　存贷比情况

从全省和周边地区来看，2013 年 9 月末，湘西州存贷比 40.94%，低于全省平均水平 26.12 个百分点，新增存贷比 41.62%，低于全省平均水平 20.42 个百分点。与周边地区对比排名中湘西州存贷比与新增存贷比皆位于最后一名，具体排名详见表 2—1—3。

表 2—1—3　2013 年 9 月末全省和周边地区存贷比及新增存贷比排名

地域	各项存款	比年初	各项贷款	比年初	存贷比（%）	存贷比排名	新增存贷比（%）	新增存贷比排名
全省	264730812	33226230	177537949	20613590	67.06	—	62.04	—
湘西州	6148438	691511	2517294	287782	40.94	6	41.62	6
怀化市	11081328	1284070	6031670	804092	54.43	5	62.62	5
张家界市	3909811	472102	2844544	376067	72.75	2	79.66	4

续表

地域	各项存款	比年初	各项贷款	比年初	存贷比（％）	存贷比排名	新增存贷比（％）	新增存贷比排名
铜仁市	6320417	957101	4584319	770525	72.53	3	80.51	3
黔江区	4868815	513598	3660808	612527	75.19	1	119.26	1
恩施州	7746392	938202	4516316	806167	58.30	4	85.93	2

从各金融机构看，至9月末，存贷比高于全州平均水平的机构依次是农发行、中国银行、农合机构和建设银行，分别为441.52％、91.97％、56.49％和45.07％。存贷比低于全州平均水平的机构依次是村镇银行、农业银行、工商银行和邮政银行，分别为40.93％、25.43％、23.25％和13.19％。新增存贷比按排名依次是农合机构、中国银行、农发行、农业银行、邮政银行、建设银行、工商银行和村镇银行（村镇银行存贷款为负增长）。各机构排名见表2—1—4。

表2—1—4　2013年9月末全州所辖各金融机构存贷比及新增存贷比排名

机构	存款余额	新增存款	贷款余额	新增贷款	存贷比（％）	存贷比排名	新增存贷比（％）	新增存贷比排名
全金融机构	6148438	691511	2517294	287782	40.94	－	41.62	－
国有五家行	3945200	524983	1216244	128164	30.83	－	24.41	－
工商银行	695510	71197	161732	1891	23.25	7	2.66	7
建设银行	1200253	183353	540977	40478	45.07	4	22.08	6
农业银行	860895	94517	218964	27434	25.43	6	29.03	4
中国银行	174957	27606	160909	16272	91.97	2	58.94	2
邮政银行	1013584	148310	133661	42089	13.19	8	28.38	5
农发行	48649	3156	214794	1761	441.52	1	55.80	3
农合机构	1840152	260042	1039461	160197	56.49	3	61.60	1
村镇银行	114322	－44196	46795	－2340	40.93	5	5.29	8

注：农合机构为原农信社，因吉首农信社改制为吉首农商行，为保持原统计口径，现合称农合机构。

分地区看，截至 2013 年 9 月末，各县市按存贷比排序依次是凤凰县、花垣县、吉首市、永顺县、保靖县、泸溪县、古丈县和龙山县，分别为 48.81%、47.69%、43.91%、40.69%、37.37%、37.33%、35.89% 和 29.02%。新增存贷比排序依次是花垣县、保靖县、古丈县、凤凰县、吉首市、龙山县、泸溪县和永顺县，分别为 81.38%、61.49%、57.73%、48.46%、37.41%、34.28%、26.21% 和 19.32%。各地区具体排名见表 2—1—5。

表 2—1—5　　2013 年 9 月末全州各地区存贷比及新增存贷比排名

地区	各项存款	比年初	各项贷款	比年初	存贷比（%）	存贷比排名	新增存贷比（%）	新增存贷比排名
全州	6148438	691511	2517294	287782	40.94	–	41.62	–
吉首市	2079871	227333	913345	85056	43.91	3	37.41	5
泸溪县	468246	46291	174790	12133	37.33	6	26.21	7
凤凰县	638002	51823	311415	25114	48.81	1	48.46	4
花垣县	619235	52949	295333	43089	47.69	2	81.38	1
保靖县	423114	53274	158130	32760	37.37	5	61.49	2
古丈县	306213	55527	109900	32056	35.89	7	57.73	3
永顺县	737546	83330	300089	16096	40.69	4	19.32	8
龙山县	876210	120984	254292	41477	29.02	8	34.28	6

总体来看，2008—2013 年 9 月末湘西州历年存贷比分别为 49.06%、42.41%、44.95%、41.82%、40.86%、40.94%（注：未考虑不良贷款剥离），呈现明显下降的趋势，2013 年 9 月末比 2008 年末下降了 8.12 个百分点。2010 年存贷比也是呈下降趋势。

四　存在的问题

（一）金融扶持力度同比逐年弱化

吉首市工业总产值从 2010 年的 52.7 亿元上升到 2012 年的

64.8亿元，年均增幅12.72%；而同期工业贷款占全部工业总产值的比例逐年下降，从2010年末的26.6%跌至2012年末的14.5%，年均降幅达6.01%。农林牧渔业总产值从2010年的6.8亿元上升到2012年的8.5亿元，年均增幅11.58%；而同期农林牧渔业贷款占全部农林牧渔业总产值的比例逐年下降，从2010年末的14.4%跌至2012年末的10.7%，年均降幅达1.8%。2010—2012年，吉首市金融机构同期农业贷款占农林牧渔业总产值的比例逐年下降，从2010年的9933万元下降到2012年的9166万元，2012年农业贷款余额比上年降低了34.3%。这在一定程度上影响了吉首市农业扩大再生产的积极性，成为农业生产不稳定的一大因素。具体情况见表2—1—6。

表2—1—6　　　　　吉首地区工农业贷款余额情况　　　单位：万元、%

	全部工业总产值	比上年增长	工业贷款余额	占总产值比例	农林牧渔业总产值	比上年增长	农业贷款余额	占总产值比例
2010年	527445	—	140283.10	26.5967	68761	—	9933	14.45
2011年	701009	32.91	108761.46	15.5150	76418	11.136	13968	18.28
2012年	648649	-7.47	94480.00	14.5657	85607	12.025	9166	10.71
年均增长		12.72				11.58		

金融对吉首市经济支持弱化的主要因素有：一是银行管理体制的影响。随着金融改革的深化，各国有股份制商业银行信贷营销重点基本都放在国家重点项目和极少数优质大中型企业上，对地方中小企业和项目关注相对较少。同时，国有股份制商业银行过分强调集约经营的统一性，忽视区域经济发展的差异性，在机构网点设置上实行收缩战略，撤并了经营效益差和在乡镇的金融网点。二是大量资金外流。通过各国有股份制商业银行的资金上划使大量资金流出，削弱了金融对吉首市经济支持的力度。三是信用环境不够理想。吉首市的经济发展水平相对较低，信用体系建设滞后，影响了

城乡市场的健康运行。而金融机构在信贷考核方面实行"零风险"和"信贷人员第一责任终身追究"制度，造成金融机构"惜贷"、"惧贷"，对放贷慎之又慎。

（二）存贷矛盾越来越突出

从人民币存贷款增长幅度及存贷比变化趋势来看，2003—2012年，吉首市金融机构存贷款都有所增长，但二者的增长幅度极不平衡。体现为：存款余额逐年上升，增幅从 2003 年的 20.3% 上升到了 2012 年 22.5%，年均增长 19.39%；而贷款余额虽有一定增幅，但贷款余额年均增长率仅为 8.7%。另外，吉首市金融机构存贷比低位运转，一路下滑，已从 2003 年末的 109.04% 下跌至 2012 年末的 44.86%，年均下降 7.03 个百分点。具体情况见表 2—1—7。

表 2—1—7　　　吉首地区存款、贷款余额及存贷比增减变化情况

单位：万元、%

年份	各项存款	比上年增长	各项贷款	比上年增长	存贷比
2003	391975.18	20.35	427392.00	13.98	109.04
2004	395014.37	0.78	432532.00	1.20	109.50
2005	419785.14	6.27	376558.54	-12.94	89.70
2006	617005.11	46.98	442007.98	17.38	71.64
2007	740377.23	20.00	523258.24	18.38	70.67
2008	913365.29	23.36	520237.15	-0.58	56.96
2009	1095814.57	19.98	585347.94	12.52	53.42
2010	1241129.78	13.26	684646.01	16.96	55.16
2011	1506282.63	20.45	716938.04	4.72	47.60
2012	1845413.46	22.51	827822.39	15.47	44.86
年均增长		19.39	—	8.71	—

造成存贷矛盾的主要原因有：一是企业担保形式单一，无法满足银行风险防范要求。多数中小企业缺乏流动性强、变现快的有效资产，符合贷款要求的抵押物相对较少。二是金融机构对中小企业

贷款营销观念不强。在强化约束机制的同时缺乏激励机制，在机构设置、信用评级、贷款权限、内部管理等方面，不能完全适应中小企业对金融服务的需求。三是金融机构体制改革后贷款权限上收影响。以中小企业为放贷对象的基层银行有责无权，没有相应的贷款激励机制，难以调动信贷人员的积极性，惜贷现象严重。

（三）缺乏激励导向和风险分担机制

一是各级财政对金融支持县域经济的激励导向作用不足。除了对农业龙头企业贷款、贫困农户小额贷款等进行一定的贴息和补偿外，各级财政在支持县域经济商业金融方面没有相应的奖励、补贴、税收优惠等政策，激励和引导作用不足。二是信用担保体系发展缓慢。目前，吉首地区仅有1家融资性担保机构，且没有对吉首市的企业开展过担保业务。三是农业政策性保险发展滞后。农业产业风险大、回报率低，与商业银行追求利润最大化的目标相悖。小额农贷也呈现高风险性、不确定性等特征，而农业政策性保险尚在试点阶段，农业贷款的风险得不到保障，影响了银行信贷投入的积极性。四是贷款抵押手续烦琐、要求过高。金融机构发放贷款除了要求融资项目符合国家产业政策，企业经营指标达到一定行业标准外，普遍强调客户需有足值抵押物，一些刚起步、处于成长期的企业，往往因抵押物不足而被拒之门外。

第二节　湘西州农发行的体制、规模及业务范围、业务分类

中国农业发展银行是直属国务院领导的政策性金融机构，其主要职能是：按照国家法律法规和方针、政策，以国家信用为基础，筹集农业政策性信贷资金，承担国家规定的农业政策性金融业务，代理财政性支农资金的拨付，为农业和农村经济发展服务。中国农业发展银行实行独立核算、自主、保本经营、企业化管理。

一　湘西州农发行的设立及机构分布、人员规模情况

1994 年农发行总行、省级分行相继成立。业务由农行代理。1997 年初农发行完成建立市县级机构工作，业务实现全面自营。湘西州农发行自 1996 年底成立以来，根据上级行机构设置及管理要求，始终保持 9 个营业机构，其中 1 个二级分行，1 个二级分行营业部，6 个县级支行（为龙山县支行、永顺县支行、保靖县支行、花垣县支行、泸溪县支行、凤凰县支行），1 个古丈县业务组，贷款企业在州分行营业部办理资金结算业务。

湘西州农发行 1996 年 12 月末成立之初在册在岗正式职工 156 人，女性 49 人，少数民族 104 人，中共党员 59 人。其中州分行机关在岗在册正式职工 20 人，占全行总人数的 13%，各县支行（部、组）正式在岗在册职工 136 人，占全行总人数的 87%。学历构成情况：大专及以上学历 35 人，占比 22%（其中大学本科 5 人，占 3%，大学专科 30 人，占 19%），中专（高中）及以下 121 人，占比 78%。年龄构成情况：30 岁及以下 40 人，占在岗正式员工的 26%；31—40 岁 78 人，占比 50%；41—50 岁 34 人，占比 22%；51—59 岁 4 人，占比 2%。全行职工平均年龄 34.90 岁。

2012 年 12 月末在册在岗正式职工 142 人，其中计划内社会化用工 15 人，女性 48 人，少数民族 97 人，中共党员 84 人。其中州分行机关在岗在册正式职工 36 人，占全行总人数的 25%；各县支行（部、组）正式在岗在册职工 106 人，占全行总人数的 75%。学历构成情况：大专及以上学历 105 人，占比 74%（其中大学本科 46 人，占 32%；大学专科 59 人，占 42%），中专（高中）及以下 37 人，占比 26%。年龄构成情况：30 岁及以下 22 人，占在岗正式员工的 16%；31—40 岁 24 人，占比 17%；41—50 岁 60 人，占比 42%；51—59 岁 36 人，占比 25%。全行职工平均年龄 45 岁。

　　2013年10月末在册在岗正式职工141人，其中计划内社会化用工19人，女性47人，少数民族96人，中共党员81人。其中州分行机关在岗在册正式职工36人，占全行总人数的25%，内设机构9个；各县支行（部、组）正式在岗在册职工105人，占全行总人数的75%。学历构成情况：大专及以上学历110人，占比78%（其中大学本科52人，占37%；大学专科58人，占41%），中专（高中）及以下31人，占比22%。年龄构成情况：30岁以下24人，占17%（其中25岁以下11人，26—30岁13人）；31—40岁26人，占18%（其中31—35岁10人，36—40岁16人）；41—50岁53人，占38%（其中41—45岁16人，46—50岁37人）；51岁以上38人，占比27%（其中51—55岁21人，56—59岁17人）。（说明：40岁以下占比35%，40岁以上65%，全行平均年龄45岁。）

二　湘西州农发行的业务范围

　　中国农业发展银行的业务范围，由国家根据国民经济发展和宏观调控的需要并考虑到农发行的承办能力来界定。中国农业发展银行成立以来，国务院对其业务范围进行过多次调整。截至2013年，中国农业发展银行的主要业务是：（一）办理粮食、棉花、油料收购、储备、调销贷款。（二）办理肉类、食糖、烟叶、羊毛、化肥等专项储备贷款。（三）办理粮食、棉花、油料加工企业和农、林、牧、副、渔业的产业化龙头企业贷款。（四）办理粮食、棉花、油料种子贷款。（五）办理粮食仓储设施及棉花企业技术设备改造贷款。（六）办理农业小企业贷款和农业科技贷款。（七）办理农业基础设施建设贷款。支持范围限于农村路网、电网、水网（包括饮水工程）、信息网（邮政、电信）建设，农村能源和环境设施建设。（八）办理农业综合开发贷款。支持范围限于农田水利基本建设、农业技术服务体系和农村流通体系建设。（九）办理农业生产资料贷款。支持范围限于农业生产资料的流通和销售环节。

（十）代理财政支农资金的拨付。（十一）办理业务范围内企事业单位的存款及协议存款、同业存款等业务。（十二）办理开户企事业单位结算。（十三）发行金融债券。（十四）资金交易业务。（十五）办理代理保险、代理资金结算、代收代付等中间业务。（十六）办理粮棉油政策性贷款企业进出口贸易项下的国际结算业务以及与国际业务相配套的外汇存款、外汇汇款、同业外汇拆借、代客外汇买卖和结汇、售汇业务。（十七）办理经国务院或中国银行业监督管理委员会批准的其他业务。

中国农业发展银行湘西自治州分行是全州唯一的一家农业政策性银行，1996年12月挂牌成立。主要职责是按照国家的法律法规和方针、政策，以国家信用为基础，筹集资金，承担国家规定的农业政策性金融业务，代理财政支农资金的拨付，为农业和农村经济发展服务。建行以来，湘西州农发行在探索中前进，在改革中发展，走过了一段不平凡的历程。特别是国务院第57次常务会议以来，湘西州农发行在总行党委和省委、省政府的正确领导下，坚持以邓小平理论和"三个代表"重要思想为指导，全面落实科学发展观，认真执行党和国家的大政方针与各项强农惠农政策，把支持"三农"作为立行之本，有效发挥了在农村金融中的骨干和支柱作用。

农业发展银行成立以来，根据国家的产业政策和大局需要，业务范围历经多次调整。农发行湘西州分行成立初期，根据中国人民银行《关于设立中国农业发展银行分支机构的批复》精神，其业务范围为：1. 办理国务院、中国人民银行安排资金并由财政予以贴息的粮、棉、油、肉等农副产品的收购贷款及粮油调销、批发贷款；2. 办理承担国家粮油等产品政策性加工任务企业的贷款和棉麻系统棉花初加工企业的贷款；3. 办理国务院确定的扶贫贴息贷款，老少边穷地区发展经济贷款、贫困县县办工业贷款、农业综合开发贷款以及其他财政贴息的农业方面的贷款；4. 办理国务院确定的小型农、林、牧、水利基本建设和技术改造的贷款；5. 办理中央和省级政府的财政支农资金的代理拨付；6. 办理业务范围内开户企事业单位的存款；7. 办理开户企事业单位的结算；8. 办理经国务院和中国人民银行批准的其他业务。其间，先后办理粮油专项储备贷款，粮油收购、调销贷款，扶贫贴息贷款，农业综合开发贷款。

1998 年是农业发展银行湘西州分行业务发展的一个转折点。根据中国人民银行、中国农业银行、中国农业发展银行和财政部《关于把农业发展银行扶贫开发等专项贷款业务划归农业银行的通知》精神，将专项贷款，包括扶贫贷款（包括贴息和不贴息），农业基建、技改贷款、农业综合开发贷款、林业贴息贷款、治沙贴息贷款、人民银行已划转到中国农业发展银行的专项贷款和尚未划转的专项贷款，粮棉油企业附营业务占用的贷款，粮食加工业务占用的贷款，棉花深加工业务占用的贷款，不符合农业发展银行业务范围的贷款，于 1998 年 5 月和 1998 年 12 月分两次划转到农业银行湘西州中心支行等商业银行。

1998 年 4 月以后，农业发展银行专司粮、棉、油收购资金管理，其主要业务是：发放和管理由国务院确定的粮食、棉花、油料收购、储备、调销贷款；肉类、食糖、烟叶、羊毛等国家专项储备贷款；办理中央对上述主要农产品补贴资金的拨付，为中央和省级政府共同建立的粮食风险基金开户并办理拨付；发行金融债券；办理业务范围内开户企事业单位的存款，办理开户企事业单位的结算；办理经国务院及中国人民银行批准的其他业务。农发行湘西州分行 1998 年 4 月以后，主要承担全州 57 个粮食购销企业、208 个收购网点的粮油收购、调销、储备贷款的发放和管理工作。贷款业务界定在粮油购销企业收购、调销、储备范围内。

随着粮食流通体制改革的进一步深化，2002 年，湖南省放开粮食购销市场和粮食价格，粮食经营主体多元化格局开始形成。到 2004 年，又建立了粮食生产直补机制，对种粮农户进行直接补贴，并取消了农业税，在这种情况下，农发行粮食收购贷款业务开始萎缩。农发行贷款业务范围在保持原基本业务范围不变的情况下，贷款业务对象扩大到了农业产业化龙头企业，粮食加工企业和种子经营企业，企业的所有制范围也不再局限于国有企业，包括民营企业在内的各类企业均在贷款范围内。2005年底，农发行在继续按照政策支持好粮油收购、调销、储备外，其商业性贷款已涉及了农业和农村经济发展的多个领域。

三　湘西州农发行的业务分类

湘西州农发行自创建以来，以支持农业产业化经营、农村农业基础设施建设和生态农业建设为重点，不断加大信贷支农力度，发挥了政策性银行在服务国家宏观调控、促进"三农"发展中的职能作用，其业务分类主要包括：

（一）中央储备粮贷款业务

中国农业发展银行提供的中央储备粮贷款，是用于解决从事中央储备粮（含油，下同）经营管理的粮食企业执行中央储备粮计划的资金需要。

贷款对象：（1）中国储备粮管理总公司及其直属企业。（2）具有中央储备粮代储资格，并受中储粮总公司委托从事中央储备粮经营管理的企业。（3）根据国家有关规定直接承储中央储备粮的其他企业。

贷款种类：借款人经营中央储备粮所需贷款包括中央储备粮贷款和中央储备粮轮换贷款。

贷款用途：中央储备粮贷款用于解决借款人执行中央储备粮储存计划的资金需要。中央储备粮轮换贷款用于解决借款人轮换中央储备粮的资金需要。具体包括：借款人先购后销轮换中央储备粮的价款需要；借款人先销后购轮换中央储备粮，在销售货款未回笼情况下轮入中央储备粮的价款需要；垫付借款人必要的轮换费用（包括购进、销售、出口等费用）；借款人在增储计划下达前准备粮源的资金需要。

贷款条件：应持有中储粮分公司（联络处）与中国农业发展银行省级分行依据国家有关部门文件联合下达的计划文件。代储企业还应取得国家粮食行政管理部门颁发的代储资格证，并持有与中储粮总公司或中储粮分公司（联络处）签订的代储合同。

贷款期限：中央储备粮贷款期限一律按一年期确定，并可多次办理展期，每次展期期限为一年。中央储备粮轮换贷款期限原则上根据中央储备粮轮换周期确定，一般不超过 6 个月，并可办理展期，但展期期限累计不超过原贷款合同确定的期限。

贷款利率：中央储备粮贷款执行中国人民银行规定的一年期贷款利率。中央储备粮轮换贷款执行中国人民银行规定的金融机构同期、同档次贷款利率。

贷款方式：（1）中央储备粮贷款和中央储备粮轮换贷款均采用信用贷款方式。（2）对借款人先销后购轮出中央储备粮的回笼销售货款可以不收回相应的中央储备粮贷款，由借款人直接用于轮入粮食。在中央储备粮轮换贷款到期前，对借款人轮出中央储备粮的回笼销售货款可以不收回中央储备粮轮换贷款，由借款人继续周转用于轮入粮食。

（二）地方储备粮贷款业务

中国农业发展银行提供的地方储备粮贷款，是指为支持粮食企业经营地方储备粮（包括省、市和县级储备，含油，下同）而发放的贷款。

贷款对象：从事地方储备粮经营管理的粮食企业。

贷款种类：借款人经营地方储备粮所需贷款包括地方储备粮贷款和地方储备粮轮换贷款。

贷款用途：地方储备粮贷款用于解决借款人执行地方储备粮计划的资金需要。地方储备粮轮换贷款用于解决借款人"先购后销"轮换储备粮和"先销后购"轮换储备粮货款未回笼时轮入粮食的价款需要，以及垫付借款人必要的轮换费用的资金需要。

贷款条件：（1）具备地方政府有关部门确定的承储资格。

（2）达到规定的信用等级标准，具体标准由省级分行确定。（3）持有地方政府有关部门会同中国农业发展银行联合下达的计划文件。（4）持有地方储备粮利息、费用、价差亏损等各项补贴的文件或相关依据。

贷款期限：地方储备粮贷款原则上按一年期限确定。地方储备粮轮换贷款期限根据借款人风险承受能力确定，最长不超过6个月。地方储备粮贷款可以一次或多次办理展期，展期期限不得超过原借款合同确定的期限。地方储备粮轮换贷款一般不办理展期。

贷款利率：地方储备粮贷款执行中国人民银行规定的一年期贷款利率。地方储备粮轮换贷款执行中国人民银行规定的金融机构同期、同档次贷款利率。

贷款方式：地方储备粮贷款一般采用信用贷款方式。地方储备粮轮换贷款一般采用担保贷款方式，对于地方储备粮利费和价差亏损实行据实补贴的或具有规定比例轮换风险准备金的，可采用信用贷款方式。

（三）粮食调控贷款业务

中国农业发展银行提供的粮食调控贷款，是指为支持企业开展粮食调控业务而发放的收购资金贷款。粮食调控业务就是在国家粮食储备业务以外，企业从事政府委托的粮食政策性购销业务。

贷款对象：凡是通过招标或指定等方式接受政府委托承担粮食调控业务的企业，均属于粮食调控贷款对象。企业原则上是接受中央或者省级人民政府委托，企业接受地市级（含）以下人民政府委托从事粮食调控业务，所需资金需要中国农业发展银行支持的，应事先经中国农业发展银行省级分行同意。

贷款用途：（1）政府为解决农民"卖粮难"，或为掌握粮源，增强调控能力，委托借款人按政策规定直接从收购市场收购粮食的资金需要。（2）政府为平抑粮价、稳定市场，委托借款人从国内市场调入或从国际市场进口粮食的资金需要。（3）政府为完成救灾粮、军粮供应等特定政策性任务，委托借款人收购或调入粮食的资金需要。(4)政府委托借款人承担其他粮食政策性调控任务的资金需要。

贷款条件：(1)具备中国农业发展银行确认的贷款资格。(2)具有政府或政府授权部门委托借款人收购或调入粮食的文件或相关的调控粮食购销计划，并落实购进粮食的贷款利息、企业相关费用及销售价差补贴资金来源。(3)借款人已承借的粮食调控贷款的各项补贴按时、足额到位，或落实了补贴资金的到位计划及相关措施。

贷款期限：粮食调控贷款期限原则上根据政府调控粮食购销计划和粮食经营周期确定，一般为一年。符合条件的可一次或多次办理展期。

贷款利率：粮食调控贷款期限在一年以内的，执行中国人民银行规定的同期、同档次贷款利率；贷款期限在一年以上（含展期）的，执行一年期贷款利率。

贷款方式：粮食调控贷款一般采用信用贷款方式。

(四) 粮食收购贷款业务

中国农业发展银行提供的粮食收购贷款，是指向企业发放的用于自主收购粮食所需资金的贷款。粮食收购贷款仅包括稻谷、小麦、玉米、大豆四个粮食品种的收购贷款。粮食收购贷款是准政策性业务。

贷款对象：凡在中国农业发展银行开户具备粮食收购资格的企业，均属粮食收购贷款对象。包括粮食购销企业，农业产业化龙头企业，粮食加工和转化企业，以及依照国家有关规定取得粮食收购资格的其他企业。

贷款用途：粮食收购贷款用于解决借款人从粮食收购市场收购稻谷、小麦、玉米、大豆等粮食品种的合理资金需要。

贷款条件：(1)具备粮食收购贷款资格。(2)具有与申请贷款相适应的风险承受能力和贷款偿还能力。包括在粮食经营过程中能够做到"购得进、销得出、不亏损"；或者能够提供相应的贷款担保（抵押、质押、保证）条件；或者具有一定比例的自有资金或风险准备金等。（3）已借贷款的本息按期偿付，无违约行为发生。未能按期偿付的，已落实切实可行的偿还计划。

贷款期限：粮食收购贷款期限，根据借款人生产或经营周期由借贷双方协商确定，最长期限不超过1年。

贷款利率：粮食收购贷款利率按照中国农业发展银行有关准政策性贷款利率规定执行。

贷款方式：对资信状况较好、能确保足额归还贷款本息的借款人，或者具有规定比例的自有资金，或风险准备金的借款人，可以采用信用贷款方式。对风险较大的借款人，一般采用担保贷款方式，或在办理企业有效资产抵押、担保或办理企业法定代表人的个人财产抵、质押后，部分采用信用贷款方式。

（五）油料收购贷款业务

中国农业发展银行提供的油料收购贷款，是指向企业发放的用于在国内油料收购市场自主收购油菜籽、花生、芝麻、胡麻、油葵、油茶、油橄榄和棉籽所需资金的贷款。油料收购贷款是准政策性业务。

贷款对象：凡在中国农业发展银行开户的从事油料收购加工的企业，均属油料收购贷款对象。包括从事油料收购的油料购销企业，农业产业化龙头企业，粮油加工和转化企业，以及从事油料经营的其他企业。

贷款用途：油料收购贷款用于解决借款人从油料收购市场收购油菜籽、花生、芝麻、胡麻、油葵、油茶、油橄榄和棉籽等油料品种的合理资金需要。

贷款条件：（1）具有与申请贷款相适应的风险承受能力和贷款偿还能力。包括在油料经营过程中能够做到"购得进、销得出、不亏损"；或者能够提供相应的贷款担保（抵押、质押、保证）条件；或者具有一定比例的自有资金或风险准备金等。（2）已借贷款的本息按期偿付，无违约行为发生。未能按期偿付的，已落实切实可行的偿还计划。

贷款期限：油料收购贷款期限，根据借款人生产或经营周期由借贷双方协商确定，最长期限不超过1年。

贷款利率：油料收购贷款利率按照中国农业发展银行有关准政策性贷款利率规定执行。

贷款方式：对资信状况较好、能确保足额归还贷款本息的借款人，或者具有规定比例的自有资金，或风险准备金的借款人，可以采用信用贷款方式。对风险较大的借款人，一般采用担保贷款方式，或在办理企业有效资产抵押、担保或办理企业法定代表人的个人财产抵、质押后，部分采用信用贷款方式。

（六）粮食调销贷款业务

中国农业发展银行提供的粮食调销贷款，是指向企业发放的用于从中国农业发展银行开户企业购入粮食（含成品粮，下同）和按照国家调控政策进口粮食所需资金的贷款。

贷款对象：（1）具备粮食收购贷款资格的粮食购销企业。（2）获得国家从事粮食经营许可的贸易、物流企业（包括储运、粮食批发市场及粮食批发交易企业）。（3）农业产业化龙头企业和粮食加工转化企业。（4）经总行批准的其他从事粮食流通的企业。

贷款用途：借款人从中国农业发展银行开户的粮食储备、购销、粮食物流贸易等企业购入粮食的合理资金需要，以及用于借款人配合国家宏观调控政策进口粮食的合理资金需要，包括调入价款和用于调入的必要费用支出。

贷款条件：粮食调销贷款除具备《中国农业发展银行信贷基本制度（试行）》规定的条件外，还应具备以下条件：（1）信用状况良好，生产经营活动正常，经营效益较好，经中国农业发展银行评定，信用等级为A级（含）以上。（2）具有与申请粮食调销贷款相适应的风险承受能力和贷款偿还能力，能够提供相应的贷款担保（抵押、质押、保证）条件；或者具有一定比例的自有资金或风险准备金等，具体比例由省级分行确定。（3）有真实有效、与申请粮食调销贷款相对应的粮食购销合同，在粮食经营过程中能够做到"购得进、销得出、不亏损"，除购入粮食自用加工或转化外，购入粮食用于物流贸易的，还应具有调入粮食的销售计划和销售合同。(4)历史信用记录良好，已借贷款的本息按期偿付，无违约行为发生。

贷款期限：粮食调销贷款期限，根据借款人生产经营周期和粮食购销合同规定的期限由借贷双方协商确定。最长期限不超过1年。

贷款利率：粮食调销贷款利率按照中国农业发展银行有关准政策性贷款利率执行。

贷款方式：粮食调销贷款一般采取担保贷款方式。对借款人信用等级在 AA 级（含）以上，能确保足额归还贷款本息；或者借款人的自有资金达到 30%（含）以上，或风险准备金达到 15%（含）以上；或者借款人的全部有效资产办理抵押，并且企业法定代表人的个人财产办理抵、质押后，可部分发放信用贷款。

（七）粮食加工企业贷款业务

中国农业发展银行提供的粮食加工企业商业性流动资金贷款，是指依据国家政策规定，为以粮食为主要原材料，通过加工转化方式，实现粮食转化增值的粮食加工企业自主购进粮食所需资金，以及生产经营过程中所需其他流动资金所提供的贷款。

贷款对象：凡以粮食为主要原材料的加工企业，包括粮食系统的加工企业和其他所有制形式的用粮企业，均为粮食加工企业贷款对象。

贷款种类：粮食加工企业贷款可分为短期商业性流动资金贷款、中期商业性流动资金贷款和商业性流动资金循环贷款。

贷款用途：(1)用于解决借款人直接从粮食市场收购粮食的流动资金需要。(2)用于解决借款人从粮食经营企业购入（含进口）粮食的流动资金需要。(3)用于解决借款人与加工转化粮食相关的其他原材料、费用支出等所必需的其他流动资金需要。

贷款条件：粮食加工企业申请商业性流动资金贷款，除具备《中国农业发展银行信贷基本制度（试行）》规定的条件外，还应满足：（1）借款用途符合国家法律、法规、政策要求及中国农业发展银行信贷政策，并能够按约定用途使用贷款。（2）具备从事借款相关行业的资质和能力，按规定须经有关政府部门或管理机构认证或许可的，应能提供认证或许可的证明材料。（3）按照中国农业发展银行规定应进行信用评级的借款人，经中国农业发展银行评定信用等级为 A 级（含）以上。（4）财务和信用状况良好，借款人及其主要股东、实际控制人、现任高层管理人员遵纪守法，近 3 年内无不良信用记录。（5）自觉接受并积极配合中国农业发展银行信贷调查及贷后管理，按要求提供真实有效的经营财务资料，能够积极配合落实中国农业发展银行的信贷风险防控措施。（6）外币流动资金贷款的借款人，需拥有自营进出口权，借款须有特定的外汇用途，如进口付汇等。

申请中期商业性流动资金贷款的借款人，除具备上述商业性流动资金贷款条件之外，还应具备以下条件：（1）具有健全的组织机构和财务管理制度，原则上应提供经有资质的审计机构审计的财务报告。（2）本笔贷款发放后资产负债率不高于 70%。（3）主营业务突出，因其生产经营周期较长，确有必要发放中期商业性流动资金贷款。（4）经营效益较好，最近 3 年连续盈利且经营活动产生的现金净流量为正。（5）能够提供符合中国农业发展银行要求的担保。（6）与中国农业发展银行建立信贷关系 1 年以上。

申请循环贷款的借款人，除具备上述商业性流动资金贷款条件之外，还应具备以下条件：（1）上一年度销售款回笼至中国农业发展银行的金额与其年主营业务销售收入的比例高于 50%，或上一年度在中国农业发展银行的月均贷款余额与其月均销售款回笼至中国农业发展银行数额的比例低于 50%。（2）具有健全的组织机构和财务管理制度，原则上应提供经有资质的审计机构审计的财务报告。（3）信用等级为 AA 级（含）以上，本笔贷款发放后资产负债率不高于 60%。（4）经营状况稳定，最近 3 年连续盈利且经营活动产生的现金净流量为正。（5）能够提供符合中国农业发展银行要求的抵、质押担保或信用等级在 AA 级（含）以上的企业法人为其提供的保证担保。（6）与中国农业发展银行建立信贷关系 1 年以上。

贷款期限：贷款期限由借贷双方根据借款用途、借款人风险承受能力和经营发展特点，以及中国农业发展银行信贷政策确定。

贷款利率：粮食加工企业贷款原则上执行中国人民银行规定的金融机构同期、同档次利率。符合条件的贷款其利率可以在总行利率管理政策范围内上下浮动。

贷款方式：粮食加工企业贷款一般采用担保贷款。对信用等级在 AA 级（含）以上，或者信用状况良好、贷款风险较低，或者落实了相应的贷款风险防范措施的借款人，可以采取信用贷款方式。

（八）油脂加工企业贷款业务

中国农业发展银行提供的油脂加工企业贷款，是依据国家政策规定，以油料为主要原材料，通过加工转化方式，实现转化增值的油脂加工企业自主购进所需资金，以及生产经营过程中所需其他流动资金所提供的短期贷款。

贷款对象：凡以油料为主要原材料的加工企业，均为油脂加工企业贷款对象。

贷款种类：油脂加工企业贷款可分为短期商业性流动资金贷款、中期商业性流动资金贷款和商业性流动资金循环贷款。

贷款用途：（1）用于解决借款人直接从市场收购油料的流动资金需要。（2）用于解决借款人从油料经营企业购入（含进口）油料的流动资金需要。（3）用于解决借款人与加工转化油料相关的其他原材料、费用支出等所必需的其他流动资金需要。

贷款条件：油脂加工企业贷款除具备《中国农业发展银行信贷基本制度（试行）》所规定的条件外，还要具备以下条件：（1）在中国农业发展银行开立基本存款账户或专用存款账户，自愿接受中国农业发展银行的信贷监督。(2)具有与申请贷款相应的风险承受能力和贷款偿还能力，经中国农业发展银行信用等级评定达到 A 级（含）以上。(3)依法合规经营，具有市场竞争优势，经济效益和社会效益较好。(4)已借贷款履约情况良好，无不良贷款，或已落实切实可行的偿还计划。

贷款期限：油脂加工企业贷款期限由借贷双方根据借款人用途、借款人风险承受能力和经营发展特点以及中国农业发展银行信贷政策确定。

贷款利率：油脂加工企业贷款原则上执行中国人民银行规定的金融机构同期、同档次利率。符合条件的贷款其利率可在总行相关利率管理规定的范围内上下浮动。

贷款方式：油脂加工企业贷款一般采用担保贷款方式。对信用等级在 AA 级（含）以上，或者信用状况良好、贷款风险较低，或者落实了相应的贷款风险防范措施的借款人，可以采取信用贷款方式。

(九) 粮油流转贷款业务

中国农业发展银行提供的粮油流转贷款，是指向从事粮油流通的企业发放的除粮油政策性和准政策性贷款之外的，用于解决企业粮油经营资金需要的短期贷款。

贷款对象：(1)粮油购销企业。(2)依照国家有关规定取得粮油经营资格的商业、贸易、物流（包括储运、粮食批发市场及粮食批发交易）企业。(3)具有地市级以上（含地市级）农业行政管理部门核发的《种子经营许可证》，从事粮食种子经营的企业。(4)其他从事粮油流通的企业。

贷款用途：(1)借款人调入粮油（含原粮、成品粮以及粮食副产品）的调销资金需要。(2)借款人从粮油收购市场收购除准政策性粮食品种（稻谷、小麦、玉米、大豆）之外的粮油品种收购资金需要。(3)借款人经营粮油种子的合理资金需要。

贷款条件：(1)产经营活动正常，财务状况良好，产品有市场，生产经营有效益。（2）经营管理制度健全，建立合规的财务、统计制度。（3）经中国农业发展银行评定，借款人信用等级原则上为 A 级（含）以上。中国农业发展银行省级分行可根据实际情况确定具体标准。（4）历史信用记录良好，已借贷款的本息按期偿付，无违约行为发生。

贷款期限：粮油流转贷款期限，原则上根据借款人生产经营周期、还款能力，由借贷双方协商确定，最长不超过 1 年。

贷款利率：粮油流转贷款利率按照中国农业发展银行有关商业性贷款利率规定执行。

贷款方式：对资信状况较好，信用等级在 AA 级（含）以上，或满足总行特别规定条件的借款人，可以发放信用贷款。

（十）粮食合同收购贷款业务

中国农业发展银行提供的粮食合同收购贷款，是向粮食企业发放的，专门用于粮食企业为履行收购合同，预付给种粮农户部分生产性资金所需的贷款。

贷款对象：凡从事粮食合同或定单收购业务的粮食购销企业（含储备）、粮食加工企业、粮食产业化龙头企业、种子经营企业以及其他粮食企业，均可作为中国农业发展银行粮食合同收购贷款的对象。

贷款用途：粮食合同收购贷款用于借款人为获得比较稳定的粮源，依据收购合同或收购定单预付一定资金给种粮农户进行生产的合理资金需要。

贷款条件：（1）企业信用等级达到规定的标准，具体标准由中国农业发展银行省级分行确定。（2）经营效益好，且有一定比例的自有收购资金。（3）与种粮农户签订具有合法有效的收购合同（定单），明确双方的权利和义务及违约责任。合同收购的粮食定价合理。（4）诚实守信，能按期归还银行贷款本息，过去两年内或新建企业成立以来无挤占挪用中国农业发展银行贷款的行为。

对具备上述条件，并具备下列条件之一的，可在同等条件下优先给予借款人贷款支持：（1）预付给种粮农户的资金中，借款人自有资金比例超过30％以上。（2）借款人预收了一定比例的粮食销售合同定金。（3）粮食生产大户参加了自然灾害保险。

贷款期限：贷款期限一般在6个月以内（含6个月），最长不得超过一年。粮食合同收购贷款到期后，原则上不再办理展期。

贷款利率：粮食合同收购贷款利率按照中国农业发展银行有关商业性贷款利率规定执行。

贷款方式：对资信状况较好，信用等级在AA级（含）以上，或满足总行特别规定条件的借款人，可以发放信用贷款。

（十一）粮食仓储设施贷款业务

中国农业发展银行提供的粮食仓储设施贷款，是指为解决粮食经营企业在仓储设施建设过程中自有资金不足而发放的中长期贷款。

贷款对象：（1）中央和地方储备粮直属库。（2）粮食购销企业。（3）粮食产业化龙头企业和粮食加工骨干企业。（4）批发市场及粮食物流企业。（5）从事粮食经营和交易的其他粮食企业。

贷款用途：粮食仓储设施贷款是专门用于借款人从事粮食仓储及市场设施购建的资金需要，主要包括：（1）粮食仓储设施购建与维修。（2）粮食烘干设备的购建。（3）粮食批发交易市场建设。（4）粮食运输专用工具购置及专用交通设施建设。（5）站、港口粮食专用货场建设等。（6）其他专门用于粮食储运和流通的基础设施建设。

贷款条件：（1）借款人为实施政府粮食宏观调控任务的仓储设施项目，政府或政府有关部门承诺对贷款本息予以全额归还的。其中，中央储备粮直属库申请仓储设施项目贷款的，应由中储粮总公司或分公司出具全额归还贷款本息的承诺；地方粮食储备企业申请仓储设施项目贷款应由同级财政部门出具全额归还贷款本息的承诺。借款人自主经营需要贷款建设的仓储设施项目，信用等级（中国农业发展银行评定或相当于）应达到A级（含）以上、资产负债率在80%（含）以下、参与项目建设的自有资金比例在20%（含）以上。（2）借款人经营效益良好，有按期偿还贷款本息的能力，原承借仓储设施贷款本息偿付正常或落实了切实可行的偿还计划。（3）项目布局合理，预期效益良好，规模适度。

贷款期限：粮食仓储设施贷款期限一般在5年以内，最长不超过8年。仓储设施贷款只能办理一次展期，展期期限不得超过原借款合同确定的贷款期限；原借款合同确定的贷款期限在5年以上的，展期期限不得超过5年。

贷款利率：粮食仓储设施贷款执行中国人民银行规定的金融机构同期、同档次贷款利率。利率不上浮或少上浮。

贷款方式：粮食仓储设施贷款一般采用担保贷款方式。

（十二）棉花流转贷款业务

中国农业发展银行提供的棉花流转贷款，是指向从事棉花流通的企业发放的除棉花准政策性贷款外的，用于解决企业棉花经营资金需要的短期贷款。

贷款对象：经工商行政管理部门核准的具有从事棉花经营资质的企业，主要包括棉花购销企业和棉花深加工企业（含农业产业化龙头企业）。

贷款用途：用于解决借款人从非中国农业发展银行开户企业调入棉花（含皮棉、棉副产品、棉纱）直接供应给用棉企业或进行深加工的合理资金需要。

贷款条件：（1）有真实有效、与申请贷款相对应的棉花购销合同，在棉花经营过程中能够做到"购得进、销得出、有效益"，购入棉花用于物流贸易的，还应具有购入棉花的销售计划和销售合同。（2）财务和信用状况良好，借款人及其现任高层管理人员遵纪守法，近3年内无不良信用记录。（3）信用等级为A级（含）以上（符合中国农业发展银行低风险担保贷款条件的可不受此款限制）。（4）原则上在中国农业发展银行开立基本存款账户，确因特殊原因，也可开立一般存款账户或专用存款账户。（5）有一定比例的自有资金或风险准备金，具体比例由省级分行确定。

贷款期限：根据借款人生产经营周期和棉花购销合同规定的期限由借贷双方协商确定。期限最长不超过半年。棉花流转贷款一般应在期限内实行购贷销还，封闭运行，对信用等级在 AA 级（含）以上，与上下游企业建立长期稳定的购销合作关系的借款人，贷款可以在规定的期限内周转使用。

贷款利率：商业性流动资金贷款利率执行中国人民银行利率政策和中国农业发展银行相关利率管理规定，可在授权范围内，以同期次基准利率为基础进行适当浮动。

贷款方式：商业性流动资金贷款一般应采用担保贷款方式。信用等级在 AA 级（含）以上或满足总行特别规定条件的借款人，可发放信用贷款。

（十三）棉花调销贷款业务

棉花调销贷款属于准政策性贷款业务，指为履行农业政策性银行职能，支持棉花调销业务，促进产销衔接，维护棉花市场稳定，由农发行自主发放、风险自担的贷款。

贷款对象：经工商行政管理部门或主管部门核准登记，具备棉花经营资质，实行独立核算的企、事业法人及其他经济组织。

贷款用途：用于解决借款人从农发行开户企业购入农发行贷款形成的棉花以及配合国家宏观调控政策进口棉花的合理资金需求。

贷款条件：借款人除具备《中国农业发展银行信贷基本制度》规定的基本条件外，还应具备以下条件：（1）借款人应具有棉花经营资格和储存条件，信用等级在 A－级（含）以上。（2）借款用于棉花调销的，借款人应提供与供货方签订的真实有效的棉花购销合同。购入棉花用于贸易的，还应具有稳定的销售渠道。（3）加工（含转化）类客户须具有维持正常经营所需的营运资金，并对棉花调销贷款形成的商品专仓（垛）储存。

贷款期限：贷款期限由借贷双方协商确定，最长不超过 1 年。加工（含转化）类客户应根据客户的生产经营周期确定贷款期限，最长不超过 9 个月。

贷款利率：按照人民银行及农发行相关利率管理规定执行。

贷款方式：(1)对用于省（区、市）内棉花调销贷款，有条件的应采取担保贷款方式。不具备条件的，在借款人有效资产应抵尽抵的前提下，不足部分可采取信用贷款方式。如认为借款人风险较大的，也可采取其他风险防范措施。(2)对用于跨省（区、市）的棉花调销贷款，原则上采取担保贷款方式。借款人信用等级在 AA - 级（含）以上的，可采取信用贷款方式。

（十四）储备棉贷款业务

储备棉贷款属于政策性贷款业务，指为支持客户执行国家及地方棉花储备任务而发放的贷款。

贷款对象：经国务院或地方政府批准赋予棉花储备任务的客户。

贷款种类：储备棉贷款业务可以分为国家储备棉贷款和地方储备棉贷款两种。

贷款用途：用于解决借款人从事国家（地方）储备棉收储、轮换、移库等业务的资金需要。

贷款条件：借款人除应具备《中国农业发展银行信贷基本制度》规定的基本条件外，还应具备以下条件：(1)政府或相关部门确定，具有承担棉花储备任务的资格；(2)政府相关部门指定或委托执行储备任务的相关文件；(3)政府确定的利息、费用、损失等补贴来源已落实；(4)相应的承储能力。

贷款期限：贷款期限按照储备计划规定的期限确定。未规定储备期限的按 1 年期确定，未出库前可办理多次展期。

贷款利率：按照人民银行及农发行相关利率管理规定执行。

贷款方式：贷款一般采取信用贷款方式。

（十五）棉花收购贷款业务

棉花收购贷款属于准政策性贷款业务，指为履行农业政策性银行职能，支持棉花收购，促进产销衔接，维护棉花市场稳定，由农发行自主发放、风险自担的贷款。

贷款对象：经工商行政管理部门或主管部门核准登记，具备棉花加工经营资质，实行独立核算的企、事业法人及其他经济组织。

贷款用途：用于解决借款人从省（区、市）内收购加工（指籽棉加工成皮棉和棉籽）棉花或进行深加工（指皮棉加工成棉纱和棉籽加工成棉油等），并在本地储存的合理资金需求，包括收购价款和用于收购的必要费用。能够落实符合总行规定的第三方监管的，可不受储存地限制。

贷款条件：借款人除具备《中国农业发展银行信贷基本制度》规定的基本条件外，还应具备以下条件：（1）借款人应具有棉花加工经营资格和储存条件，信用等级在 A－级（含）以上。（2）加工（含转化）类客户须具有维持正常经营所需的营运资金，并对棉花收购贷款形成的商品专仓（垛）储存。

贷款期限：贷款期限由借贷双方协商确定，最长不超过 1 年。加工（含转化）类客户应根据客户的生产经营周期确定贷款期限，最长不超过 9 个月。

贷款利率：按照人民银行及农发行相关利率管理规定执行。

贷款方式：有条件的应采取担保贷款方式。不具备条件的，在借款人有效资产应抵尽抵的前提下，不足部分可采取信用贷款方式。如认为借款人风险较大的，也可采取其他风险防范措施。

（十六）棉花预购贷款业务

棉花预购贷款属于商业性贷款业务，指对符合贷款条件的企业为履行棉花收购订单而预付给棉花生产者生产性资金发放的贷款。

贷款对象：经工商行政管理部门核准的具有从事棉花经营资质的企业。

贷款用途：主要用于解决借款人与棉花生产者签订棉花收购合同而预付给棉花生产者进行生产的合理资金需求。

贷款条件：借款人除具备《中国农业发展银行信贷基本制度》规定的基本条件外，还应具备以下条件：（1）信用等级应在 A－级

（含）以上。（2）具有健全的财务管理制度，按要求提供真实有效的财务资料，自觉接受并积极配合农发行信贷调查及贷后管理。（3）与棉花生产者签订合法有效的棉花收购合同，明确双方权利义务及违约责任。（4）借款人原则上要为贷款支持的棉花生产办理保险。

贷款期限：贷款期限最长为1年。

贷款利率：按人民银行及农发行相关利率管理规定执行。

贷款方式：贷款一般采取担保方式。对借款人资信状况良好，已经落实贷款风险防范措施，信用等级在AA－级（含）以上可采用信用贷款方式。

（十七）棉花良种贷款业务

棉花良种贷款属于商业性贷款业务，指对符合贷款条件的企业从事棉花良种繁育、经营等业务发放的贷款。

贷款对象：经政府职能部门批准的具有从事棉花良种生产、经营资质的企业。

贷款种类：棉花良种贷款业务分为棉花良种繁育贷款和棉花良种经营贷款两种。

贷款用途：（1）棉花良种繁育贷款：用于解决涉棉企业在棉花良种通过国家级或省级审定后生产繁育过程中的合理资金需要。（2）棉花良种经营贷款：用于解决涉棉企业收购、调销、加工等经营良种的合理资金需要。

贷款条件：借款人除具备《中国农业发展银行信贷基本制度》规定的基本条件外，还应具备以下条件：（1）信用等级应在A－级（含）以上。（2）具有健全的财务管理制度，按要求提供真实有效的财务资料，自觉接受并积极配合农发行信贷调查及贷后管理。（3）应持有种子生产许可证或种子经营许可证。（4）生产加工经营的棉花良种必须通过国家级或省级审定，具有相关证明材料，并符合国家《优势农产品区域布局规划》，达到可在国家区域或省（区）推广的品质要求。

贷款期限：贷款期限最长为 1 年。（1）棉花良种繁育贷款：期限一般为 6 个月至 1 年。（2）棉花良种经营贷款：期限一般为 3 个月至 1 年。

贷款利率：按人民银行及农发行相关利率管理规定执行。

贷款方式：贷款一般采取担保方式。对借款人资信状况良好，已经落实贷款风险防范措施，信用等级在 AA－级（含）以上可采用信用贷款方式。

（十八）棉花企业技术设备改造贷款业务

棉花企业技术设备改造贷款属于商业性贷款业务，是指中国农业发展银行为推进棉花质量检验体制改革，支持棉花企业技术升级、技术设备改造项目设备投资所发放的贷款。

贷款对象：棉花企业技术设备改造贷款对象为经政府职能部门批准的具有从事棉花加工经营资质的企业。目前，该项贷款的对象仅限于在中国农业发展银行开户并列入国家棉花技改设备更新总体规划的棉花加工企业。

贷款用途：棉花企业技术设备改造贷款用于解决棉花企业加工设备的改造更新、加工技术升级、购置符合国家相关技术标准的棉花加工设备及其辅助设备的合理资金需求。

贷款条件：借款人除应具备《中国农业发展银行信贷基本制度》规定的基本条件外，还应具备以下条件：（1）技术设备改造项目要具有符合国家规定的项目资本金。（2）不低于 30% 的自有资金。（3）信用等级在 A 级（含）以上。（4）提供合法有效的担保。（5）原则上要求借款人近两年连续盈利，如果其中一年有亏损，必须在第二年弥补到位或有切实可行的弥补措施。（6）近二年或三年内新增中国农业发展银行贷款本息能够按期偿还，并按计划归还陈欠贷款本息。（7）年皮棉加工能力在 4000 吨以上。（8）必须到国家有关部门指定的生产厂家采购机器设备。

贷款期限：贷款期限根据借款人生产经营和资金周转的实际情况由借贷双方协商确定，按 1—4 年掌握，最多可展期 1 年。

贷款利率：按照中国人民银行统一规定的利率政策和中国农业发展银行有关规定执行。

贷款方式：棉花企业技术设备改造贷款采取担保贷款方式。

（十九）商业储备贷款业务

商业储备贷款属于商业性贷款业务，是指中国农业发展银行对符合贷款条件的企业（以下简称"借款人"）从事商业储备业务发放的贷款。商业储备包括国家和地方化肥储备、地方糖储备、国家和地方肉储备、国家羊毛储存等。

贷款对象：商业储备贷款的对象是指国家或地方政府有关部门确定的承储企业。

贷款用途：商业储备贷款用于借款人储备相关物资的合理资金需要。

贷款条件：除符合《中国农业发展银行信贷基本制度》、《中国农业发展银行准政策性贷款管理办法》（省级（含）以上人民政府下达的商业储备计划）、《中国农业发展银行商业性流动资金贷款管理办法》（省级以下人民政府下达的商业储备计划）外，还应具备以下条件：（1）自主经营、自负盈亏、自我约束、自我发展的企业法人，无不良信用记录，信用等级在 A 级（含）以上且注册资本不低于 500 万元。（2）原则上在中国农业发展银行开立基本存款账户，确因特殊原因未开立基本存款账户的，须在中国农业发展银行开立一般存款账户。（3）提供国家或地方相关部门下达的商业储备计划和利息补贴承诺文件，执行中国农业发展银行信贷管理规定。信用等级在 AA 级（含）以上且净资产收益率在 6% 以上的借款人，可不要求具有利息补贴承诺文件。（4）认真执行国家颁布的会计、统计等政策法规，并按要求及时向中国农业发展银行提供商业储备物资进（出）口、收储、销售和财务、统计报表等相关资料，接受中国农业发展银行的信贷监管。（5）近两年净资产收益率不低于 2%（存续不足两年的以当年实际经营情况为准）；月平均资产负债率不得高于 90%；对政府承诺补贴全额价差亏损和贷款利息且纳入财政当年预算的商业储备，审批时可不受以上条件限制。(6)按不低于贷款金额（剔除抵押担保贷款部分）5%比例的自有资金缴存风险准备金，实行专户管理。

贷款期限：开户行应结合借款人储备期、结算期及近年销售规律合理确定贷款期限，贷款期限最长不超过1年。贷款原则上不得展期。

贷款利率：商业储备贷款利率按中国人民银行有关规定和中国农业发展银行有关规定执行。

贷款方式：商业储备贷款可根据借款人信用等级和风险承受能力确定采用担保贷款或信用贷款的方式。对业务发展稳定且前景较好的 AA－级（含）以上的借款人可发放信用贷款；对承担省级（含）以上化肥、食糖储备且信用等级为 A－级的借款人，在有效资产应抵尽抵后也可发放信用贷款。

（二十）国家储备糖贷款业务

国家储备糖贷款属于政策性贷款业务，是指中国农业发展银行对符合贷款条件的企业（以下简称"借款人"）进行食糖收储、轮换、移库等发放的贷款。

贷款对象：国家储备糖贷款的对象是指由国家有关部门或受国家委托管理储备（存）商品的有关部门指定的承储企业。

贷款条件：借款人除应具备《中国农业发展银行信贷基本制度》规定的基本条件外，还应具备以下条件：(1)自主经营、自负盈亏、自我约束、自我发展的经济实体。(2)持有国家发展改革委员会、财政部、主管部门和中国农业发展银行联合下达的国家专项储备（存）计划。(3)具有符合国家规定的仓储设施。(4)按国家有关规定专库、专账、专人管理储备（存）商品，将储备（存）商品与企业自行经营的同类商品严格分开。(5)落实财政负担的利息和费用补贴。

贷款期限：储备白砂糖贷款期限一般为2年至3年；储备原糖贷款期限一般为5年至8年。

贷款利率：国家储备糖贷款利率按中国人民银行有关规定和中国农业发展银行有关规定执行。

贷款方式：国家储备糖贷款一般采用信用贷款方式。

（二十一）农业生产资料贷款业务

农业生产资料贷款属于商业性贷款业务，是中国农业发展银行为支持农业和农村经济发展，促进农业生产资料市场稳定，维护农民利益，为符合贷款条件的企事业法人、其他经济组织（以下简称"借款人"）从事化肥、农药、农膜、农机具、农用燃料等农业生产资料流通和销售而发放的贷款。

贷款对象：经工商行政管理机关核准登记，具有化肥、农药、农膜、农机具、农用燃料等农业生产资料经营资质，独立核算的企事业法人和其他经济组织。

贷款用途：贷款主要用于解决借款人在农业生产资料流通和销售中合理的经营资金需求。农业生产资料贷款按贷款性质属流动资金贷款。

贷款条件：借款人除符合《中国农业发展银行信贷基本制度》规定的条件外，还应具备以下条件：（1）生产经营活动符合国家相关产业政策和中国农业发展银行信贷政策，具有较好的经济效益和社会效益。（2）信用记录良好，具备按期还本付息能力。经中国农业发展银行评定，借款人信用等级在 A－级（含）以上。（3）原则上要在中国农业发展银行开立基本存款账户，确因特殊原因不能开立基本存款账户的，须在中国农业发展银行开立一般存款账户。（4）信用贷款按不低于贷款金额 5% 比例的自有资金专户缴存风险保证金，存单、有价证券质押和抵押担保贷款可不要求缴纳风险保证金，其他质押和保证担保贷款按不低于贷款金额 3% 比例的自有资金专户缴存风险保证金。

贷款期限：根据借款人经营周期由借贷双方协商确定贷款期限，其期限一般为 1 年（含 1 年），最长不超过 2 年。

贷款利率：农业生产资料贷款利率按中国人民银行有关规定和

中国农业发展银行商业性贷款利率定价有关规定执行。

贷款方式：农业生产资料贷款一般实行质押、抵押、保证担保贷款方式。信用等级在 AA－级（含）以上的，可采用信用贷款方式。

（二十二）农业产业化龙头企业贷款业务

中国农业发展银行提供的农业产业化龙头企业贷款，是指依据国家政策规定，对农业产业化龙头企业发放的，用于包括流动资金以及技术改造、仓储等农用设施建设和生产、加工基地建设所需的中长期贷款。

贷款对象：凡经地、市级以上（含）人民政府或政府有关部门认可的农、林、牧、副、渔业范围内的农业产业化龙头企业，均为中国农业发展银行农业产业化龙头企业贷款对象。

贷款种类：农业产业化龙头企业贷款分为商业性流动资金贷款和商业性项目贷款。

贷款用途：（1）商业性流动资金贷款主要用于解决借款人从事农、林、牧、副、渔业产品的种植（养殖）、流通或加工所需的流动资金需要。（2）商业性项目贷款主要用于解决借款人从事农、林、牧、副、渔业产品的种植（养殖）、流通或加工转化过程中进行技术改造、仓储等农用设施建设和生产、加工基地建设所需的资金需要。

贷款条件：农业产业化龙头企业申请商业性流动资金贷款除具备《中国农业发展银行信贷基本制度（试行）》规定的条件外，还应满足：（1）借款用途符合国家法律、法规、政策要求及中国农业发展银行信贷政策，并能够按约定用途使用贷款。（2）具备从事借款相关行业的资质和能力，按规定须经有关政府部门或管理机构认证或许可的，应能提供认证或许可的证明材料。（3）按照中国农业发展银行规定应进行信用评级的借款人，经中国农业发展银行评定信用等级为 A 级（含）以上。（4）财务和信用状况良好，借款人及其主要股东、实际控制人、现任高层管理人员遵纪守法，近 3 年内无不良信用记录。(5)自觉接受并积极配合中国农业发展银行信贷调查及贷后管理，按要求提供真实有效的经营财务资料，能够积极配合落实中国农业发展银行的信贷风险防控措施。。(6)外币流动资金贷款的借款人，需拥有自营进出口权，借款须有特定的外汇用途，如进口付汇等。

申请中期商业性流动资金贷款的借款人，除具备上述商业性流动资金贷款条件之外，还应具备以下条件：(1)有健全的组织机构和财务管理制度，原则上应提供经有资质的审计机构审计的财务报告。(2)本笔贷款发放后资产负债率不高于70%。(3)属种养业、加工业等企业，主营业务突出，因其生产经营周期较长，确有必要发放中期商业性流动资金贷款。(4)效益较好，最近3年连续盈利且经营活动产生的现金净流量为正。(5)能够提供符合中国农业发展银行要求的担保。(6)与中国农业发展银行建立信贷关系1年以上。

申请循环贷款的借款人，除具备上述商业性流动资金贷款条件之外，还应具备以下条件：(1)上一年度销售款回笼至中国农业发展银行的金额与其年主营业务销售收入的比例高于50%，或上一年度在中国农业发展银行的月均贷款余额与其月均销售款回笼至中国农业发展银行数额的比例低于50%。(2)具有健全的组织机构和财务管理制度，原则上应提供经有资质的审计机构审计的财务报告。(3)信用等级为AA级（含）以上，本笔贷款发放后资产负债率不高于60%。(4)经营状况稳定，最近3年连续盈利且经营活动产生的现金净流量为正。(5)能够提供符合中国农业发展银行要求的抵、质押担保或信用等级在AA级（含）以上的企业法人为其提供的保证担保。(6)与中国农业发展银行建立信贷关系1年以上。

农业产业化龙头企业申请商业性项目贷款除具备《中国农业发展银行信贷基本制度》规定的条件外，还应满足：(1)国家或地方有关部门规定需编制可行性研究报告的，其项目可行性研究报告由具备国家或行业主管部门规定资质的机构出具（额度在3000

万元以上的贷款一般应由乙级或相应级别（含）以上的机构出具），并有明确的结论性意见。（2）对政府投资项目，采用直接投资和资本金注入方式的，其项目建议书和可行性研究报告已经国家有关部门审批同意；对于企业使用政府补助、转贷、贴息投资建设的项目，其资金申请报告已经国家有关部门审批同意；对实行核准制的项目，其项目申请已经国家有关部门批复同意；对实行备案制的项目，已履行备案手续。（3）项目符合国家宏观调控政策和相关产业、区域政策以及环境保护、土地使用、资源利用、安全生产、发展规划等政策法规要求和中国农业发展银行信贷政策。（4）项目各项资金来源明确并有保证，资本金来源及比例符合国家有关规定，但不得低于 20%。（5）借款人或项目实施需行政许可的，应持有政府有关部门颁发的行政许可证件或准予行政许可的文件。（6）按照中国农业发展银行规定应进行信用评级的借款人，经中国农业发展银行评定信用等级为 A 级（含）以上。（7）借款人财务和信用状况良好，产品具有市场竞争优势，有良好的经济效益和社会效益，借款人及其主要股东、实际控制人、现任高层管理人员遵纪守法，近 3 年内无不良信用记录。（8）自觉接受并积极配合中国农业发展银行调查评估及贷后管理，按要求提供真实有效的经营财务资料，能够积极配合落实中国农业发展银行的信贷风险防控措施。（9）申请外币贷款，需拥有自营进出口权，借款须有特定的外汇用途。

　　贷款期限：农业产业化龙头企业商业性流动资金贷款期限，由借贷双方根据借款用途、借款人风险承受能力和经营发展特点，以及中国农业发展银行信贷政策等确定。

　　商业性项目贷款期限由借贷双方根据项目情况及中国农业发展银行信贷政策确定，一般为 1—5 年，最长不超过 10 年。

　　贷款利率：农业产业化龙头企业贷款原则上执行中国人民银行规定的金融机构同期、同档次利率。符合条件的贷款其利率可以在总行利率管理政策范围内上下浮动。

贷款方式：农业产业化龙头企业商业性流动资金贷款一般采用担保贷款，对信用等级在 AA 级（含）以上的借款人，可以采取信用贷款方式，中期商业性流动资金贷款和商业性流动资金循环贷款只能发放担保贷款。商业性项目贷款原则上实行担保贷款方式。

（二十三）农业小企业贷款业务

农业小企业贷款是为解决农业小企业生产经营活动过程中的资金需要而发放的贷款。

贷款对象：农业小企业贷款对象为农、林、牧、副、渔业从事种植、养殖、加工、流通的各类所有制和组织形式的小企业。按照银监会《银行开展小企业授信工作指导意见》，银行对小企业授信泛指银行对单户授信总额 500 万元（含）以下和企业资产总额 1000 万元（含）以下，或授信总额 500 万元（含）以下和企业年销售额 3000 万元（含）以下的企业，各类从事经营活动的法人组织和个体经营户的授信。

贷款种类：农业小企业贷款按照贷款用途分为流动资金贷款和固定资产贷款两种：（1）流动资金贷款。主要用于解决借款人生产经营过程中的流动资金需要，贷款期限一般不超过 1 年，生产经营周期在 1 年以上的从事种植和养殖的农业小企业流动资金贷款期限最长不超过 3 年。（2）固定资产贷款。主要用于解决借款人新建、扩建、改造、开发、购置等固定资产投资项目和生产基地建设项目的资金需要，贷款期限一般为 1—3 年，最长不超过 5 年。

贷款条件：（1）依法办理工商登记，取得《营业执照》和有效年检手续，特殊行业须持有有关部门颁发的营业或经营许可证。（2）持有中央银行核准发放并经过年检的贷款卡、技术监督部门颁发并年检的组织机构代码证。（3）在中国农业发展银行开立存款账户，自愿接受中国农业发展银行的信贷管理，恪守信用，遵守合同。企业主、经营者及主要股东个人资信状况良好，无违法和违反社会公德的行为。（4）有合法稳定的收入或补贴来源，具备按期还本付息能力；企业法人资产负债率等主要财务指标达到中国农业发展银行规定的要求。（5）提供符合规定条件的担保。（6）申请固定资产项目贷款的，自有资金不低于项目总投资额30%。（7）中国农业发展银行要求的其他条件。

产品优势：（1）担保方式更加适应小企业特点。农业小企业贷款采用担保贷款方式，可采取企业联保、担保公司保证、林权质押等多种担保方式，并积极鼓励企业主、企业法人代表或主要个人股东以其个人财产抵（质）押或提供保证的担保方式。（2）贷款利率优惠。农业小企业贷款实行风险定价，以风险与收益对称为原则，贷款利率在基准利率的基础上最高上浮幅度30%。

（二十四）农业科技贷款业务

中国农业发展银行提供的农业科技贷款，是指按照国家政策规定，为支持农业、林业、畜牧、渔业、水利等领域的新品种、新技术、新设备、新产品等科技成果的转化和产业化而发放的贷款。

贷款对象：贷款对象主要是从事农业科技成果转化或产业化生产的企业法人，以及从事农业科技成果转化的农业科技推广单位和科研院校（所）等的事业法人。

贷款范围：属于《国务院关于印发〈国家中长期科学和技术发展规划纲要（2006—2020）〉的通知》明确提出的农业科技发展优先主题领域的科技成果转化或产业化项目，均可作为农业科技贷款的支持范围。

贷款种类：农业科技贷款分为短期贷款和中长期贷款。

贷款用途：（1）短期贷款用于解决借款人实施农业科技成果转化或产业化的流动资金需要。（2）中长期贷款用于解决借款人承担农业科技成果转化或产业化的固定资产性质（包括知识产权等）的中长期资金需求。

贷款条件：（1）转化或产业化的农业科技成果应当属于以下几种类型之一：列入国家或省级政府有关部门科技计划并经省级以上科技部门、行业主管部门或其指定机构鉴定的农业科技成果；通过国家或省级政府有关部门组织评定，颁给科技成果鉴定证书、高

（新）技术产品证书、科技成果推广证书、科技进步奖励证书等的农业应用科技成果；国家或省级政府有关部门委托有关机构鉴定的特殊品质的农业科技成果；已经获得国家专利的农业应用科技成果；从国外引进并经国家或省级政府有关部门或其指定机构认定或推广的农业科技成果。（2）借款人具备从事农业科技成果转化或产业化的条件和能力，具有较好的经济和社会效益。（3）借款人申请中长期贷款的，必须有不低于项目总投资额 20% 的资本金；属于政府承诺为借款人还本付息的项目，资本金比例可适当降低。（4）借款人为企业法人的，经中国农业发展银行评定，信用等级应在 A 级（含）以上；借款人为事业法人的，对其信用等级暂不作规定。

贷款期限：农业科技贷款期限，原则上根据农业科技成果的转化周期或生产经营周期，以及借款人的综合还款能力，由借款人与贷款人双方协商确定。短期贷款期限一般为 6 个月，最长不超过 1 年。中长期贷款期限一般为 1—5 年，最长不超过 8 年。在借款合同约定的贷款期限内，可根据项目建设期限或达产期给予一定的宽限期。

贷款利率：农业科技贷款原则上执行中国人民银行规定的金融机构同期、同档次利率。贷款利率不上浮或少上浮。

贷款方式：农业科技贷款一般采用担保（包括知识产权权利质押）贷款方式。对由市（地）级以上政府财政部门或财力较强的县（市）政府财政部门承诺对项目或借款人还本付息的，可以采取信用贷款方式。

（二十五）农村基础设施建设和农业综合开发贷款业务

农村基础设施建设贷款，主要用于解决借款人在农村路网、电网、水网、信息网、农村能源和环境设施建设等方面的资金需求而发放的贷款。

农业综合开发贷款主要用于解决借款人在农田水利基本建设和改造、农业生产基地开发与建设、农业生态环境建设、农业技术服务体系建设等方面的资金需求。

贷款对象：农村基础设施建设和农业综合开发贷款对象为，经工商行政管理机关或政府主管机关核准登记，实行独立核算的企业法人、事业法人和其他经济组织。

贷款种类：农村基础设施建设和农业综合开发贷款，按照项目的目标，可分为经营性项目和非经营性项目；按照贷款性质，可分为项目贷款和流动资金贷款；按照贷款期限，可分为中长期贷款和短期贷款。

贷款条件：(1)依法办理工商登记，取得《营业执照》和有效年检手续；事业法人依照《事业单位登记管理条例》的规定办理了登记或备案。特殊行业持有有权机关颁发的营业或经营许可证。(2)符合国家宏观调控政策、区域发展政策和相关产业发展政策。(3)在中国农业发展银行开立存款账户，自愿接受中国农业发展银行的信贷管理，恪守信用，遵守合同。(4)实行公司制的企业法人申请信用必须符合公司章程，如果公司章程未做规定的，可提供具有股东大会（股东会）授权董事会（总经理）对外借款的决议。(5)持有中央银行核准发放并经过年检的贷款卡、技术监督部门颁发并年检的组织机构代码证。(6)有合法稳定的收入或补贴来源，具备按期还本付息能力；企业的资产负债率等主要财务指标达到中国农业发展银行规定的要求。(7)不符合信用贷款方式的，应提供符合规定条件的担保。(8)经营性项目资本金比例符合国家及中国农业发展银行的有关规定；非经营性项目资本金比例可参照经营性项目资本金比例标准执行。

贷款期限：农村基础设施建设贷款和农业综合开发贷款的期限一般为5年，最长不超过10年。

贷款利率：农村基础设施建设贷款和农业综合开发贷款在执行中国人民银行基准利率的同时，可根据项目的具体情况予以优惠政策支持。

贷款方式：农村基础设施建设贷款和农业综合开发贷款既可采

用担保方式，也可对优质客户采用信用贷款方式。

（二十六）农村流通体系建设贷款业务

农村流通体系建设贷款属于商业性贷款业务，是指中国农业发展银行为配合国家构建开放统一、竞争有序的农村市场体系，推动城乡统一市场的形成和新农村建设，对符合农村流通体系建设贷款条件的企业从事农村流通体系建设业务发放的贷款。

贷款对象：从事农村流通体系建设的企事业法人、其他经济组织，包括各类批发企业、零售企业、贸易企业、批发市场、再生物资回收企业、物流企业等。

贷款种类：农村流通体系建设贷款按照贷款的性质，可分为流动资金贷款、固定资产贷款；按照贷款期限，可分为短期贷款、中期贷款和长期贷款。

贷款用途：用于解决借款人在强化农村流通基础设施建设，发展现代流通方式和新型流通业态等方面的资金需求，包括流动资金需求和固定资产投资需求。

贷款条件：借款人除应具备《中国农业发展银行信贷基本制度》、《中国农业发展银行商业性流动资金贷款管理办法》、《中国农业发展银行固定资产贷款管理办法》规定的基本条件外，还应具备以下条件：(1)符合国家宏观调控政策、区域发展政策和相关产业发展政策。(2)申请短期流动资金贷款的，信用等级应在 A－级（含）以上；申请中期流动资金贷款的，信用等级应在 A＋级（含）以上；申请循环流动资金贷款的，信用等级应在 AA－级（含）以上；申请固定资产贷款的，信用等级在 A 级（含）以上。(3)拟支持的农村流通体系建设项目应取得有关部门的用地规划、土地使用、建设工程规划、施工许可证等相应行政许可。(4)拟支持的农村流通体系建设项目的项目资本金比例不低于 20%。

贷款期限：短期贷款期限在 1 年以内（含 1 年）；中期贷款期限在 1 年以上 5 年以内（含 5 年）；长期贷款期限在 5 年以上。

贷款利率：农村流通体系建设贷款利率按中国人民银行有关规

定和中国农业发展银行的相关规定执行。以基准利率为基础，在规定范围内可上浮或下浮利率。

贷款方式：农村流通体系建设固定资产贷款原则上实行担保方式。

农村流通体系建设流动资金贷款一般采用担保贷款方式。信用等级 AA - 级（含）以上或总行另有规定的，可发放信用贷款。

（二十七）水利建设贷款

水利建设贷款以国家水利政策为导向，以支持水利基础设施建设为重点，立足水利建设"公益性、基础性、战略性"的特点，坚持"政策支农，统筹城乡，专业管理，风险可控"的原则，按照"政府主导，实体承贷，财政资金与政策性信贷资金合力支农"的模式运作。

贷款对象：经工商行政管理部门或主管部门核准登记，实行独立核算的企业和事业法人。

贷款用途：水利建设贷款主要用于：（1）农田水利建设。包括灌区续建配套和节水改造、灌溉排水泵站更新改造、末级渠系建设、中小型水利设施建设、中低产田改造、节水灌溉工程、"五小"工程、牧区水利工程等。（2）防洪抗旱体系建设。包括江河湖水系治理、病险水库水闸除险加固、抗旱排涝设施建设、蓄滞洪区建设、山洪地质灾害防治、水毁灾毁水利工程修复等。（3）农村饮水安全建设。包括农村饮水安全工程建设、集中供水工程、水源保护和水质监测。（4）水资源配置工程建设。包括水源工程、水系连通工程、水利枢纽工程、非常规水源利用等。（5）水土保持和水生态保护。包括水土保持重点工程、小流域综合治理、淤地坝建设、坡耕地整治、水生态修复、江河湖泊水环境治理、农村河道综合整治等。

贷款条件：借款人除符合农发行信贷基本制度规定的基本条件外，还应当具备下列条件：（1）经政府授权从事申请贷款项目的融资、投资、建设或运营。（2）信用记录良好，信用等级为 A 级

（含）以上。（3）法人治理结构完善、组织健全、财务规范、内控到位，在"借、用、管、还"等环节建立完备的管控机制。（4）经营管理规范，财务状况良好，具有按期偿还贷款本息的能力。

贷款期限：短期贷款一般不超过 1 年（含）；中长期贷款一般在 15 年以内（含），对国家发展和改革委员会审批的重点水利项目可以根据项目实际情况适当延长贷款期限，最长不超过 30 年（含）。

贷款利率：按人民银行和农发行相关利率管理规定执行，可在授权范围内，以同期同档次基准利率为基础适当下浮。财政部门对农发行直接贴息的项目，可以发放低息或无息贷款。

贷款方式：贷款原则上采取担保贷款方式。借款人为企业法人的，必须采取担保贷款方式；借款人为事业法人的，在风险可控的前提下，也可采取信用贷款的方式。

第三节　近年来湘西州农发行
存贷业务发展情况

从 1997 年到现在，湘西州农发行信贷业务的发展随国家政策的调整，可谓"一波三折"，业务范围经银监会批准得到多次调整，大至经历了 1994 年粮棉油收储业务，1998 年为配合国家粮棉市场化改革，将此以外的其他贷款（农业扶贫、农业综合开发贷款）实行全部划转。2005 年后（除农业扶贫贷款未能划回）从初期的粮棉收储业务扩大到除粮棉收储业务外的农产品产业化龙头企业、涉农中小企业贷款、农村基础设施建设贷款、农业综合开发贷款、农业生产资料贷款、县域城镇建设贷款等信贷品种。存款业务没有大的变化，其业务范围只吸收企事业单位存款和财政性的农产品补贴存款。至此，湘西州农发行存贷款业务才有了大的发展。

截至 2013 年 9 月，湘西州农发行贷款规模达 21 亿，较 2004 年的 5 亿增长了 3 倍多，平均每年以 17.7 速度增长。其中，从 2008 年后贷款总量进入发展的快车道，特别是在 2008 年，湘西州农发行贷款突破 10 个亿，从此，站在了新的起跑线上，后期几年，贷款余额每年呈亿元往上增长。对地方经济的发展起到了积极的促进作用。

各项存款，2004 年余额 1780 万元，至 2013 年 9 月止，企事业单位各项存款和财政性补贴存款达到 48649 万元，增长了 27 倍，平均每年以 2 倍速度增长。说明湘西州农发行重视企事业单位存款和财政性存款的组织。

从存贷比来看，2008 年前存贷比均未达到 10% 以上，之后，均在 10% 至 40% 之间，其中 2010 年为最高，达到 40%。

从信贷客户及贷款审批情况看，信贷客户数不多。2004 年 29 户，2013 年 67 户，增加 38 户，增长 1.3 倍，平均每年增 4 户。说明湘西州农发行客户数量不多，户均占贷达 3000 万元以上。其中以 2006 年客户数增长较快。

一　2008—2012 年存贷业务发展情况

（一）2008 年信贷业务发展情况

2008 年湘西州农发行全年累计发放贷款 38854 万元，信贷支农取得新成效；年末各项贷款余额 109257 万元，比年初增长 19.88%；各项贷款月均余额 99923 万元，比上年增加 24002 万元，增长 31.61%；各项存款余额 71677 万元，各项存款旬均余额 62631 万元，比上年增长 11.5%，资产负债结构继续优化。

全年实现账面利润 3314 万元，比上年增长 91.67%，人均利润 22 万元，比上年增长 83.33%，辖内 8 个营业机构全面实现了盈利；资产利润率 2.97%，比上年提高 1.12 个百分点；收入成本率 24.28%，比上年降低 7.98 个百分点。经营效益持续好转。

年末不良贷款余额 78 万元，比年初下降 27.8%；不良贷款比例 0.07%，比年初下降 0.05 个百分点；没有发生新增不良贷款。资产质量逐步提高。

这些成绩的取得主要得益于以下几方面的突破。

一是信贷支农取得新成效。尽管湘西州粮油购销量不大，但湘西州农发行始终把支持粮油收购和储备作为业务工作的重中之重，认真贯彻落实国家粮棉油调控政策和收购政策，围绕做活粮油购、销、调、储业务，按"购得进、销得出、有效益"的原则，积极支持多种经营主体入市收购粮油。全年共对22个粮油企业发放粮食储备、粮棉油购销及准政策性收购贷款11413万元，支持粮食购销企业收购调入粮食78680吨、油脂890吨，有力地支持了湘西州粮食储备体系建设，对于搞活粮食购销、促进粮食增产和农民增收发挥了积极作用。

二是加大了对农业产业化龙头企业、农业小企业的扶持力度。按照"一县一策，区别对待"的原则，着力营销和支持一批能利用当地资源优势、带动农民增收的产业化龙头企业、农业小企业群体。全年累计向16户企业发放贷款8760万元，积极支持企业开展业务经营。通过客户关系维护和信贷支持，湘西州农发行支持的粮油贷款客户生产经营正常，效益较好，全面实现了盈利，企业贷款利息收回率达到100%。

三是积极支持农村基础设施建设，加大对农村和农业基础设施建设的投入。发放公路贷款9000万元，支持全州县到乡公路路基、路面改造883公里，支持农村通畅工程路基、路面改造1359公里，惠及全州62个乡镇、198个村，确保了湘西州公路建设项目的顺利实施。此外，湘西州农发行还发放了1990万元农业基础设施贷款支持凤凰沱江污水处理工程，取得了良好的社会效益。

四是加快业务营销。全年营销上报贷款项目30个，金额8.9亿元，其中省分行通知对接项目18个，金额4.29亿元，完成初步调查项目15个，金额3.83亿元，审批项目8个，金额1.46亿元，并建立了规模约25亿元的项目储备，为湘西州农发行可持续发展打下了坚实的基础。

五是狠抓利息收入，均衡收息。重点做好2.9亿元公路贷款资金的归集工作，确保商业性贷款利息按时足额收回。同时，根据湘

西州大部分县市财政吃紧的实际，从年初开始，狠抓 1998 年 6 月
1 日以后财务挂账利息收回工作，加强与政府部门的协调，多渠
道、多形式组织收息来源，全年共收回 1998 年 6 月 1 日以后财务
挂账利息 951 万元，占该项贷款应收利息的 116.54%。全年贷款
综合收息率达 98.88%，比上年提高 3.06 个百分点，其中，商业
性贷款利息收回率达到 100%，确保了全年财务计划的实现。

六是加快中间业务的发展。积极扩大代理保险合作对象，增加
保险品种，继续推行"双单"作业。在做好企业财产保险的基础
上，实现寿险手续费收入 6.5 万元，寿险业务实现零的突破。同
时，积极拓宽中间业务增收渠道，通过与银行业协会、物价等部门
协商，开办了项目评估、信用等级评定等中介业务，全年实现中间
业务收入 110 万元，比上年增长 89.7%，其中，实现中间服务收
入 56 万元，中间业务收入取得了新的突破。

七是努力实现存款增效。以退耕还林资金存款为突破口，加大
专项存款的组织力度。运用多种资源，加强与政府及有关部门的联
系，积极做好粮食直补资金、粮食风险基金等财政补贴资金的拨付
监督工作，全年到位各类财政补贴资金 69059 万元，综合到位率为
99.84%，确保了专项存款的稳步增长。同时，加强企事业单位存
款管理，2008 年各项存款旬均余额达到 62631 万元，同比增加
6458 万元，在财政性专项存款保持高位运行的同时，企事业单位
存款旬均余额达到 16200 万元，比上年增加 7421 万元，完成省分行
下达全年任务的 123.68%。同时，组织同业存款 2 亿元，消灭了同
业存款空白。通过大力组织存款，改善了负债结构，增加了经营效
益。全年旬均存贷款比例达到 65.6%，存款的增加相应减少了系统
内利息净支出 240 万元，成为湘西州农发行经营利润的重要增长点。

此外，加强新增贷款的监测管理，定期开展风险排查，加强事
前控制，及时预警和化解可能出现的风险，实施流动资金"清场"
管理，全面落实风险保证金制度，推行法定代表人资产担保和法定
代表人谈话制度，9 月份，湘西州农发行结合湘西处置非法集资事

件，及时组织力量，对辖内信贷企业逐个进行了风险排查。全年按时清场流动资金贷款 5215 万元，办理企业法人资产担保 3470 万元，开展与企业法人谈话 59 人次，新增贷款风险得到了有效控制。

表 2—3—1　　　2008 年湘西州农发行信贷资金借贷表

（本外币合并）　　　　　单位：万元

项　目	月末余额	比上月末		比上年末	
		今年	去年	今年	去年
资产总计	77133.14	17866.62	30798.68	-5025.74	7919.88
一、各项贷款合计	109256.71	1356.80	-105.00	18120.99	29808.72
1. 农副产品贷款	28538.82	1471.80	-390.00	7818.99	2064.83
（1）储备贷款	19799.80	105.20	-200.00	4392.39	2477.41
（2）收购贷款	6516.02	1710.60	-190.00	3548.60	-1262.58
JHJ：商业性收购贷款	0.00	0.00	0.00	0.00	-2960.00
（3）调销贷款	2223.00	-344.00	0.00	-122.00	850.00
JHJ：商业性调销贷款	2223.00	-344.00	0.00	-122.00	850.00
2. 产业化龙头企业贷款	4340.00	-100.00	0.00	1550.00	2140.00
3. 加工企业及其他企业短期贷款	0.00	0.00	0.00	-1533.00	1008.00
4. 农业小企业贷款	4420.00	0.00	300.00	867.00	3553.00
5. 农业科技贷款	0.00	0.00	0.00	-460.00	460.00
6. 农村基础设施建设贷款	30990.00	0.00	0.00	9990.00	21000.00
7. 农业综合开发贷款	0.00	0.00	0.00	0.00	0.00
8. 农业生产资料贷款	0.00	0.00	0.00	0.00	0.00
9. 农村流通体系建设贷款	0.00	0.00	0.00	0.00	0.00
10. 挂账占用贷款	40967.89	-15.00	-15.00	-112.00	-417.11
11. 不合理占用贷款	0.00	0.00	0.00	0.00	0.00
12. 仓储设施贷款	0.00	0.00	0.00	0.00	0.00

续表

项 目	月末余额	比上月末		比上年末	
		今年	去年	今年	去年
13. 简易建仓贷款	0.00	0.00	0.00	0.00	0.00
14. 棉花初加工贷款	0.00	0.00	0.00	0.00	0.00
15. 棉花企业技术设备改造贷款	0.00	0.00	0.00	0.00	0.00
16. 粮食风险基金专项贷款	0.00	0.00	0.00	0.00	0.00
17. 呆账贷款	0.00	0.00	0.00	0.00	0.00
18. 国际贸易融资	0.00	0.00	0.00	0.00	0.00
19. 其他贷款	0.00	0.00	0.00	0.00	0.00
二、现金	107.62	−5.20	86.25	−18.62	75.24
三、银行存款	0.00	−11.45	−10.90	0.00	0.00
四、存放中央银行款项	177.98	−34.62	65.94	24.18	125.80
五、存放同业款项	97.05	−75.18	−40.78	17.14	17.91
六、拆放同业款项	0.00	0.00	0.00	0.00	0.00
七、存放系统内款项	−34553.59	16714.73	30822.90	−23170.20	−22075.39
八、买入返售金融资产	0.00	0.00	0.00	0.00	0.00
九、其他	2047.37	−78.46	−19.73	0.77	−32.40
负债及所有者权益总计	77133.15	17866.60	30798.67	−5025.74	7919.89
一、各项存款合计	71677.33	18408.45	30245.93	−6665.74	7458.07
1. 企业单位存款	13931.77	−2438.13	−757.40	5309.83	4939.94
(1) 活期存款	13931.72	−2432.99	−737.66	5317.28	4941.44
单位活期存款	12516.38	−2658.88	−815.02	6000.00	3338.38
粮棉油收购资金存款	215.55	86.72	163.34	−255.05	287.60
保证金存款	1199.78	139.18	−85.97	−427.67	1315.46
应解汇款及临时存款	0.00	0.00	0.00	0.00	0.00
(2) 单位通知存款	0.00	0.00	0.00	0.00	0.00
(3) 定期存款	0.00	0.00	0.00	0.00	0.00

项　目	月末余额	比上月末		比上年末	
		今年	去年	今年	去年
JHJ：单位定期存款	0.00	0.00	0.00	0.00	0.00
（4）代理业务存款	0.05	−5.14	−19.74	−7.45	−1.50
2. 财政存款	57745.56	20846.58	31003.33	−11975.57	2518.13
财政补贴资金存款	57745.56	20846.58	31003.33	−11975.57	2518.13
待结算财政款项	0.00	0.00	0.00	0.00	0.00
3. 特种存款	0.00	0.00	0.00	0.00	0.00
4. 协议存款	0.00	0.00	0.00	0.00	0.00
二、向中央银行借款	0.00	0.00	0.00	0.00	0.00
三、同业存放清算款项	0.00	0.00	0.00	0.00	0.00
四、同业定期存款	0.00	0.00	0.00	0.00	−1000.00
商业银行定期存款	0.00	0.00	0.00	0.00	0.00
农村合作金融机构定期存款	0.00	0.00	0.00	0.00	−1000.00
邮政储蓄定期存款	0.00	0.00	0.00	0.00	0.00
五、同业拆入款项	0.00	0.00	0.00	0.00	0.00
六、发行债券	0.00	0.00	0.00	0.00	0.00
JHJ：短期债券	0.00	0.00	0.00	0.00	0.00
七、卖出回购金融资产	0.00	0.00	0.00	0.00	0.00
八、委托贷款资金（净）	0.00	0.00	0.00	0.00	0.00
九、所有者权益	4975.30	−625.68	496.77	1535.31	1439.99
JHJ：实收资本	0.00	0.00	0.00	0.00	0.00
当年损益	3313.52	1152.52	496.77	3313.52	1728.82
利润分配	0.00	−1728.82	0.00	−1728.82	−291.00
十、其他	480.52	83.83	55.97	104.69	21.83

（二）2009 年信贷业务发展情况

2009 年湘西州农发行信贷业务发展良好，至当年年末，各项贷款余额 128518 万元，比年初增长 17.63%，各项贷款月均余额 119372 万元，比上年增长 19.46%；各项存款余额 78129 万元，比年初增长 9%，各项存款旬均余额 63897 万元，比上年下降 3.4%；年末不良贷款余额 1565 万元，占贷款比例 1.22%；实现中间业务收入 161 万元，比上年增长 46.4%；实现账面利润 2171 万元，完成了省分行下达的财务计划；全行没有出现责任性事故和案件。

在信贷支农方面，全年累计发放粮食储备、购销及准政策性收购贷款 9183 万元，支持粮食购销企业收购调入粮食 26180 吨、油脂 980 吨，其中，中央和地方粮食储备入库 15000 吨，有力地促进了地方粮食购销、储备和农民的增产、增收。

农村基础设施建设方面，在继续做好农村公路建设项目营销、管理的同时，加大对农村电网、农产品加工园区基础建设的扶持力度，先后对花垣广电公司、花垣工业园、泸溪农产品加工园等发放中长期贷款 16980 万元。通过信贷支持，全州完成新建或改建农村公路 2325 公里，建设或改造输变电线路 6 公里，完成花垣县城及近郊 3 万户居民的数字电视改造，有力地促进了全州农村基础设施的建设和生态环境的改善，通过支持园区建设，带动了县域经济的快速发展。

在农业产业化经营和农业小企业发展方面，累计向古丈卓良木业有限公司等 15 户农业产业化龙头企业、农业小企业发放贷款 7058 万元，帮助企业克服经营困难。通过信贷支持，在湘西州农发行开户的大部分粮油企业生产经营正常，效益较好，2009 年共实现销售收入 28138 万元，实现利润 2314 万元；带动种植、养殖基地 23 万亩，带动农户 14.3 万户，带动农民增收 428 万元，增加就业岗位 2841 个；客户贷款利息收回率达到 99.5%，贡献中间业务收入 102 万元，实现了银企双赢，共同发展。

在业务营销方面，以非经营性项目贷款为重点，立足园区建设、旅游、医疗、果药茶等产业和资源优势，积极完善政府部门推荐、银行独立审贷机制，全年共营销上报贷款项目19个，金额112100万元，省分行批复项目17个、金额39900万元，年内实施12个，实现贷款投放21850万元。

在客户维护方面，一是改善结算服务，积极向客户推广使用网银业务，逐步推行收购资金非现金结算。2009年，开户企业共开立网银账户21户，商务卡27户，牡丹金山卡251张，方便了客户结算。二是认真落实国家对"两民"企业一年期内流动资金贷款给予年利率2.88%的利差补贴优惠政策，积极做好培训和服务，共为34户"两民"企业落实了利率优惠政策。三是根据企业生产经营情况及时做好企业资金供应，累计为35户企业办理续贷手续，累计发放各项贷款8070万元，在受2008年集资风波影响、企业资金普遍紧张的情况下，确保了湘西州农发行信贷企业经营正常运转。

在提高经营管理水平方面，一是加强资金计划工作，合理配置资金。二是加强资金调拨管理，建立和完善了资金调拨与预测制度，进一步提高了资金使用效率，2009年信贷资金运用率达104.4%，同比提高0.82个百分点。三是在具体工作中，以退耕还林资金为重点，稳定专项存款；以提高企业销售收入归行率为抓手，按月检查、通报企业销售货款归行情况，狠抓企业存款；同时，积极开展公众存款和同业存款的组织营销工作，湘西州农发行各项存款保持较高水平。四是认真开展粮食清仓查库工作。按照上级行的统一部署，4月份组织参加了全国粮食清仓查库，对全州11个国有粮食企业15个库点的粮食进行了全面清查，通过清查核对，湘西州农发行台账粮食库存数量为109512吨，检查时点实际库存为104480吨，库存相差5032吨，资金占用相差459万元，差异原因主要是粮食企业报表未及时核对所致，及时要求相关行和企业进行了整改，均没有挤占挪用资金的现象发生。五是加强收息管理，实行收息责任制，强化均衡收息，建立收息定期通报制度，2009年实现利息收入6335万元，确保了财务计划的实现。

表 2—3—2　　2009 年湘西州农发行信贷资金借贷表（本外币合并）

单位：万元

项　目	月末余额	比上月末		比上年末	
		今年	去年	今年	去年
资产总计	82341.40	-3700.47	17915.19	5208.27	-5025.74
一、各项贷款合计	128518.36	890.00	1356.80	19261.65	18120.99
1. 农副产品贷款	31172.07	530.00	1471.80	2633.25	7818.99
（1）储备贷款	20483.23	0.00	105.20	683.42	4392.39
（2）收购贷款	5957.05	300.00	1710.60	791.03	2198.60
JHJ：商业性收购贷款	0.00	0.00	0.00	0.00	0.00
（3）调销贷款	4731.80	230.00	-344.00	1158.80	1228.00
JHJ：商业性调销贷款	2931.80	230.00	-344.00	708.80	-122.00
2. 产业化龙头企业贷款	5310.40	0.00	-100.00	970.40	1550.00
3. 加工企业及其他企业短期贷款	0.00	0.00	0.00	0.00	-1533.00
4. 农业小企业贷款	5118.00	360.00	0.00	698.00	867.00
5. 流动资金循环贷款	0.00	0.00	0.00	0.00	0.00
6. 中期流动资金贷款	0.00	0.00	0.00	0.00	0.00
7. 农业科技贷款	0.00	0.00	0.00	0.00	-460.00
8. 农村基础设施建设贷款	40000.00	-4000.00	0.00	9010.00	9990.00
9. 农业综合开发贷款	0.00	0.00	0.00	0.00	0.00
10. 农业生产资料贷款	0.00	0.00	0.00	0.00	0.00
11. 农村流通体系建设贷款	0.00	0.00	0.00	0.00	0.00
12. 县域城镇建设贷款	5990.00	4000.00	0.00	5990.00	0.00
13. 挂账占用贷款	40927.89	0.00	-15.00	-40.00	-112.00
14. 不合理占用贷款	0.00	0.00	0.00	0.00	0.00
15. 仓储设施贷款	0.00	0.00	0.00	0.00	0.00

项 目	月末余额	比上月末		比上年末	
		今年	去年	今年	去年
16. 简易建仓贷款	0.00	0.00	0.00	0.00	0.00
17. 棉花初加工贷款	0.00	0.00	0.00	0.00	0.00
18. 棉花企业技术设备改造贷款	0.00	0.00	0.00	0.00	0.00
19. 粮食风险基金专项贷款	0.00	0.00	0.00	0.00	0.00
20. 呆账贷款	0.00	0.00	0.00	0.00	0.00
21. 国际贸易融资	0.00	0.00	0.00	0.00	0.00
22. 国际贸易融资转贷款	0.00	0.00	0.00	0.00	0.00
23. 其他贷款	0.00	0.00	0.00	0.00	0.00
二、现金	123.86	14.65	-5.20	16.24	-18.62
三、银行存款	0.00	-15.68	-11.45	0.00	0.00
四、存放中央银行款项	769.28	603.86	-34.62	591.30	24.18
五、存放同业款项	161.75	64.57	-75.18	64.70	17.14
六、拆放同业款项	0.00	0.00	0.00	0.00	0.00
七、存放系统内款项（轧差）	-49314.51	-5265.73	16714.73	-14760.91	-23170.20
八、买入返售金融资产	0.00	0.00	0.00	0.00	0.00
九、其他（不含经费存款）	2082.66	7.86	-29.89	35.29	0.77
负债及所有者权益总计	82341.40	-3700.47	17915.19	5208.27	-5025.74
一、各项存款合计	78129.46	-836.90	18408.45	6452.13	-6665.74
1. 企业单位存款	17042.98	4286.76	-2438.13	3111.21	5309.83
（1）活期存款	16542.97	4286.76	-2432.99	2611.25	5317.28
单位活期存款	14513.77	4195.09	-2658.88	1997.40	6000.00
粮棉油收购资金存款	463.69	0.14	86.72	248.13	-255.05

项　目	月末余额	比上月末		比上年末	
		今年	去年	今年	去年
保证金存款	1565.51	91.54	139.18	365.73	-427.67
应解汇款及临时存款	0.00	0.00	0.00	0.00	0.00
（2）单位通知存款	0.00	0.00	0.00	0.00	0.00
（3）定期存款	500.00	0.00	0.00	500.00	0.00
JHJ：单位定期存款	500.00	0.00	0.00	500.00	0.00
（4）代理业务存款	0.01	0.00	-5.14	-0.04	-7.45
2. 财政存款	61086.48	-5123.67	20846.58	3340.92	-11975.57
财政补贴资金存款	61086.48	-5123.67	20846.58	3340.92	-11975.57
待结算财政款项	0.00	0.00	0.00	0.00	0.00
3. 特种存款	0.00	0.00	0.00	0.00	0.00
4. 协议存款	0.00	0.00	0.00	0.00	0.00
二、向中央银行借款	0.00	0.00	0.00	0.00	0.00
三、同业拆入款项	0.00	0.00	0.00	0.00	0.00
四、同业存放款项	0.00	0.00	0.00	0.00	0.00
五、同业定期存款	0.00	0.00	0.00	0.00	0.00
商业银行定期存款	0.00	0.00	0.00	0.00	0.00
农村合作金融机构定期存款	0.00	0.00	0.00	0.00	0.00
邮政储蓄定期存款	0.00	0.00	0.00	0.00	0.00
六、发行债券	0.00	0.00	0.00	0.00	0.00
JHJ：短期债券	0.00	0.00	0.00	0.00	0.00
七、卖出回购金融资产	0.00	0.00	0.00	0.00	0.00
八、委托贷款资金（净）	0.00	0.00	0.00	0.00	0.00
九、所有者权益	3833.00	-2921.73	-625.68	-1142.30	1535.31
JHJ：实收资本	0.00	0.00	0.00	0.00	0.00
当年损益	2171.22	391.79	1152.52	2171.22	3313.52

续表

项　目	月末余额	比上月末		比上年末	
		今年	去年	今年	去年
利润分配	0.00	−3313.52	−1728.82	−3313.52	−1728.82
十、其他（不含经费存款）	378.95	58.17	132.41	−101.57	104.69

资料来源：湘西州农发行。

（三）2010年信贷业务发展情况

2010年，湘西州农发行信贷规模稳步增长、信贷结构趋于合理。年末各项贷款余额152893万元，同比增加24375万元，增长19.0%，其中，中长期贷款余额增加72912万元，比重由00%上升到00%。实施"抓大放小"信贷策略，全年新增农业基础设施中长期信贷客户00户，适时退出农业小企业客户00户。二是各项存款大幅上升，负债经营成效显著。年末各项存款余额110190万元，同比增加32061万元，增长41.0%。全年组织公众存款、同业存款等低成本存款52388万元，资金自给率达到58.3%，有效地缓解了湘西州农发行信贷规模小、财务收入来源不足和刚性费用支出增加的经营压力。三是不良贷款保持"双降"，风险贷款处置措施有力。全年共清收盘活保靖秦简、古丈华鑫、吉首市国储库等不良贷款1233万元，完成省分行下达清收任务的113.3%，成功收回花垣湘硒、保靖花椒等风险贷款600万元，确保了新增不良贷款为零。年末不良贷款比率为0.22%，同比下降1个百分点。四是超额完成全年利润计划，中间业务收入创历史新高。全年实现账面盈利2325万元，超过省分行下达利润计划4万元；人均利润15.3万元，同比增加1.53万元，增长10%。贷款利息收回率达000%，其中1998年6月1日后地方消化挂账贷款利息收回率000%。全年实现中间业务收入254万元，同比增加0.59万元，增长53.15%。

　　信贷支农力度不断加大。一是积极稳妥地支持粮棉油收购。全年累放粮棉收储贷款 11762 万元，支持企业收购、轮换和储备粮食 45670 吨，调入棉花 1042 吨。全面落实了粮棉收购政策和粮棉油市场"保供稳价"政策。与此同时，全年累放化肥、猪肉储备贷款 4700 万元，入储化肥 30000 吨、猪肉 700 吨，确保了全州农业生产用肥和农资、猪肉市场平稳。二是重点支持农业农村基础设施建设。累计发放农村基础设施建设、农业综合开发、县域城镇建设等新农村建设贷款 47900 万元，支持农业综合开发项目 1 个、支持农村流通体系建设项目 1 个，支持路网、电网、电视信息网建设项目 6 个，支持污水、垃圾无害化处理以及土地整理等政府关注、农民关心的项目 8 个。充分发挥了湘西州农发行在农村金融中的骨干和支柱作用。三是择优支持农业产业化经营。坚持"区别对待、择优扶持、严控风险"的原则，实施"抓大放小、有保有压"的信贷策略，全年累计发放农业产业化龙头企业贷款 4790 万元、农业小企业贷款 4542 万元，培育了一批有效益、有规模、成长性好、管理规范的中小企业客户群。

　　表 2—3—3　　2010 年湘西州农发行信贷资金借贷表（本外币合并）

单位：万元

项　目	月末余额	比上月末		比上年末	
		今年	去年	今年	去年
资产总计	262924.73	51590.96	3076.99	83279.56	26673.98
一、各项贷款合计	152892.70	12662.80	890.00	24374.33	19261.65
1. 农副产品贷款	29296.31	-1016.80	530.00	-1875.77	2633.25
（1）储备贷款	23391.73	-250.00	0.00	2908.50	683.42
（2）收购贷款	3034.58	-400.00	300.00	-2922.47	791.03
JHJ：商业性收购贷款	0.00	0.00	0.00	0.00	0.00
（3）调销贷款	2870.00	-366.80	230.00	-1861.80	1158.80
JHJ：商业性调销贷款	890.00	-366.80	230.00	-2041.80	708.80

项　目	月末余额	比上月末		比上年末	
		今年	去年	今年	去年
2. 产业化龙头企业贷款	5920.00	−710.40	0.00	609.60	970.40
3. 加工企业及其他企业短期贷款	0.00	0.00	0.00	0.00	0.00
4. 农业小企业贷款	5074.50	−260.00	360.00	−43.50	698.00
5. 流动资金循环贷款	0.00	0.00	0.00	0.00	0.00
6. 中期流动资金贷款	0.00	0.00	0.00	0.00	0.00
7. 农业科技贷款	0.00	0.00	0.00	0.00	0.00
8. 农村基础设施建设贷款	59772.00	15000.00	−4000.00	19772.00	9010.00
9. 农业综合开发贷款	5000.00	0.00	0.00	5000.00	0.00
10. 农业生产资料贷款	0.00	0.00	0.00	0.00	0.00
11. 农村流通体系建设贷款	1300.00	0.00	0.00	1300.00	0.00
12. 县域城镇建设贷款	5640.00	−350.00	4000.00	−350.00	5990.00
13. 挂账占用贷款	40889.89	0.00	0.00	−38.00	−40.00
14. 不合理占用贷款	0.00	0.00	0.00	0.00	0.00
15. 仓储设施贷款	0.00	0.00	0.00	0.00	0.00
16. 简易建仓贷款	0.00	0.00	0.00	0.00	0.00
17. 棉花初加工贷款	0.00	0.00	0.00	0.00	0.00
18. 棉花企业技术设备改造贷款	0.00	0.00	0.00	0.00	0.00
19. 粮食风险基金专项贷款	0.00	0.00	0.00	0.00	0.00
20. 呆账贷款	0.00	0.00	0.00	0.00	0.00
21. 国际贸易融资	0.00	0.00	0.00	0.00	0.00

续表

项　目	月末余额	比上月末		比上年末	
		今年	去年	今年	去年
22. 国际贸易融资转贷款	0.00	0.00	0.00	0.00	0.00
23. 其他贷款	0.00	0.00	0.00	0.00	0.00
二、现金	191.01	12.62	14.65	67.15	16.24
三、银行存款	0.00	-17.76	-15.68	0.00	0.00
四、存放中央银行款项	355.87	191.87	603.86	-413.41	591.30
五、存放同业款项	126.23	-87.38	64.57	-35.52	64.70
六、拆放同业款项	0.00	0.00	0.00	0.00	0.00
七、存放系统内款项	107385.22	38883.83	1534.36	59395.97	6704.80
八、买入返售金融资产	0.00	0.00	0.00	0.00	0.00
负债及所有者权益总计	262924.73	51590.96	3076.99	83279.56	26673.98
一、各项存款合计	110190.28	7114.17	-836.90	32060.82	6452.13
1. 企业单位存款	60881.76	10777.45	4286.76	43838.78	3111.21
（1）活期存款	59626.02	10780.45	4286.76	43083.05	2611.25
单位活期存款	58214.28	10786.95	4195.09	43700.51	1997.40
粮棉油收购资金存款	17.98	-299.43	0.14	-445.70	248.13
保证金存款	1393.75	292.93	91.54	-171.76	365.73
应解汇款及临时存款	0.00	0.00	0.00	0.00	0.00
（2）单位通知存款	0.00	0.00	0.00	0.00	0.00
（3）定期存款	1255.74	0.00	0.00	755.74	500.00
JHJ：单位定期存款	1255.74	0.00	0.00	755.74	500.00
（4）代理业务存款	0.00	-3.00	0.00	-0.01	-0.04
2. 财政存款	49308.52	-3663.28	-5123.67	-11777.96	3340.92
财政补贴资金存款	49308.52	-3663.28	-5123.67	-11777.96	3340.92
待结算财政款项	0.00	0.00	0.00	0.00	0.00
3. 特种存款	0.00	0.00	0.00	0.00	0.00
4. 协议存款	0.00	0.00	0.00	0.00	0.00

项 目	月末余额	比上月末		比上年末	
		今年	去年	今年	去年
二、向中央银行借款	0.00	0.00	0.00	0.00	0.00
三、同业拆入款项	0.00	0.00	0.00	0.00	0.00
四、同业存放款项	0.00	0.00	0.00	0.00	0.00
五、同业定期存款	28000.00	28000.00	0.00	28000.00	0.00
商业银行定期存款	0.00	0.00	0.00	0.00	0.00
农村合作金融机构定期存款	28000.00	28000.00	0.00	28000.00	0.00
邮政储蓄定期存款	0.00	0.00	0.00	0.00	0.00
六、发行债券	0.00	0.00	0.00	0.00	0.00
七、系统内存放款项	120328.73	15875.76	6800.09	23024.97	21465.71
八、卖出回购金融资产	0.00	0.00	0.00	0.00	0.00
九、委托贷款资金（净）	0.00	0.00	0.00	0.00	0.00
十、所有者权益	3986.83	498.66	-2921.73	153.83	-1142.30
JHJ：实收资本	0.00	0.00	0.00	0.00	0.00
当年损益	2325.05	498.66	391.79	2325.05	2171.22
利润分配	0.00	0.00	-3313.52	-2171.22	-3313.52
十一、其他	418.89	102.37	35.54	39.94	-101.57

资料来源：湘西州农发行。

（四）2011 年信贷业务发展情况

2011 年，湘西州农发行克服重重困难，到年末，全行累计发放各项贷款 77499 万元，同比多放 1035 万元；累计收回各项贷款 62008 万元，同比多收回 9918 万元。各项贷款余额 168383 万元，较年初增加 15491 万元，剔除核销粮食财务挂账因素，较年初增加 34301 万元；各项贷款月均余额 154142 万元，比上年增加 20661 万元，增长 15.48%。各项存款余额 95350 万元，较年初下降 14840

万元；同业存款下降 26000 万元；各项存款日均余额 98307 万元，比年初增加 20468 万元。实现中间业务收入 289.86 万元，较去年增长 36.14 万元，完成年度任务的 103.52%。实现利润 3685 万元，同比增加 1360 万元，增幅达 58.49%，完成年度任务的 112.48%；人均利润 25.07 万元，同比增加 9.77 万元，增长 63.85%。首次实现不良贷款结零。贷款收息率达到 99.53%，同比提高 1.03 个百分点。资产利润率、收入成本率、人均利润分别达到 2.34%、41.42% 和 25.07 万元，同比分别增加 0.63 个百分点和下降 7.84 个百分点，人均利润增加 9.77 万元。全行没有出现责任性事故和案件，其他各项工作均有新的进展。

2011 年湘西州农发行的工作重点之一是大力发展中长期信贷业务。鉴于该行是山区行，粮食信贷业务偏小的实际情况，湘西州农发行把支持农业农村基础设施建设作为业务发展的主攻方向。在资金计划配置上、业务营销重点上都给予倾斜。年初，湘西州农发行与州政府签订了 7 个项目共 5.98 亿元贷款的框架协议，年内已累计发放中长期项目贷款 3.94 亿元，还有 3 个项目共计 5 亿元已经通过省分行贷审会审批，为今年实现贷款投放开门红打好了基础。目前，湘西州农发行中长期贷款占比已经达到 62.43%，比年初提高了 14.74 个百分点。

在重点营销中长期信贷业务的同时，湘西州农发行坚持政策性银行办行方向，稳步推进粮棉油政策性信贷业务，认真落实国家粮棉油收购政策，充分保证各级粮油储备增储、轮换贷款的资金需要。全年累计发放各类粮油贷款 22252 万元，支持粮食企业新增粮食储备 5610 吨，油脂储备 1150 吨，各级储备轮换 46515 吨。发放其他粮油贷款余额 4680 万元。

以贷引存、以贷稳存、保持资金自给率高位运行。湘西州农发行贷款总额只有 16.84 亿元，只占全省 2%，全省最小，但仍然实现盈利 3685 万元，与兄弟行比较，绝对额虽然很小，但已经做到贷款利息应收尽收，费用开支能省则省。最为关键的是，一直保持资金自给率高位运行,大量减少了系统内借款利息的支出。2010年湘西州农发行资金自给率为59%(存贷款均按月均余额计算),今年通过狠抓"以贷引存"、抓销货款归行,稳住退耕还林存款等措施,资金自给率上升到65%。湘西州农发行今年发放3.94亿元农村基础设施类中长期贷款,均按湘西州农发行的要求存入了公众存款,有的超过了贷款额度要求的30%。

2011年湘西州农发行进一步加强了风险管理,开展"你了解你的客户吗"活动,通过风险排查、专项检查,全面掌握客户真实情况,理性判断客户风险,因企制宜制定和完善客户维护与风险防控策略,促进贷款正常运行。3月,湘西州农发行对全州47家信贷客户进行了风险大排查,对照"三品"、"三表"、"三节"要求,采取逐户排查、内外核对的方法,逐企业分析客户2010年度生产经营、财务状况和贷款风险,提出重点支持、适度支持、维护、重点关注等意见。通过排查,对发现的问题切实加强整改,并按照分类管理的要求,将客户分为保证支持类客户2户,占用贷款10640万元;重点支持类客户31户,占用贷款91548万元;一般支持类客户11户,占用贷款8935万元;限制支持类客户1户,占用贷款347万元;退出类客户2户,占用贷款533万元。4月至5月,湘西州农发行组织两个检查组,对辖区内19家产业化龙头企业和农业小企业贷款客户开展了贷款担保管理专题检查,对企业抵押在湘西州农发行的客户抵押品的变现能力、权属合法、清晰程度、担保人的担保能力、手续合法、合规情况等进行重新核实,涉及贷款金额12719万元,核实抵押品价值达23586万元。

表 2—3—4　2011 年湘西州农发行信贷资金借贷表(本外币合并)

单位:万元

项　目	月末余额	比上月末		比上年末	
		今年	去年	今年	去年
资产总计	103088.16	1441.45	35761.45	-39507.83	60254.58

项　目	月末余额	比上月末		比上年末	
		今年	去年	今年	去年
各项贷款合计	168383.82	2499.99	12662.80	15491.12	24374.33
1. 农副产品贷款	28645.53	300.00	-1016.80	-650.78	-1875.77
（1）储备贷款	27562.53	300.00	-250.00	4170.80	2908.50
（2）收购贷款	583.00	0.00	-400.00	-2451.58	-2922.47
JHJ：商业性收购贷款	0.00	0.00	0.00	0.00	0.00
（3）调销贷款	500.00	0.00	-366.80	-2370.00	-1861.80
JHJ：商业性调销贷款	500.00	0.00	-366.80	-390.00	-2041.80
2. 产业化龙头企业贷款	7600.00	0.00	-710.40	1680.00	609.60
3. 加工企业及其他企业短期贷款	560.00	0.00	0.00	560.00	0.00
4. 农业小企业贷款	5067.00	0.00	-260.00	-7.50	-43.50
5. 流动资金循环贷款	0.00	0.00	0.00	0.00	0.00
6. 中期流动资金贷款	0.00	0.00	0.00	0.00	0.00
7. 农业科技贷款	0.00	0.00	0.00	0.00	0.00
8. 农村基础设施建设贷款	58300.00	0.00	15000.00	-1472.00	19772.00
9. 农业综合开发贷款	5000.00	0.00	0.00	0.00	5000.00
10. 农村土地整治贷款	30200.00	8000.00	0.00	30200.00	0.00
11. 农民集中住房建设贷款	0.00	-8000.00	0.00	0.00	0.00
12. 农业生产资料贷款	2200.00	2200.00	0.00	2200.00	0.00
13. 农村流通体系建设贷款	1141.00	0.00	0.00	-159.00	1300.00
14. 县域城镇建设贷款	7590.00	0.00	-350.00	1950.00	-350.00
15. 挂账占用贷款	22080.29	-0.01	0.00	-18809.60	-38.00
16. 不合理占用贷款	0.00	0.00	0.00	0.00	0.00

项 目	月末余额	比上月末		比上年末	
		今年	去年	今年	去年
17. 仓储设施贷款	0.00	0.00	0.00	0.00	0.00
18. 简易建仓贷款	0.00	0.00	0.00	0.00	0.00
19. 棉花初加工贷款	0.00	0.00	0.00	0.00	0.00
20. 棉花企业技术设备改造贷款	0.00	0.00	0.00	0.00	0.00
21. 粮食风险基金专项贷款	0.00	0.00	0.00	0.00	0.00
22. 呆账贷款	0.00	0.00	0.00	0.00	0.00
23. 国际贸易融资	0.00	0.00	0.00	0.00	0.00
24. 国际贸易融资转贷款	0.00	0.00	0.00	0.00	0.00
25. 其他贷款	0.00	0.00	0.00	0.00	0.00
二、现金	144.12	-12.41	12.62	-46.89	67.15
三、银行存款	0.00	-10.93	-17.76	0.00	0.00
四、存放中央银行款项	449.14	-780.35	191.87	93.28	-413.41
五、存放同业款项	88.03	25.23	-87.38	-38.20	-35.52
六、拆放同业款项	0.00	0.00	0.00	0.00	0.00
七、存放系统内款项（轧差）	-67936.21	-230.91	23008.08	-54992.70	36370.99
八、买入返售金融资产	0.00	0.00	0.00	0.00	0.00
九、其他（不含经费存款）	1959.26	-49.17	-8.78	-14.44	-108.96
负债及所有者权益总计	103088.16	1441.45	35761.45	-39507.83	60254.58
一、各项存款合计	95349.59	-352.80	7114.17	-14840.69	32060.82
1. 企业单位存款	63598.04	-2806.02	10777.45	2716.29	43838.78
（1）活期存款	62288.66	-2806.02	10780.45	2662.64	43083.05
单位活期存款	61400.02	-2411.85	10786.95	3185.74	43700.51

续表

项 目	月末余额	比上月末		比上年末	
		今年	去年	今年	去年
粮棉油收购资金存款	1.19	-394.79	-299.43	-16.79	-445.70
保证金存款	887.45	0.62	292.93	-506.30	-171.76
应解汇款及临时存款	0.00	0.00	0.00	0.00	0.00
(2)单位通知存款	0.00	0.00	0.00	0.00	0.00
(3)定期存款	1309.39	0.00	0.00	53.65	755.74
JHJ：单位定期存款	1309.39	0.00	0.00	53.65	755.74
(4)代理业务存款	0.00	0.00	-3.00	0.00	-0.01
2.财政存款	31751.54	2453.22	-3663.28	-17556.98	-11777.96
财政补贴资金存款	31751.54	2453.22	-3663.28	-17556.98	-11777.96
待结算财政款项	0.00	0.00	0.00	0.00	0.00
3.特种存款	0.00	0.00	0.00	0.00	0.00
4.协议存款	0.00	0.00	0.00	0.00	0.00
5.全国联行汇出汇款	0.00	0.00	0.00	0.00	0.00
二、向中央银行借款	0.00	0.00	0.00	0.00	0.00
三、同业拆入款项	0.00	0.00	0.00	0.00	0.00
四、同业存放款项	0.00	0.00	0.00	0.00	0.00
五、同业定期存款	2000.00	2000.00	28000.00	-26000.00	28000.00
商业银行定期存款	0.00	0.00	0.00	0.00	0.00
农村合作金融机构定期存款	2000.00	2000.00	28000.00	-26000.00	28000.00
邮政储蓄定期存款	0.00	0.00	0.00	0.00	0.00
六、发行债券	0.00	0.00	0.00	0.00	0.00
JHJ：短期债券	0.00	0.00	0.00	0.00	0.00
七、卖出回购金融资产	0.00	0.00	0.00	0.00	0.00
八、委托贷款资金（净）	0.00	0.00	0.00	0.00	0.00
九、所有者权益	5346.81	-264.12	498.66	1359.98	153.83

项　　目	月末余额	比上月末		比上年末	
		今年	去年	今年	去年
JHJ：实收资本	0.00	0.00	0.00	0.00	0.00
当年损益	3685.03	-264.12	498.66	3685.03	2325.05
利润分配	3685.03	3685.03	0.00	1359.98	-2171.22
十、其他（不含经费存款）	391.75	58.36	148.61	-27.13	39.94

资料来源：湘西州农发行。

（五）2012 年信贷业务发展情况

2012 年，湘西州农发行各项工作取得了一定进步，但部分考核指标完成不理想。全年累计投放各项贷款 90637 万元，同比增长 34.73%；年末各项贷款余额 211933 万元，同比增加 43549 万元，增长 25.86%。全年累计实现利润总额 3933 万元，同比增长 6.73%；人均利润 26.94 万元，同比增加 1.87 万元，增长 7.46%；资产利润率 1.96%，同比下降 0.38 个百分点；收入成本比 41.42%，同比上升 1.2 个百分点。全年各项存款日均余额 8.23 亿元，户均存款 563.7 万元，同比下降 96.1 万元，降幅 14.56%。不良贷款余额和不良贷款率继续保持为零，全行没有出现责任性事故和案件。

在传统业务方面，2012 年湘西州农发行坚持把支持农业农村基础设施建设作为主攻方向，累计发放中长期项目贷款 52300 万元，加快了湘西经济开发区万溶江河道综合治理、花垣、凤凰土地储备整理等政府重点项目的实施。同时，古丈自来水厂建设、吉首大兴寨水库建设，永顺、龙山土地储备整理等一批项目贷款的对接入库，为湘西州农发行的后续发展奠定了基础。坚持做好粮油收购储备资金供应和管理工作，确保粮食收购不出问题。全年累计发放各类粮油贷款 20493 万元，支持粮食企业新增油脂储备 1400 吨，各级储备轮换 6.9 万吨。以中央储备粮湘西州直属库、湘谷粮油公司为代表的本地全产业链粮油主导品牌初具规模。按照"扶持一个龙头企业，发展一个产业，带动一片农民致富"的思路，重点支持吉首边城醋业公司、古丈卓良木业公司、龙山现代中药材公司等一批辐射范围广、带动作用强的州级以上农业产业化龙头企业做大做强，共投放贷款 7500 万元，有力地推动了湘西椪柑、茶叶、木材、中药材等本地特色优势农业的产业化经营。

　　为提高经营效益，当年加大了低成本存款资金的组织力度，使资金自给率保持在 44.4% 的较高水平。全年累计实现账面利润 3933 万元，完成省分行下达利润计划的 97.35%。全年贷款综合收息率 99.77%，同比提高 0.27 个百分点；实现中间业务收入 254.7 万元，完成省分行下达目标任务的 77.87%。另外，还完成了泸溪支行的基建竣工决算，并按期启动了凤凰、保靖支行营业办公用房建设。

表 2—3—5　　2012 年湘西州农发行信贷资金借贷表（本外币合并）

单位：万元

项　目	月末余额	比上月末		比上年末	
		今年	去年	今年	去年
资产总计	84561.73	−7223.15	1441.45	−18526.43	−39507.83
一、各项贷款合计	213033.38	−6248.00	2499.99	44649.56	15491.12
1. 农副产品贷款	29645.08	−2288.00	300.00	999.56	−650.78
（1）储备贷款	27232.03	−2288.00	300.00	−330.50	4170.80
（2）收购贷款	2033.06	0.00	0.00	1450.06	−2451.58
JHJ：商业性收购贷款	0.00	0.00	0.00	0.00	0.00
（3）调销贷款	380.00	0.00	0.00	−120.00	−2370.00
JHJ：商业性调销贷款	380.00	0.00	0.00	−120.00	−390.00
2. 产业化龙头企业贷款	9360.00	0.00	0.00	1760.00	1680.00
3. 加工企业及其他企业短期贷款	0.00	0.00	0.00	−560.00	560.00

续表

项　目	月末余额	比上月末		比上年末	
		今年	去年	今年	去年
4. 农业小企业贷款	7447.00	0.00	0.00	2380.00	-7.50
5. 流动资金循环贷款	0.00	0.00	0.00	0.00	0.00
6. 中期流动资金贷款	0.00	0.00	0.00	0.00	0.00
7. 农业科技贷款	950.00	0.00	0.00	950.00	0.00
8. 农村基础设施建设贷款	43740.00	-3140.00	0.00	-9760.00	-1472.00
9. 农业综合开发贷款	9300.00	0.00	0.00	4300.00	0.00
10. 农村土地整治贷款	60500.00	0.00	8000.00	30300.00	30200.00
11. 农民集中住房建设贷款	0.00	0.00	-8000.00	0.00	0.00
12. 农业生产资料贷款	2200.00	0.00	2200.00	0.00	2200.00
13. 农村流通体系建设贷款	1041.00	0.00	0.00	-100.00	-159.00
14. 水利建设贷款	19000.00	-400.00	0.00	14200.00	0.00
15. 县域城镇建设贷款	6690.00	-400.00	0.00	-900.00	1950.00
16. 挂账占用贷款	22060.29	-20.00	-0.01	-20.00	-18809.60
17. 不合理占用贷款	0.00	0.00	0.00	0.00	0.00
18. 仓储设施贷款	0.00	0.00	0.00	0.00	0.00
19. 简易建仓贷款	0.00	0.00	0.00	0.00	0.00
20. 棉花初加工贷款	0.00	0.00	0.00	0.00	0.00
21. 棉花企业技术设备改造贷款	0.00	0.00	0.00	0.00	0.00
22. 粮食风险基金专项贷款	0.00	0.00	0.00	0.00	0.00
23. 呆账贷款	0.00	0.00	0.00	0.00	0.00
24. 国际贸易融资	0.00	0.00	0.00	0.00	0.00
25. 国际贸易融资转贷款	0.00	0.00	0.00	0.00	0.00

续表

项　目	月末余额	比上月末		比上年末	
		今年	去年	今年	去年
26. 贴现及转贴现资产	1100.00	0.00	0.00	1100.00	0.00
27. 其他贷款	0.00	0.00	0.00	0.00	0.00
二、现金	100.48	-42.10	-12.41	-43.64	-46.89
三、银行存款	0.00	-29.10	-10.93	0.00	0.00
四、存放中央银行款项	212.55	52.92	-780.35	-236.59	93.28
五、存放同业款项	49.38	-9.90	25.23	-38.65	-38.20
六、拆放同业款项	0.00	0.00	0.00	0.00	0.00
七、存放系统内款项（轧差）	-131061.89	-1326.27	-230.91	-63125.68	-54992.70
八、买入返售金融资产	0.00	0.00	0.00	0.00	0.00
九、其他（不含经费存款）	2227.83	379.30	-49.17	268.57	-14.44
负债及所有者权益总计	84561.73	-7223.15	1441.45	-18526.43	-39507.83
一、各项存款合计	75497.79	-9530.85	-352.80	-19851.80	-14840.69
1. 企业单位存款	45492.91	-5735.24	-2806.02	-18105.14	2716.29
（1）活期存款	45394.91	-5735.24	-2806.02	-16893.75	2662.64
单位活期存款	44339.34	-5736.17	-2411.85	-17060.68	3185.74
粮棉油收购资金存款	1.28	0.10	-394.79	0.09	-16.79
保证金存款	1054.29	0.86	0.62	166.84	-506.30
应解汇款及临时存款	0.00	-0.03	0.00	0.00	0.00
待结算贷款受托支付款项	0.00	0.00	0.00	0.00	0.00
（2）单位通知存款	0.00	0.00	0.00	0.00	0.00
（3）定期存款	98.00	0.00	0.00	-1211.39	53.65
JHJ：单位定期存款	98.00	0.00	0.00	-1211.39	53.65
（4）代理业务存款	0.00	0.00	0.00	0.00	0.00
2. 财政存款	30004.88	-3795.61	2453.22	-746.66	-17556.98

项 目	月末余额	比上月末		比上年末	
		今年	去年	今年	去年
财政补贴资金存款	30004.88	-3795.61	2453.22	-1746.66	-17556.98
待结算财政款项	0.00	0.00	0.00	0.00	0.00
3. 特种存款	0.00	0.00	0.00	0.00	0.00
4. 协议存款	0.00	0.00	0.00	0.00	0.00
5. 全国联行汇出汇款	0.00	0.00	0.00	0.00	0.00
二、向中央银行借款	0.00	0.00	0.00	0.00	0.00
三、同业拆入款项	0.00	0.00	0.00	0.00	0.00
四、同业存放款项	0.00	0.00	0.00	0.00	0.00
五、同业定期存款	3000.00	3000.00	2000.00	1000.00	-26000.00
商业银行定期存款	0.00	0.00	0.00	0.00	0.00
农村合作金融机构定期存款	3000.00	3000.00	2000.00	1000.00	-26000.00
邮政储蓄定期存款	0.00	0.00	0.00	0.00	0.00
六、发行债券	0.00	0.00	0.00	0.00	0.00
JHJ: 短期债券	0.00	0.00	0.00	0.00	0.00
七、卖出回购金融资产	0.00	0.00	0.00	0.00	0.00
八、委托贷款资金（净）	0.00	0.00	0.00	0.00	0.00
九、所有者权益	5595.07	-760.05	-264.12	248.26	1359.98
JHJ: 实收资本	0.00	0.00	0.00	0.00	0.00
当年损益	3933.29	-760.05	-264.12	3933.29	3685.03
利润分配	0.00	0.00	3685.03	-3685.03	1359.98
十、其他（不含经费存款）	468.87	67.75	58.36	77.11	-27.13

资料来源：湘西州农发行。

二 贷款五级分类情况

（1）资产分类情况。湘西州农发行信贷资产分类管理按银监局口径，2004 年正常贷款 15999 万元，关注贷款 555 万元，次级贷款 29782 万元，可疑贷款 6277 万元，2013 年正常贷款 192734 万元，关注贷款 0 万元，次级贷款 17390 万元，可疑贷款 4670 万元，无损失类贷款。

以上数据表明湘西州农发行正常贷款比重提升，资产质量良好，能按上级行管理工作要求，把控信贷风险（但并不表明湘西州农发行今后就不会发生信贷风险或产生新的贷款损失）。目前，从信贷资产结构看，次级主要为粮食挂账贷款，可疑为未能划转的粮食附营业务贷款（今年将准备核销）。

（2）贷款核销情况。湘西州农发行成立以来，在 2000 年对龙山植物油厂进行了一次本息核销。2004 年到 2013 年期间，二次累计核销 18829 万元（其中棉花 20 万元）。主要核销为粮食棉花类，其核销政策按上级行出台的相关管理要求办理，提升了湘西州农发行的信贷资产质量。

三　业务发展其他情况

（1）现行信贷管理及考核体制。从湘西州农发行信贷规模看，湘西州农发行贷款总量与省内发达地区比，与周边行比，均存在较大差距，其根本原因：一是授权管理较严格。对新客户准入，要经省行认可（对接、调查、审查），且要达到一定规模。同时，湘西州农发行实行的是事业单位企业化管理（较为特殊），且人事任免采取垂直管理。二是考核主要设置存贷款增长指标及利润、不良贷款四项指标。每年以省为单位，对各地区行进行考核，且各地区行又对县级支行进行类似考核。存款在 2005 年前没有纳入考核，现在也实行存款小类分项考核。同时，由于不良贷款一票否决、追究责任。各行在信贷业务开发开展上都较为谨慎，不能放开手脚大胆前行或探索。

（2）客户基础较差。主要表现为：一是客户法人治理结构不合理。除粮食企业外，目前湘西州农发行要求公司客户（包括政府平台客户），要按信贷管理办法实行对接和达到一定管理要求，但由于湘西地处老少边区，客户基础弱、实力不强，且按法律规定建立的一些必要条件难以达到或有一定瑕疵，因此在准入上存在准入难、准入时间长、客户维护风险大或不支持等问题。二是由于客户实力不强、抵押物不足，也是贷款总量放不大的因素之一。目前，湘西州农发行新准入贷款客户要求实行担保贷款，无抵押的均不能从银行取得贷款。我们认为，对民营企业实行人品、产品、押品管理较为适合，而对政府平台客户也应采取抵押。因而，法人治理结构的合理性与合法性将是客户进入湘西州农发行的前提。三是管理水平不高，难走"出去"。从民营企业看，由于家族式企业多，达到省级龙头企业标准的不多，销售上亿的不多，上市公司没有，品牌深入民心的畅销产品少，改制到位的不多，能得到湘西州农发行关注的也不多。湘西州农发行目前对在县级或州级影响较大、有一定基础的民营企业大都进行了支持。而从政府平台公司看，公司组建难按银行要求组建，政府"影子"明显，收支靠政府支撑，且现行平台贷款大都要求政府财政偿还，公司只是个"壳"，长期合作机会及对象不多。同时，上级行对平台贷款管理要求多，条件严，审查也严。四是信用环境问题。对民营公司而言，诚信是第一位的，其他条件则是第二位的。一旦出现"风吹草动"，湘西州农发行缺乏自我消化能力，届时，只能"剑走偏锋"，不是违规操作，就是按正规途径进入不良，处理责任人。因此，信用环境问题，包括到期偿还债务操作也是湘西州农发行研究的主要问题。

第三章

湘西州农发行推进乡镇经济实现同步小康实践

第一节　湘西自治州三农发展情况及存在的问题

一　"三农"发展现状

湘西自治州辖区有 7 县 1 市计 1962 个行政村，2012 年末总人口是 289.65 万人，农业人口 238.75 万人，占总人口的 82.4%，农村人口为 161.07 万人，占总人口的 55.6%，农村从业人员 133.8 万人，71.8% 的从业人员从事农业，人口数为 92.6 万人。城市化水平为 37.60%，比全国和湖南省的平均水平分别低 15 个百分点和 9 个百分点。

2012 年全州实现农林牧渔业总产值 98.9 亿元，增长 3.7%。其中，农、林、牧、渔业产值分别增长 4.1%、-1.5%、3.6%、4.9%。粮食作物播种面积 263.7 万亩，实现粮食总产量 85 万吨，增长 1.5%。为保证农业的可持续发展，湘西州加大了对资源、环境和安全生产的改造整治力度，年末耕地面积 19.61 万公顷。全州建设占用耕地 280 公顷，补充耕地 927 公顷，基本农田稳定在 15.55 万公顷。全年实施省以上土地综合整治项目 8 个，实施省以上土地综合整治项目建设规模 0.24 万公顷。生态州建设不断推进。全州完成人工造林任务 10.7 万亩，完成封山育林 7.58 万亩，完成林木育苗播种面积 1060 亩，建义务植树基地 30 个。"八百里绿色行动"完成造林 2.2 万亩，栽植绿化大苗 370 万株，绿化公路 900 公里，新建特色景观景点 20 多处，苗木成活率达到 90% 以上。全州森林面积 76.8 万公顷，活立木蓄积量 3042.28 万公顷，增长 2.4%，全州森林覆盖率 66.86%。完成小型病险水库除险加固 58 座。节能降耗取得新成效，单位规模工业增加值能耗比上年下降 6.73%。农业发展方面取得的成效主要表现在：（1）农业种植的优品率逐步提升，全州超级稻种植面积达 57.2 万亩，占水稻总面积的 41.8%；脱毒马铃薯 20.05 万亩，占马铃薯总面积的 74.2%；玉米种植面积逐年增加，占比达 19.7%；双低油菜面积 68.1 万亩，占比达 92.6%。（2）高产示范项目有序推进。25 个农业部粮油高产示范项目示范面积 27.8 万亩；4 个油菜万亩高产创建示范片区面积 4.4 万亩；8 个玉米万亩示范片区面积 8.4 万亩；13 个水稻万亩高产创建示范片区面积 13.9 万亩。开展品种试验示范 21 个，引进水稻品种 201 个、玉米品种 68 个、油菜品种 20 个、马铃薯新品种 2 个，承担国家中稻区试、预试品种 57 个，湖南省中稻区试、预试品种 317 个。建立水稻、玉米新品种展示点 19 个，展示品种 353 个。（3）农业专业化服务不断加强。全州各类专业化防治服务组织 22 个，基层服务站 126 个，拥有专业化机手 6022 人。年末全州有农民专业合作社 608 个，增长 51.6%；合作社成员 5.73 万人。年末农业机械总动力 144.8 万千瓦，增长 7.7%。（4）农业产业化稳步推进。全州农产品加工企业 617 家，州级以上龙头企业 96 家，比去年增加 14 家。培育休闲农业企业 171 家，其中被省休闲农业协会授牌的五星级休闲农庄 4 家，四星级休闲农庄 4 家。获得中国驰名商标 2 个，获湖南省著名商标 17 个，湖南省名牌产品 7 个，通过无公害认证的品种达 66 个，"龙山百合"、"保靖黄金茶"、"湘西黄牛"、"古丈毛尖"、"泸溪椪柑"、"湘西椪柑"、"酒鬼酒"、"湘西猕猴桃"等荣获国家地理标志产品注册的特色农产品。

从农村社会发展的主要指标来看，2012 年有 7.8 亿元用于农村投资，全州自来水收益村数是 1493 个，占总数的 76.1%，通电话村数是 1929 个，电话覆盖率为 98.3%。农林牧副渔总产值为 98.84 亿元，比 2011 年增长 3.5%。为促进农村科技发展，组织省、州、县市三级科技特派员 420 人，举办各类实用技术培训 158 期、为农民和基层解决现场技术难题 70 多项，还免费发放义诊药品价值 53000 余元。和促进农村文体文化发展，建农家书屋 1975 家，全年送戏下乡演出 655 场，放映公益电影 2.41 万场。其中，农村有线广播电视用户 9.3 万户。无线数字电视入网用户 1.05 万户，卫星接收 30.9 万户。新建农民体育健身工程的行政村有 46 个。

农村居民收入、生活和社会保障得到明显改善。农民人均纯收入 4229 元，增长 15.1%。其中，工资性收入 1783 元，增长 22.9%；家庭经营现金收入 1982 元，增长 9.2%；财产性收入 29 元，下降 6.5%；转移性收入 435 元，增长 15.1%。农村居民人均生活消费支出 3393 元，增长 15.4%。其中，食品、衣着和居住分别增长 6.7%、33.7% 和 19.8%。农村居民人均住房面积 29.2 平方米。农村五保对象在县乡两级新农合定点医疗机构住院实行基本医疗费用全免。农村居民得到政府最低保障的有 24.94 万人，发放最低生活保障费 1.96 亿元，月人均补助 87.6 元。全年完成农村危房改造的有 35376 户，发放救灾资金 6190 万元，发放医疗救助资金 5509.4 万元。全州参合农民 216.67 万人，参合率达 96.12%，较上年提高 0.94 个百分点；参合农民补助水平由上年的人均 200 元提高到今年的 290 元。新增农村劳动力转移就业 3.37 万人，农村养老保险和城镇居民养老保险实现全覆盖。

二　"三农"发展变迁情况 (2008—2012 年)

湘西自治州作为国家西部大开发地区、湖南省扶贫攻坚主战场和国家区域发展与扶贫攻坚先行先试地区，在各级政府的正确领导下，狠抓"三农"工作，取得了显著成效。

（一）农民人均纯收入大幅提高，农村贫困程度大为缓解

与2007年底相比，2012年，全州生产总值由205.8亿元增加到397.7亿元，增长93%；全州农林牧渔业增加值由36.5亿元增加到59.3亿元，增长63.4%；全州农民人均纯收入由2255元增加到4229元，增长87.5%；全州累计减少贫困人口46万人，农村贫困发生率下降到20%。

（二）扶贫产业快速发展

五年来，全州扶贫产业得到快速发展。一是柑橘产业得到巩固提升。完成柑桔品改低改50万亩，建立营销窗口500个。二是烟草基地建设成效明显。烟叶种植面积达28.6万亩，烟叶收购72万担，烟农增加收入10亿元以上。三是茶叶产业提质发展。新扩茶园10万亩，古丈毛尖、保靖黄金茶知名度不断提升，茶农户均收入1万元以上。四是其他特色产业建设有新成效。特色经济作物种植面积达240万亩，其中绿色无公害蔬菜瓜果50万亩，优质猕猴桃10万亩，百合、杜仲、金银花等中药材10万亩，新扩品改油茶10万亩。五是畜牧水产业初具规模。2012年畜牧水产业总值24.64亿元，农村人均畜牧水产业收入1032元。六是乡村生态文化旅游快速发展。对150个贫困村进行了"乡村生态文化游"扶贫开发，旅游扶贫成为全州扶贫开发新亮点。七是扶持发展了一批扶贫龙头企业、产业协会、种养大户。全州农产品加工企业617家，农业合作社608个，州级以上扶贫龙头企业96家。扶贫产业项目覆盖586个贫困村、15万贫困户、50万贫困人口。

（三）贫困村基础设施明显改善

五年来，着力抓好以通水、通路、通电、通广播电视、通话为主的农村"五通"建设。完成农田水利设施建设2.28万处，自来水受益村数达1493个，解决了77.4万人的安全饮水问题；完成县乡公路改造2352公里、农村畅通工程4492公里，实现了100%的乡镇通水泥（沥青）路，96.2%的行政村通水泥或沙石路，解决

了 20 多万贫困村群众行路难的问题；完成 280 个贫困村农网升级改造，实现了 100% 的村通电、通广播电视、通固定或移动电话，实现了 100% 的乡镇通宽带。

（四）农村贫困人口素质不断提高

一是先后对 1100 个国定、省定贫困村和 90 个边远特困村的村干部进行了集中培训。二是开展农村实用技术培训 100 万人次，使全州农村 90% 以上的贫困户掌握了 1—2 门实用技术。三是完成劳务技能和中高职业学历教育培训 25.56 万人次。四是先后对 5 万名农村贫困大学生、贫困高中生、"两后生"孤儿、残疾人等进行扶贫助学。特别是 2010 年以来，全州在全国率先对 2000 名专科贫困大学生实施了一次性补贴 3000 元、对 18000 名二本以上贫困农村大学生一次性补贴 5000 元的扶贫助学工程，收到了良好的社会效果。今年，又在州民族中学"宏志班"启动了农村贫困高中生扶贫助学项目，开了全省乃至全国用财政扶贫资金对高中贫困生进行扶贫助学的先河。

（五）农村社会事业全面发展

一是农村社会保障体系不断完善。全州新农合参合率达 96%，每年为困难群众大病医疗提供救助 20 多万人次；农村养老保险实现全覆盖；建有敬老院 168 所，福利院 7 个，在全省率先实现乡乡有敬老院，农村五保对象在县乡定点医院住院基本费用全免。二是农村社会事业加快发展。五年建成义务教育合格学校 326 所，资助贫困学生 48.5 万人次；改扩建乡镇卫生院 203 个，村医务室达 2477 个；建成乡镇（社区）综合文化站 167 个、农家书屋 1975 个；改造了 6.4 万户农村危房。

三　"三农"发展存在的问题

尽管"三农"工作取得了上述成效，但也要清醒地看到，贫困落后仍是湘西州当前最大的实际，加快发展仍是当前和今后一个时期最紧迫的任务，为解决上述经济社会发展中的"短板"问题，还需要更多的资金支持。

（一）农民人均纯收入与全国、全省平均水平差距较大

表3—1—1　　农民人均纯收入比较（2008—2012年）　　单位：元、%

地域	2008年	2009年	2010年	2011年	2012年
全国	4761	5153	5919	6977	7917
全州/全国	54.1	55.5	53.6	52.7	53.4
全省	4513	4910	5622	6567	7440
全州/全省	57.0	58.2	56.4	55.9	56.8
全州	2574	2858	3173	3674	4229

从表3—1—1可以看出，全州农民人均纯收入虽然连年增加，但和全省以及全国平均水平相比较，仍存在较大的差距，仅达到全国和全省平均水平的一半左右。

（二）农村居民生活水平较低

恩格尔系数是国际上通用的衡量居民生活水平高低的一项重要指标，一般随居民家庭收入和生活水平的提高而下降。根据联合国对世界各国的生活水平的划分标准，恩格尔系数大于60%为贫穷；50%—60%为温饱；40%—50%为小康；30%—40%属于相对富裕；20%—30%为富足；20%以下为极其富裕。可见，全国和全省农村居民生活水平基本上处于小康水平，而湘西州一直处于温饱状态，这给同步小康的推进带来了困难。

表3—1—2　农村居民恩格尔系数比较（2008—2012年）　　单位：%

年份	全国	全省	全州
2008	43.7	51.2	62.0
2009	41.0	48.9	60.5
2010	41.1	48.4	57.9
2011	40.4	45.2	60.1
2012	39.3	43.9	55.5

（三）农村贫困面还比较大

目前，湘西州还有 1100 个省定重点贫困村，大多分布在 700—800 米的中高海拔地区。按照 2300 元的贫困标准，全州尚有农村贫困人口 139.4 万人。另外，由于农村家庭受天灾、疾病、子女读高中大学等因素影响，返贫人数还会不断增加。目前，湘西州因灾、因病、因残致贫返贫近 40 万人。2011 年全州农民人均纯收入 3674 元，在全国 30 个少数民族自治州中，也处于较落后的状况。

（四）农村产业建设滞后

目前，湘西州虽然形成了椪柑、烟叶、茶叶、中药材、养殖等农村特色产业，但农产品精深加工率不到 10%，远低于农业产业化 30% 的最低要求。农产品加工龙头企业大都处于原始积累的初级阶段，初级产品多，优质产品少，传统产品多，精深加工少，中低产品多，附加值高的产品少。企业投资大部分用于简单扩大规模，项目储备少，新产品开发能力弱，缺乏农产品加工的新项目、好项目，农业产业化建设相对滞后。

（五）农村基础设施薄弱

目前，湘西州公路密度仅为 63.9 公里/百平方公里，等级公路仅占公路总里程的 28.3%，通乡硬化率不足 60%，水利、电力、城镇等基础设施建设也相对滞后，特别是大部分农田水利设施严重老化、损毁，有效灌溉率不足 40%，人均旱涝保收农田面积不足 0.5 亩，远低于国家 0.8 亩的最低标准；农村公路通畅能力弱，60% 的村公路只通不畅；农村电网改造仅完成 40%，农村供电不稳、电价偏高问题十分突出；水土流失面积占全州总面积的 26.5%，石漠化面积占 10.4%，生态环境依然脆弱；全州尚有近 80 万农村人口存在饮水安全困难。

（六）农民综合素质不高

根据第五次人口普查，湘西州每 10 万人中拥有大学文化程度的有 1914 人，比全省平均少 1012 人；拥有小学文化程度的有

44148 人，比全省平均多 5878 人。每万名职工中拥有科技人员仅570 人，每万名农村人口中拥有农业科技人员仅 10 人，远低于全省和全国的平均水平。有文化、懂技术、会经营的新型农民不到农村人口总数的 5%。

第二节　湘西州农发行金融服务乡镇经济供给状况

农业发展银行作为政策性金融机构，其主要的金融服务职能是：按照国家法律法规和方针、政策，以国家信用为基础，筹集农业政策性信贷资金，承担国家规定的农业政策性金融业务，代理财政性支农资金的拨付，为农业和农村经济发展服务。

一直以来，湘西农发行认真履行职责，积极实施以粮油收购业务为主体，以农业产业化经营和农村中长期贷款业务为两翼，以中间业务为补充的"一体两翼"金融服务策略，按照好字优先、能快则快的要求，积极适应经济金融形势变化及国家信贷政策调整的要求，突出重点，务实操作，在金融服务供给方面取得了稳步发展。

一　信贷业务稳步发展，信贷资产质量良好

1997 年到现在，湘西农发行信贷业务发展随着国家政策的调整，可谓"一波三折"，业务范围经银监会批准得到多次调整。大致经历了 1994 年的粮棉油收储业务，1998 年为配合国家粮棉市场化改革将此以外的其他贷款（农业扶贫、农业综合开发贷款）实行全部划转。2005 年后（除农业扶贫贷款未能划回）从初期的粮棉收储业务扩大到除粮棉收储业务外的农产品产业化龙头企业、涉农中小企业贷款、农村基础设施建设贷款、农业综合开发贷款、农业生产资料贷款、县域城镇建设贷款等信贷品种。存款业务没有大的变化，其业务范围只吸收企事业单位存款和财政性的农产品补贴存款。

至 2013 年 9 月止，发放贷款规模为 21 亿元，较 2004 年的 5 亿元增长了 3 倍多，平均每年以 17.7% 的速度增长。其中，从 2008 年后贷款总量进入发展的快车道，特别是在 2008 年贷款业务首次突破 10 个亿，从此，站在了新的起跑线上。自 2009 年以来，贷款余额每年呈数亿元向上增长，2009 年至 2012 年年末各项贷款余额分别为 128518 万元、152893 万元、168384 万元、213033 万元；年均增长 18.31%。

在信贷活动的微观领域，严格遵守信贷管理的一般原则，使贷款放得出、管得住、收得回，把贷款风险控制在可容忍的范围之内，不断优化资产负债结构，2008 年至 2012 年，各项贷款年末分别累收 20733 万元、25510 万元、52090 万元、62008 万元、47068 万元。上述成绩的取得与湘西农发行加强信贷监测管理的努力是分不开的，为提高金融服务能力，对地方经济的发展起到积极的促进作用，努力把风险防范延伸到经营管理的各个方面，贯穿于业务经营活动的始终。为加大信贷风险控制和清收不良贷款力度，湘西农发行从经营管理的实际出发，建立风险预警机制，适时召开各类内控、资产保全会议，及时提示风险，落实防范措施，努力把信贷风险控制、消除在萌芽阶段。特别是在 2008 年湘西处置非法集资事件，及时组织力量，对辖内信贷企业逐个进行了风险排查，当年信贷资金运用率达 128.41%，同比提高 25 个百分点，资金运用保持在较高水平。2008 年至 2009 年累计提示并处置信贷风险 275 个，其中：提示经营风险 110 个、财务风险 44 个、市场风险 67 个、关联风险 15 个、其他风险 39 个。针对部分企业贷款逾期的情况，加强了监测跟踪，多次深入基层行、企业，研究风险处置方案，制定资产保全措施，将贷款风险控制在最小范围，使得资产质量逐步提高。由于地理位置上的先天性缺陷，湘西农发行商业性业务发展初期准入的部分农业小企业和产业化龙头企业的贷款之风险陆续显现，而且有的企业抵押资产严重不足。清收不良贷款成为压在全行头上的一座大山。为搬掉这座大山，党委一班人全年大部分时间和精力都用在了这上面。按照省分行党委"用发展的方式解决发展中的问题"的思路，在存在不良贷款的地方，把项目贷款与清收不良贷款挂钩，通过州县两级领导多次与当地县委、政府领导协商，分析利弊，化解分歧，最终得到地方党政部门的大力支持，通过财政垫款、处理抵押资产等方式收回了不良贷款。2008 年末不良贷款余额 78 万元，比年初下降 27.8%；不良贷款比例 0.07%，比年初下降 0.05 个百分点，没有发生新增不良贷款。2009 年末不良贷款余额为 1565 万元，占贷款比例 1.22%，信贷资金运用率达 104.4%，同比提高 0.82 个百分点。2010 年清收不良贷款 256 万元。2011 年首次实现不良贷款结零，2012 年不良贷款余额和不良贷款率继续保持为零，全行没有出现责任性事故和案件。

为了有效防范信贷风险，从 2009 年开始，湘西农发行加强了信贷法律事项的咨询和审查工作，提供法律咨询，下发法律指导意见，开展信贷担保事项法律审查，有效地推动了全行的法律审查、依法办贷工作。并以此为契机，加强监管，促进企业改善经营管理，防范信贷风险。2009 年共为 34 户"两民"企业落实了利率优惠政策，累计为 35 户企业办理了续贷手续，累计发放各项贷款 8070 万元，在受 2008 年集资风波影响、企业资金普遍紧张的情况下，确保了信贷企业经营的正常运转。

湘西农发行信贷资产分类管理按银监局口径，2004 年正常贷款 15999 万元，关注贷款 555 万元，次级贷款 29782 万元，可疑贷款 6277 万元；2013 年正常贷款 192734 万元，关注贷款 0 万元，次级贷款 17390 万元，可疑贷款 4670 万元，无损失类贷款。这说明湘西农发行正常贷款比重提升，资产质量良好，能按上级行管理工作要求，严格把控信贷风险。目前，从信贷资产结构看，次级主要为粮食挂账贷款，可疑为未能划转的粮食附营业务贷款。从贷款核销情况来看，自成立以来，在 2000 年对龙山植物油厂进行了一次本息核销。2004 年到 2013 年期间，二次累计核销 18829 万元（其中棉花 20 万元）。主要核销为粮食棉花类，其核销政策按上级行出台相关管理要求办理，大大提升了信贷资产质量。信贷服务也由单纯的政策性贷款发展到贷款、银行承兑汇票、代理保险、资信评估、国际结算等多种服务方式。

二　大力支持粮油收储信贷工作

高度重视粮油收储信贷工作，始终把支持粮油收购作为全行业务工作的重中之重，并针对粮油收购工作的特点，适时调整工作方案，有力地促进了全州的粮食购销、储备和农民的增产、增收，确保了粮油信贷资金供应与管理不因农发行的工作失误而出现大的问题。

2008—2009 年，积极支持多种经营主体入市收购粮油，支持国家和地方粮食增储、轮换计划的落实。两年累计发放粮食储备、购销及准政策性收购贷款 20596 万元，支持粮食购销企业收购调入粮食 104860 吨、油脂 1870 吨，其中，中央和地方粮食储备入库 15000 吨，有力地支持了全州的粮食储备体系建设，对于搞活全州粮食购销、促进粮食增产和农民增收发挥了积极作用。2010 年主要支持中央、地方粮食储备企业采取先购后销、边购边销等多种轮换方式，累计发放粮油储备贷款 18691.73 万元、发放棉花贷款 2000 万元。2011 年，在重点营销中长期信贷业务的同时，坚持政策性银行办行方向，稳步推进粮棉油收储这一传统业务，认真落实国家粮棉油收购政策，充分保证各级粮油储备增储、轮换贷款资金需要。全年累计发放各类粮油贷款 22252 万元，发放其他粮油贷款余额 4680 万元。2012 年，坚持在不"打白条"前提下防控风险的指导思想，及时足额供应资金，确保支持粮油收购。2012 年累计发放粮食贷款 2.18 亿元，以中央储备粮湘西州直属库、湘谷粮油公司为代表的本地全产业链粮油主导品牌粗具规模。

三　经营效益持续好转

2008 年实现账面利润 3314 万元，比上年增长 91.67%，人均利润 22 万元，比上年增长 83.33%，辖内 8 个营业机构全面实现了盈利；资产利润率 2.97%，比上年提高 1.12 个百分点；收入成本率 24.28%，比上年降低 7.98 个百分点。2009 年实现账面利润 2171 万元，完成省分行下达的财务计划的同时，全行没有出现责任性事故和案件，全年共营销上报贷款项目 19 个，金额 112100 万元，省分行批复项目 17 个、金额 39900 万元，年内实施 12 个，实现贷款投放 21850 万元。2010 年实现利润总额 2325 万元，比上年增长 7.09%。2011 年实现利润 3685 万元，同比增加 1360 万元，增幅达 58.49%，完成年度任务的 112.48%；人均利润 25.07 万元，同比增加 9.77 万元，增长 63.85%。2012 年全年累计实现账面利润 3933 万元，超额 7.35% 完成了省分行下达的利润计划。

为加快中间业务发展，还努力拓宽渠道。2008 年，在做好企业财产保险的基础上加快了中间业务的发展，虽然实现寿险手续费收入仅为 6.5 万元，但这标志着寿险业务实现了零的突破。同时，还通过与银行业协会、物价等部门协商，开办了项目评估、信用等级评定等中介业务，全年实现中间业务收入 110 万元，比上年增长 89.7%，其中，实现中介服务收入 56 万元，中间业务收入取得了新的突破。2009 年，客户贷款利息收回率达到 99.5%，贡献中间业务收入 102 万元，实现了银企双赢，共同发展。2010 年，共实现中间业务收入 253.72 万元。2011 年，实现中间业务收入 289.86 万元，较上年增长 36.14 万元，完成任务的 103.52%。2012 年，全年贷款综合收息率 99.77%，同比提高 0.27 个百分点；实现中间业务收入 254.7 万元。

四　大力组织存款，努力实现存款增效

湘西农发行为更好地发挥金融服务供给的功能，还大力组织存

款，努力实现存款增效。具体措施是根据贷款坚持高调抓存款，努力降低资金成本。在组织资金中，以退耕还林资金存款为突破口，加大专项存款的组织力度。运用多种资源，加强与政府及有关部门的联系，积极做好粮食直补资金、粮食风险基金等财政补贴资金的拨付监督工作，狠抓到位率。2008年全年到位各类财政补贴资金69059万元，综合到位率为99.84%，确保了专项存款的稳步增长。同时，加强企事业单位存款管理，充分挖掘现有客户的存款资源，通过加强账户管理和销售回笼监督，2008年各项存款旬均余额达到62631万元，同比增加6458万元，在财政性专项存款保持高位运行的同时，企事业单位存款旬均余额达到16200万元，比上年增加7421万元，完成了省分行下达全年任务的123.68%。同时，组织同业存款2亿元，消除了同业存款空白。通过大力组织存款，改善了负债结构，增加了经营效益。全年旬均存贷款比例达到65.6%，存款的增加相应减少了系统内利息净支出240万元，成为经营利润的重要增长点。2009年，在认真做好各项存款的组织和维护工作的同时，以提高企业销售收入归行率为抓手，按月检查、通报企业销售货款归行情况，狠抓企业存款。除此之外，还积极开展公众存款和同业存款的组织营销工作，使得各项存款保持在较高水平。各项存款余额78129万元，比年初增长9%。2010年继续加强树立存款效益观念，加大对财政专项存款和企事业单位存款管理的力度，并大力吸收县域公众存款。上半年就吸收到地方财政涉农资金及社保、养老、医保等专项资金9768万元；同时，将潜在的信贷客户和现有信贷客户的关联企业的大额存款纳入存款业务范围，相应增加存款2773万元。到12月末，各项存款余额110190.28万元，比上年同期增加32061万元，增幅达41%。全州客户销货款归行率平均达91%。2011年末各项存款余额110190万元，同比增加32061万元，增长41.0%。全年组织公众存款、同业存款等低成本存款52388万元，资金自给率达到58.3%，有效缓解了信贷规模小、财务收入来源不足和刚性费用支出增加的经营

压力。2012 年各项存款日均余额 98307 万元,比年初增加 20468
万元。

2004 年各项存款余额为 1780 万元,至 2013 年 9 月止,各项企
事业单位存款和财政性补贴存款达到 48649 万元,增长了 27 倍,
平均每年以 2 倍速度增长。这说明湘西农发行重视了企事业单位和
财政性存款的组织工作。从存贷比来看,2008 年前存贷比均未达
到 10% 以上,之后,均在 10% 至 40%,其中 2010 年为最高年份,
达到 40%。

五　多渠道、多形式组织收息来源渠道

2008 年重点做好 2.9 亿元公路贷款资金的归集工作,确保商
业性贷款利息按时足额收回。同时,根据全州大部分县市财政吃紧
的实际,从年初开始,狠抓 1998 年 6 月 1 日以后财务挂账利息收
回的工作,加强与政府部门间的协调,多渠道、多形式组织收息来
源,通过全行上下的共同努力,全年共收回 1998 年 6 月 1 日以后
财务挂账利息 951 万元,占该项贷款应收利息的 116.54%。全年
贷款综合收息率达 98.88%,比上年提高 3.06 个百分点,其中,
商业性贷款利息收回率达到 100%,确保了全年财务计划的实现。
2009 年实行领导包片、上下联动、责任到县的工作责任制,加强
与地方政府及财政部门沟通协调,多途径、多渠道收回应收利息,
全年共收回挂账贷款利息 595 万元,占该项贷款应收利息的
99.66%,全部贷款利息综合收回率达到 96.7%。2010 年上半年实际
收回利息 3115 万元,综合收息率达 90.2%,其中,1998 年 6 月 1 日
以后新增挂账贷款利息收回率达到 118.12%。2011 年全行上下一致
努力,取得了信贷规模稳步增长,各项存款大幅上升,不良贷款保
持"双降",超额完成全年利润计划,中间业务收入创历史新高的大
好局面下,2012 年全年贷款综合收息率达 99.77%,同比提高 0.27
个百分点。

第三节　对当地三农的支持

　　湘西农发行把贯彻执行国家宏观调控政策和有关"三农"工作的大政方针放在各项工作的首位，把服务"三农"作为立行之本；利用国家信用，大力筹措社会资金，更广泛地引导社会资金回流农村；按照"抓根本、抓关键，利大局、利长远"的原则，把信贷投放在"三农"的重点领域和薄弱环节，并尽可能地实行相对优惠的利率政策。立足服务"三农"，加大营销力度，积极支持全州农村农业建设，信贷支农取得了明显成效。

一　积极支持多种经营主体入市收购粮油

　　2008 年共对 22 个粮油企业发放粮食储备、粮棉油购销及准政策性收购贷款 11413 万元，支持粮食购销企业收购调入粮食 78680吨、油脂 890 吨，有力地支持了全州粮食储备体系的建设，对于搞活全州粮食购销、促进粮食增产和农民增收发挥了积极的作用。2009 年全年累计发放粮食储备、购销及准政策性收购贷款 9183 万元，支持粮食购销企业收购调入粮食 26180 吨、油脂 980 吨，其中，中央和地方粮食储备入库 15000 吨，有力地促进了全州的粮食购销、储备和农民的增产、增收。2010 年支持永顺锦帛玉纺织公司调入棉花 1.05 万担。2011 年全面落实了粮棉收购政策和粮棉油市场"保供稳价"政策。支持粮食企业新增粮食储备 5610 吨，油脂储备 1150 吨，各级储备轮换 46515 吨。全年累计发放粮棉收储贷款 11762 万元，支持企业收购、轮换和储备粮食 45670 吨，调入棉花 1042 吨。与此同时，全年发放化肥、猪肉储备贷款 4700 万元，入储化肥 30000 吨、猪肉 700 吨，有力地确保了全州农业生产用肥和农资、猪肉市场的平稳。2012 年支持企业收购粮油 1.2 亿公斤，支持粮食企业新增油脂储备 1400 吨，各级储备轮换 6.9 万，

二 积极支持农村基础设施建设

2008 年适应"建设社会主义新农村的银行"的要求，积极支持农村基础设施建设。在着力解决农业产业化龙头企业、加工企业、农业小企业等流动资金需要的同时，加大对农村和农业基础设施建设的投入。全年累计发放农业基础性建设贷款 30990 万元，其中，公路贷款 9000 万元，支持全州县到乡公路路基、路面改造 883 公里，支持农村通畅工程路基、路面改造 1359 公里，惠及全州 62 个乡镇、198 个村，确保了全州公路建设项目的顺利实施。此外，还发放了 1990 万元农业基础设施贷款支持凤凰沱江污水处理工程，取得了良好的社会效益。2009 年结合实际，突出重点，把支持农村基础设施建设作为新农村建设和自身有效发展的切入点，在继续做好农村公路建设项目营销、管理的同时，加大对农村电网、农产品加工园区基础建设的扶持力度，提供农村基础性建设贷款 40000 万元，先后对花垣广电公司、花垣工业园、泸溪农产品加工园等发放中长期贷款 16980 万元。通过信贷支持，全州完成新建或改建农村公路 2325 公里，建设或改造输变电线路 6 公里，完成花垣县城及近郊 3 万户的数字电视改造，有力地促进了全州农村的基础设施建设和生态环境改善。通过支持园区建设，发放县域城镇建设贷款 5990 万元，带动了县域经济的快速发展。2010 年优先支持非经营性农村基础设施和县域城镇建设贷款项目。结合自治州的实际，全行把客户营销重点放在非经营性政府融资平台项目上，通过高端营销、银政合作，充分发挥了其在信贷支持农村水、电、路网建设和县域城镇建设中的主力军作用。全州累计发放农村基础设施类贷款 71712 万元。2011 年在资金计划配置上、业务营销重点上都给予农业农村基础设施建设以一定的倾斜，共支持农业农村基础设施建设贷款 102231 万元。其中，累计发放农村基础设施建设、农业综合开发、县域城镇建设等新农村建设贷款 47900 万元，支持农业综合开发项目 1 个、支持农村流通体系建设项目 1 个，支持路网、电网、电视信息网建设项目 6 个，支持污水、垃圾无害化处理以及土地整理等政府关注、农民关心的项目 8 个。充分发挥了全行在农村金融中的骨干和支柱作用。2012 年继续把支持农业农村基础设施建设作为业务发展的主攻方向，支持农业基础设施建设中有较大突破，共发放农业农村基础设施建设贷款 140271 万元。截至2012 年末，累计支持农业农村基础设施建设贷款项目 25 个，累计发放贷款 18.43 亿元。通过农发行的信贷支持，为提高农业综合生产能力，改善当地农村生产生活条件，促进湘西生态文明建设作出了积极贡献。

三　加大对农业产业化龙头企业、农业小企业的扶持力度

全行立足全州产业优势和农民脱贫致富的现实愿望，依据全州农业经济特点和产业特色，按照"一县一策，区别对待"的原则，着力营销和支持一批能利用当地资源优势、带动农民增收的产业化龙头企业、农业小企业群体。2008 全年累计向 16 户企业发放贷款8760 万元，积极支持企业开展业务经营。通过客户关系维护和信贷支持，湘西农发行支持的粮油贷款客户生产经营正常，效益较好，全面实现了盈利，企业贷款利息收回率达到 100%。客户贷款利息收回率达到 99.5%，贡献中间业务收入 102 万元，实现了银企双赢，共同发展。2009 年累计向古丈卓良木业有限公司等 16 户农业产业化龙头企业、农业小企业发放贷款 8760 万元，帮助企业克服经营困难，通过信贷支持，在湘西农发行开户的大部分粮油企业生产经营正常，效益较好，全年共实现销售收入 28138 万元，实现利润 2314 万元；带动种植、养殖基地 23 万亩，带动农户 14.3万户，带动农民增收 428 万元，增加就业岗位 2841 个，实现了银企双赢，共同发展。2010 年继续巩固和维护好老客户，审慎支持产业化龙头企业，使效益不明显、成长性差的中小企业逐步退出。全州累计发放产业化龙头企业和农业小企业贷款 9894.50 万元。2011 年坚持"区别对待、择优扶持、严控风险"的原则，实施

"抓大放小、有保有压"的信贷策略，全年累计发放农业产业化龙头企业贷款 4790 万元、农业小企业贷款 4542 万元，努力培育了一批有效益、有规模、成长性好、管理规范的中小企业客户群。2012年深入开展"了解客户活动"，对 19 家产业化龙头企业和农业小企业贷款客户开展了贷款担保管理专题检查，对抵押品的变现能力、担保人的担保能力、担保手续的合规情况进行重新核实的基础上，坚持抓大放小，择优扶持本地特色优势农业产业化龙头企业。按照"扶持一个龙头企业，发展一个产业，带动一批农民致富"的思路，重点支持吉首边城醋业公司、古丈卓良木业公司、龙山现代中药材公司等一批辐射范围广、带动作用强的州级以上农业产业化龙头企业做大做强，共投放农业产业化龙头企业贷款 7680 万元，农业小企业等相关业务贷款 11697 万元，有力地推动了湘西椪柑、茶叶、木材、中药材等本地特色优势农业的产业化经营。

湘西农发行根据本地产业发展的优势，大力支持农业产业化经营和现代农业的发展，重点扶持了粮、油、棉、林、草等湘西特色产业、特色农业发展，锦帛钰、卓良、海达、继福、边城醋业等一批企业在农发行的支持下，一步步做大做强，产品远销省内外乃至国际市场，具有较高的知名度，目前有 12 家企业被授予省级农业（林业）产业化龙头企业、占全州已获省级农业（林业）产业化龙头的 50% 以上。

四　加快业务营销，积极为信贷支农和自身发展创造条件

2008 年立足业务发展，加快业务营销。全年营销上报贷款项目 30 个，金额 8.9 亿元，其中省分行通知对接项目 18 个，金额 4.29 亿元，完成初步调查项目 15 个，金额 3.83 亿元，审批项目 8 个，金额 1.46 亿元，并建立了规模约 25 亿元的项目储备，为全行的可持续发展打下了坚实的基础。2009 年，按照年初制定的业务发展目标，以巩固维护老客户为基础，以非经营性项目贷款为重点，立足园区建设、旅游、医疗、果药茶等产业和资源优势，找准新的切入点，积极做好项目营销和培育，同时，加强与政府、部门

联动，积极完善政府部门推荐、银行独立审贷机制，全年共营销上报贷款项目 30 个，金额 8.9 亿元，其中省分行通知对接项目 18 个，金额 4.29 亿元，审批项目 8 个，金额 1.46 亿元，年内实施 12 个，实现贷款投放 21850 万元，建立了规模约 25 亿元的项目储备。2010 年向省分行推荐对接贷款项目 26 个、金额 148250 万元，其中省分行已审批贷款项目 5 个、金额 20500 万元。2011 年，与州政府签订了 7 个项目共 5.98 亿元贷款的框架协议，年内已累计发放中长期项目贷款 3.94 亿元，还有 3 个项目共计 5 亿元已经通过省分行贷审会审批，2012 年共营销中长期项目贷款 13 个，金额 10.08 亿元，其中，已审批发放项目 8 个，金额 4.16 亿元；已审批未发放项目 4 个共计 5.5 亿元。

第四节　存在的不足和困难

按照中共中央、国务院提出的发挥政策性银行的独特作用，体现国家的战略意图，实现政府宏观调控和扶持"三农"的政策目标的要求，根据社会主义新农村以及湘西地区经济建设的需要，湘西农发行牢记自己的基本职责和根本任务，通过全行上下的积极努力，形成了支农成效显著、业务发展提速、结构明显改善、风险控制有力、基础管理加强、运营水平提升、绩效再创新高、队伍面貌可喜、各方面工作协调发展的良好态势。

虽然取得了上述较大的进步，但同时应该清醒地看到，工作中还存在一些问题和困难。一是与兄弟行比，信贷规模还非常小，综合考核排名还很落后。项目库存少，业务发展后劲不足。二是存款业务提升的难度较大，企业销售货款归行率普遍偏低，公众存款、同业存款营销效果不明显。三是风险防控形势仍然严峻。虽然通过艰辛努力，不良贷款实现了结零，但是，由于受多种因素的影响，还有少数企业存在潜在风险，部分企业贷款逾期，信贷风险点增加，风险面扩大，防控风险的压力增大。三是基础管理工作还要更加扎实，在制度执行、流程操作等方面存在一定的薄弱环节，操作风险不同程度存在。四是与全省 14 市州全面建成小康社会实现程度相比较，差距较大（参见表 3—4—1）。这些问题和困难，必须采取更加有力的措施，切实加以解决，加快推进率先发展，率先脱贫和同步小康的步伐。

表 3—4—1　2011 年全省 14 市州全面建成小康社会实现程度　　　单位:%

市州	全面建成小康社会实现程度排序	经济发展	社会和谐	生活质量	民主法制	文化教育	资源环境
长沙市	96.2	94.3	100.0	100.0	90.3	95.6	95.4
株洲市	89.8	83.6	93.3	96.2	93.2	95.6	95.4
湘潭市	87.3	80.9	96.7	91.7	94.1	89.1	80.0
常德市	83.5	69.3	98.5	84.1	96.0	78.2	92.7
岳阳市	82.2	70.3	83.3	89.1	89.7	90.5	82.5
郴州市	78.5	59.8	91.1	84.6	96.0	77.9	83.1
张家界市	78.4	58.4	75.5	78.2	96.0	93.3	97.0
益阳市	78.1	55.7	97.1	8/5.1	96.0	69.0	91.2
衡阳市	77.4	62.2	84.3	86.74	94.1	71.9	82.1
永州市	76.6	53.5	94.9	84.0	96.0	68.4	89.5
邵阳市	74.8	50.2	92.2	79.3	93.5	73.2	89.6
怀化市	73.8	53.2	86.1	76.8	96.0	66.1	92.2
湘西州	69.4	48.6	73.4	76.1	96.0	64.7	85.1
娄底市	68.8	58.3	62.6	79.6	90.0	59.5	76.2

第四章

湘西州农发行推动城乡一体化建设

第一节　湘西自治州城乡一体化建设目标

城乡一体化就是要把工业与农业、城市与乡村、市民与农民作为一个整体，统筹谋划、综合研究，通过体制改革和政策调整，促进城乡在发展规划、产业发展、市场信息、政策措施、生态环境保护、社会事业发展的一体化，改变长期以来形成的城乡二元经济结构，实现城乡在政策上的平等、产业发展上的互补、国民待遇上的一致，让农民享受到与城镇居民同样的文明和实惠，使整个城乡经济社会全面、协调、可持续地发展。它是随着生产力的发展而使城乡关系发生的融合一致的过程，逐步达到城乡之间在经济、社会、文化、生态、空间、政策（制度）上协调发展的过程，是一项重大而深刻的社会经济变革。把城市和乡村紧密联系起来，统筹兼顾，做到联系农村研究城市，联系城市研究农村。党的十八大指出："城乡发展一体化是解决'三农'问题的根本途径。"

随着区域经济的增长，湘西州城镇化水平逐年提高，截至2010年11月底，全州建制镇由2005年的60个发展到63个，城镇总人口由79.21万人发展到100.04万人，全州城市人口占总人口比例达到35.8%，人均住房面积36.5平方米，人均道路面积8.1

平方米，人均公共绿地面积 6.0 平方米，城市绿化率 20.6%，燃气普及率 60%，供水普及率 85%，全州城镇污水处理率 61%，生活垃圾无害化处理率 83.1%，县城关镇以下 63 个建制镇供水普及率达到 10%，垃圾无害化处理率达到 60%。

湘西州提出的"十二五"城乡建设工作目标：（1）城镇化水平。全州城镇人口达 130 万人，城镇化水平达 45% 以上。（2）供水。全州生产能力 30 万吨，用水人口普及率 98.2%，人均用水 180 升。（3）道路。全州市政道路总长达 620 公里，人均道路面积达 12 平方米。（4）排水：全州污水配套管网长度 480 公里。新区建设实行雨污分流，老城区改造建立完善的截流式合流制排污体系。污水处理：10 个主要中心镇建设污水处理厂并投入使用。全州污水处理能力 24 万吨/日，处理量 16.45 万吨/日，处理率达 70%。（5）环境卫生。全州县城全部实现生活垃圾无害化处理。10 个主要中心镇建成垃圾无害化处理场。垃圾清运率达 90%，生活垃圾无害化处理率 95%。（6）燃气。全州所有县城实现天然气管道供应，储气能力达 1300 立方米，用气人口 78 万，普及率 60%，建成城区供气管网 1000 公里以上。全州液化石油气储气能力达 1647 吨，城镇液化石油气用气人口达 65 万人，普及率达 50%。两气综合用气普及率达 80%。（7）城镇数字化。全州城镇地理信息系统数字化覆盖面积 42 平方公里，覆盖率达 40%。

目前，湘西州城镇化率偏低、发展水平不高，这既是湘西州发展滞后的重要原因，也是后发追赶的最大潜力，推进新型城镇化是加快区域发展和改变贫困面貌的重要途径，也是实现同步小康的必由之路。

为了加快湘西州实现城乡一体化进程，在 2020 实现同步小康的目标，湘西州全力推进"五大建设"，打牢同步小康基础①，大

———————————

① 《加快发展　特色发展　科学发展　全力推进同步全面小康社会建设》，叶红专在州委十届三次全体（扩大）会议上的讲话。

力实施基础设施、优势产业、新型城镇、生态文明、民生事业"五大建设"，是推进同步小康的战略重点，也是实现同步小康的重要支撑，这五大建设如下。

一要加快基础设施建设，打造中西部桥头堡。突出抓机遇、争投入、补短板，加快构建现代化基础设施体系，彻底破解同步小康的基础设施瓶颈。加快建设龙永、永吉高速，规划建设龙桑高速，继续实施国省道主干线及重要公路网络改造，加快旅游公路和农村公路建设，力争"十二五"末实现与周边省市地区连接全程高速化，州内县县通高速、乡乡通等级公路、村村道路硬化。抓好黔张常铁路、张怀城际铁路、吉恩铁路、铜仁·凤凰机场、湘西机场、湘西航运一期等重大项目建设，加快构建立体化大交通网络。要大力实施城镇水源工程、城乡电网改造升级、天然气管网、"数字湘西"等重大工程，加快构建与经济社会发展相适应的能源供应体系、现代水利设施和信息网络平台。

二要加快优势产业建设，构建特色支柱产业体系。没有大的产业支撑，同步小康就是"空中楼阁"。要坚持立足基础、整合资源、科技支撑、优势发展，改造提升锰锌铝矿业、食品加工、生物医药等传统产业，培育发展页岩气、生物质能、钒新材料等新兴产业，着力打造百亿工业产业、百亿产业园区和百亿企业集团。发挥绿色、生态、有机、富硒优势，扎实推进柑桔、烟叶、茶叶、蔬菜、百合、猕猴桃、油茶、中药材、生态养殖等农业特色产业发展，建好300万亩基地，实现产值100亿元以上。顺应高速时代到来的新形势，强力推进凤凰、德夯、芙蓉镇、猛洞河、里耶、老司城、边城、红石林、坐龙峡、浦市、吕洞山等精品景区景点建设，形成湘西旅游经济圈，把州府吉首建设成为武陵山片区的旅游中心城市，以凤凰为重点把湘西州打造成为国际旅游目的地。

三要加快新型城镇建设，统筹城乡发展。把新型城镇化作为同步小康的重要载体，强化规划引领，突出扩容提质，狠抓精细化管理，加快构建以州府吉首市为龙头、7个县城为重点、中心乡镇为依托的新型城镇体系，建成一批工业强镇、文化名镇、旅游重镇和商贸大镇，争创一批国家级、省级文明城镇、卫生城镇、园林城镇和优秀旅游城镇，不断增强城镇综合承载力和辐射带动力。深入推进城乡同建同治，全面实施城乡同规划、设施同建设、卫生同保洁、事务同管理，加快改善城乡面貌，促进城乡一体化发展。

四要加快生态文明建设，创建国内外知名的生态文化公园。充分利用自然生态和原生态民族文化这一最大优势和特色，注重保护，加强建设，科学经营，严格管理，建设靓丽城镇、美丽乡村，把湘西州打造成国内外知名的生态文化公园。加大生态环境保护力度，大力实施以林业生态工程、生态环境综合治理、生态家园富民计划、节能减排等为重点的"绿色湘西"工程，着力改善生态环境。加强对原生态民族文化的保护，抓好古城、古镇、古村落、古民居的保护开发，加快建设中国武陵山区（湘西）土家族苗族文化生态保护实验区；扎实推进文化强州建设，大力实施"218"工程，繁荣文化事业，壮大文化产业。

五要加快民生事业建设，促进社会全面进步。坚持脱贫为先，扎实推进扶贫攻坚10大民生工程，逐步实现"两不愁、三保障"。要抓好就业这个民生之本，多渠道创造就业岗位；编织好社保这张"安全网"，提高社会保障水平；推进城乡教育均衡发展，努力办好人民满意的教育；提高城乡医疗服务水平，解决群众看病难和看病贵的问题。要加强和创新社会管理，妥善化解社会矛盾，加强安全生产工作，加快平安湘西建设，确保人民群众生命财产安全，确保社会大局和谐稳定，努力创建全国民族团结进步示范州。

湘西州推进实现城乡一体化目标的重要举措之一是开展城乡同建同治工作。2013年5月初湘西州部署开展城乡同建同治工作，各级各部门加强领导，落实责任，整个工作推进取得了明显成效。全州城乡同建同治参与人数439万余人次，开展集中宣传活动1943次。新建垃圾中转站179座，新购果皮箱1.47万个、垃圾桶34.73万个、垃圾清扫清运车410台、洒水车432台，新建垃圾焚烧池（炉）1.4 万个。清除卫生死角 4.85 万处，清理陈年垃圾 7.84 万吨；开展农村垃圾分类减量试点 1.94 万户；新增保洁人员 3296 人，落实保洁人员经费 1538 万元。拆除乱搭乱建 9517 处，签订"门前三包"责任书 28.36 万张，劝阻占道行为 1.99 万次，规范出店经营 2.25 万家，划定临时摊位 2981 处，规范广告牌匾 5077 块，清理牛皮癣式非法张贴物 10.25 万处，规范房前屋后物品摆放 19.35 万户。全州道路交通事故起数、死亡人数、受伤人数、直接经济损失四项指标，较去年同比分别下降了 22.7%、21.1%、23.5%、29.3%。

湘西州在工作安排上，提出要把同建同治作为推进城乡一体化、巩固基层建设的总抓手，突出重点，统筹推进。突出"五同"工作重点。在城乡同规划、设施同建设、产业同布局、环境同整治、事务同管理这"五同"上统筹着力，推进城乡一体化发展。城乡同规划就是要切实抓好州府和 7 个县城规划的修编、乡镇村规划编制，加强规划控制管理；设施同建设就是一手抓大的交通、水利、能源等基础设施建设，一手抓城乡公共设施配套，改善发展条件和群众生产生活条件；产业同布局就是一方面抓好城市工业园区建设，强化城市产业支撑，一方面因地制宜抓好农村特色产业发展；环境同整治就是继续抓好城乡环境卫生，特别是城市小区、背街小巷、城乡结合部的环境卫生整治，建立长效机制；事务同管理就是统筹管理好安全生产、文明创建、信访维稳、结对帮扶、扶贫帮困、生态治理、社会事业等各项事务。

制定好规划和发展方向，提出阶段性的发展目标，这为各项事业的发展指明了方向，明确了重点，但是，真正要实现目标，从根本上还得说落实。湘西州认为，加快发展、特色发展、科学发展，力争跟上全省全面小康步伐，确保到 2020 年与全国同步实现小康，关键要在三个方面抓好落实：第一，要落实到重大项目上。牢固树立"发展靠项目支撑"理念，抢抓机遇，用好机遇，转化机遇，围绕"1115"工程，精心谋划和大力实施一批关系湘西州长远发展的重大项目、关系群众福祉的民生工程，以好项目、大项目带动投资、培植财源，推动经济大发展和民生大改善。要科学规划重大项目，按照国家先批规划后批项目、项目跟着规划走、资金跟着项目走的要求，创意包装一批带动力强、发展前景好的基础设施、优势产业、民生事业项目。湘西州提出的 60 个州庆重点项目、60 个重点产业项目和一批重点前期工作项目，都是对全州经济社会发展有重大影响的大项目和让老百姓得实惠长受益的民生工程，一定要扎实做好前期工作，加快推进，早日见效。60 个州庆重点项目大部分必须在州庆前完成，60 个重点产业项目是加快新一轮发展的重要支撑，必须抓紧抓好，重点前期工作项目要实行滚动式调整，不断补充完善。要认真研究国家产业政策、投资方向，全力争资上项，力争更多项目进入国家和省的"笼子"。要加快项目实施，突出在建项目抓进度，新上项目抓开工，拟建项目抓前期，确保项目的顺利推进。要加强对项目的全程监管，切实把规划实施的项目建成优质工程、民心工程、廉洁工程。第二，要落实到重点突破上。没有重点突破，就难以打开工作新局面。下一步，要继续下大气力在 10 个方面寻求新突破：①在城市扩容提质和城乡同建同治上；②在重大项目建设和财政资金争取上；③在矿业整合发展和工业园区建设上；④在农村土地流转和特色农业提质增效上；⑤在提高旅游承载能力和服务水平上；⑥在中高海拔地区扶贫开发和提高社会保障水平上；⑦在夯实基层基础、创新社会管理上；⑧在引进战略投资上；⑨在融资平台建设和银企合作上；⑩在土地储备、以地生财上。

"10 个突破"涉及湘西州推进科学发展的关键领域，也是实现同步小康的薄弱环节，必须大胆创新，敢闯敢试，逐个破解，不断打开新局面。重中之重是要以新型城镇化为着力点和突破口，推进城乡一体化，引领和支撑加快发展。"十个突破"就是要在城市扩容提质和城乡同建同治、重大项目建设和财政资金争取、矿业整合发展和工业园区建设、农村土地流转和特色农业提质增效、提高旅游承载能力和服务水平、中高海拔地区扶贫开发和提高社会保障水平、夯实基层基础和创新社会管理、引进战略投资、融资平台建设和银企合作、土地储备和以地生财等 10 个方面寻求新突破，推动新一轮大发展。①

第二节　城乡一体化中的资金供需矛盾分析

湘西州财政部门对财政发展存在的问题也是有清醒认识的，财政部门在所做的工作报告中指出，财政存在着一些突出的矛盾和问题："一是我州经济结构单一，财政收入规模小，财源结构不合理等问题仍然比较突出，财政收入增长压力大；二是农业、社保、教育、科技等政策性、法定性支出大幅增加，财政支出压力大；三是县乡财政困难的问题依然突出，均衡发展压力大。"②

"十一五"期间湘西州国民生产总值（GDP）年均增长 10.9%，较"十五"年均增长 9.5% 提高了 1.4 个百分点，2010 年实现生产总值 311.3 亿元，城镇居民人均可支配收入 12150 元、农民人均纯收入 3173 元。2012 年全州完成财政总收入 479104 万元，同比增加 60162 万元，增长 14.36%。其中：公共财政预算收入完成 282961 万元，增长 12.56%；上划中央收入（增值税、消费税、企业所得税、个人所得税）完成 162494 万元，增长 15.73%；上划省级收入（增值税、营业税、企业所得税、个人所得税、资源税）完成 33649 万元，增长 23.96%。全州公共财政预算支出 1502474 万元，同比增加 242168 万元，增长 19.22%。州本级完成财政收入 149482 万元，同比增长 33.57%；完成财政支出 233374 万元，同比增长 13.14%。从上述数字可以看出，全州的公共财政收入远远不能覆盖其财政支出，这需要上级的转移支付和其他方面

---

① 叶红专在全州乡镇党委书记培训会上的讲话。
② 关于湘西州 2012 年预算执行情况与 2013 年预算草案的报告。

的收入来覆盖其公共预算支出。

湘西州委和政府确立了未来几年的发展目标，以投资拉动是其中一个很重要的手段。州发展和改革委员会主任刘时进就湘西州2013 年投资计划做报告时指出："2013 年将进入"十二五"投资高峰期，要继续实施大项目带动战略，切实推进重大项目前期工作，抓紧启动实施一批'十二五'规划和'1115'工程的重大项目，确保全年固定资产投资突破 280 亿元。引导投资投向农村基础设施、保障性住房、教育、卫生、节能减排、生态环保、自主创新等领域，以投资结构调整推动经济结构调整。二是突出重点项目建设。在抓好产业投资的同时，继续围绕基础设施、民生等领域，加快建设一批重大工程。安排 2013 年重点建设项目 130 个，年度计划投资 166 亿元。"① 这么大的投资力度，单靠政府和企业或者个人是无法完成的，要达到预期的投资目标，必须借助于市场融资。

另外，湘西州在推进城乡一体化进程中，也面临着一些困难和问题，其中主要问题集中在建设资金不足和规划管理等方面。

廉租房建设方面：1. 建设用地征用难。由于政府没有土地储备，用地大多数需要新征，土地办证时间长，拆迁难。2. 地方配套资金压力大。除中央、省给予廉租住房建设资金补助 500 元/平方米外，其余全部需地方财政配套，随着原材料价格上涨，施工成本增加，给廉租住房建设、保障、管理工作带来了很大压力。3. 人员机构不完善，工作经费不到位。到目前为止，全州除吉首市房地产局内设一个住房保障股外，其他县都是建设（房产）部门临时抽调人员承担这项基础性工作，随着工作量越来越大，县市财政未安排专项工作经费，仅依靠部分兼职人员，不利于科学管理和住房保障工作的开展。

重点集镇建设方面：1. 孤军奋战，势单力薄。从州委、州府

① 关于湘西州 2012 年国民经济和社会发展计划执行情况与 2013 年计划草案的报告。

下达的绩效考核指标来看，要求住建系统独立承担打造宜居宜业的重点集镇任务，难度可想而知。新型城镇建设是一项综合性工程，应由多个部门协作完成。2. 投入严重不足，发展相对滞后。由于国家及省对小城镇建设资金投入不多，导致集镇基础设施建设落后，小城镇功能难以完善。目前只能先期完成重点集镇的规划编制，选择性安排部分小城镇自来水、环卫等基础设施项目，要彻底改变城镇落后面貌难度较大。

城镇规划管理方面：1. 规划编制资金投入少。受地方财政限制，大部分县市对规划编制未能及时安排或落实经费。2. 控制性详细规划编制滞后，覆盖率低，不能适应城市扩容提质的要求，规划管理缺乏法定依据。3. 规划执法力度不够，开发商违规成本过低。4. 规划管理机构不健全，专业人员紧缺。目前，全州大多数建制镇仍未配置专门的规划管理人员，建制镇的规划管理严重缺位。

市政设施建设方面：1. 建设成本过高。由于湘西山区地形复杂，场地施工条件差，市政设施施工难度大，地方政府建设负担重。2. 生活垃圾无害化处理、污水处理设施运行成本偏高，各县市财政负担大。3. 全州生活垃圾无害化处理项目、污水处理项目普遍存在资金缺口，后续建设资金难以筹措，县市偿还银行贷款能力不足。4. 项目管理体制未理顺，给项目运行带来一定困难。5. 污水处理量偏低，运行难正常。①

对于金融支持湘西州社会经济发展，湘西州也提出过方案和意见，其主要工作目标是："推进金融事业全面发展，确保信贷投放快速稳定增长，力争信贷增速高于全省平均水平，信贷投放规模与我州经济社会发展的资金需求相适应、信贷投放节奏与实体经济运行要求相适应。到2015年，全州社会融资规模更加庞大，信贷投放总量将达到300亿元以上，上市企业达到3家以上，直接融资规

---

① 关于湘西州2012年预算执行情况与2013年预算草案的报告。

模达到 30 亿元以上；金融组织更加健全，小额贷款公司、融资性担保公司等新型金融机构实现县域全覆盖，逐步形成支持经济社会发展的多元化金融服务体系。"①

第三节　农发行在民族自治地区同步小康中应发挥重要作用

一　湘西州同步小康的发展目标与发展困境

近年来，党中央、国务院对农业政策性金融支持农业农村基础设施建设多次提出明确要求。今年中央一号文件再次强调"强化农业发展银行政策性职能定位"。新形势下"促进工业化、信息化、城镇化、农业现代化同步发展"和城乡发展一体化在相当长的时间内，不仅是中央对于农发行提出的要求，更为农发行带来更多的发展机遇，开辟更大的空间。湘西自治州地处湖南西部，湘、鄂、黔、渝交界处，属典型的"老、少、边、穷"地区，下辖的 8 个市县都是国家级贫困市县，总人口 300 万左右，少数民族人口占总人口的 75%。近年来，湘西州委、州政府把 2020 年实现同步小康作为工作重点来抓，提出"要统筹推进新型工业化、农业现代化、新型城镇化、信息化，特别是要高度重视新型城镇化，不断增强新型城镇化在经济发展中的综合带动效应。确保到 2017 年建州 60 周年时，全州生产总值、财政收入、固定资产投资、城乡居民收入四个主要经济指标比 2011 年翻一番，努力建设经济基础殷实、物质条件充裕的小康社会"②。加快发展、特色发展、科学发展，力争跟上全省全面小康步伐，确保到 2020 年与全国同步小康，关键要在三个方面抓好落实：第一，要落实到重大项目上。第二，要

---

① 湘西自治州人民政府关于金融支持我州实施武陵山片区区域发展与扶贫攻坚试点工作的意见。

② 《加快发展　特色发展　科学发展　全力推进同步全面小康社会建设》，叶红专在州委十届三次全体（扩大）会议上的讲话。

落实到重点突破上。没有重点突破，就难以打开工作新局面。第三，要落实到"三量齐升"上。[①]

据统计，2012 年湘西州小康总体实现程度 70.8%，比 2000 年提高 23 个百分点。但全州总体实现程度比全省水平低 15.1 个百分点，与全面建成小康社会相差 29.2 个百分点，主要是经济发展这一关键硬性指标，实现程度仅为 49.7%，特别是人均 GDP、城镇化率、居民人均收入 3 项主要指标差距最大，加上全州尚有 139 万贫困人口，实现同步小康压力很大。2013 年 5 月，湘西州委立足早谋划、早部署，在全州领导干部培训班上就明确提出"我州全面小康实现程度到'十二五'末达到 80% 左右、到建州六十周年达到 90% 左右、到 2020 年基本建成小康社会的三个阶段目标"。并提出要"大力实施基础设施、优势产业、新型城镇、生态文明、民生事业'五大建设'，是推进同步小康的战略重点，也是实现同步小康的重要支撑"[②]。目标激动人心，但要实现目标，却要不折不扣的努力，根据湘西州的实际，以城乡一体化为抓手，以农村基础设施建设为重点，整体推进湘西州的社会经济发展进程，能起到事半功倍的效果。

支持农业农村基础设施建设是历年来党中央、国务院对农发行的明确要求，是城镇化和城乡发展一体化的重要内容。2010 年中央 1 号文件指出："加大政策性金融对农村改革发展重点领域和薄弱环节的支持力度，拓展农业发展银行支农领域，大力发展农业开发和农村基础设施建设中长期政策性信贷业务。"同时推进城乡发展一体化是解决"三农"问题的根本途径。根据中央 1 号文件精神，农发行承担着服务"三农"的重任，在支持新农村建设等领域发挥了较大的作用，政策性中长期信贷业务在"三农"中的重

---

① 《加快发展　特色发展　科学发展　全力推进同步全面小康社会建设》，叶红专在州委十届三次全体（扩大）会议上的讲话。

② 《加快发展　特色发展　科学发展　全力推进同步全面小康社会建设》，叶红专在州委十届三次全体（扩大）会议上的讲话。

要地位更加凸显。州农发行作为唯一一家农业政策性银行，在支持城乡一体化发展过程中起着举足轻重的作用，根据湘西州的实际情况，州农发行应该在支持城乡一体化发展中积极发挥金融主渠道的作用。

二 农发行是少数民族落后地区实现同步小康信贷资金的重要提供者

大力支持农业农村基础设施建设，推进城乡发展一体化。这是农发行可持续发展的最大机遇所在，也是信贷支农的最大潜力所在。国内外经验表明，加强农业农村基础设施建设，是促进城乡公共服务均等化，加快农村经济社会振兴的有效途径。但长期以来，我国财政对农业农村基础设施的投入欠账较多，基础设施建设资金集中投入与财政资金分年预算、分批拨付的矛盾比较突出，已经成为制约农业农村经济社会发展的重要瓶颈因素。作为国有农业政策性银行和建设新农村的银行，农发行应该把大力支持农业农村基础设施建设作为发挥支农作用的战略重点之一。农村基础设施的改善需要农业政策性金融的支持。

首先是基础设施建设方面的资金缺口。湘西州到 2020 年要实现同步小康，面临的最大问题是资金不足，存在着巨大的资金缺口，而这个缺口仅靠地方财力是远远不够的，迫切需要外部资金支持。就支持城乡统筹发展而言，农发行应将信贷支持重点放在具有明显公益性、非经营性，且难以依靠自身经营实现收支平衡的农业开发和农村基础设施建设项目上，放在农业农村可持续发展的薄弱环节和重点领域上；以政府主导，实体承贷、预期收益权抵押为主要运作方式。

其次，长期以来，农村资金逆向流动，相对于发达地区而言，湘西州的信贷资金不足，发展资金比较匮乏。活跃在农村的邮政储蓄、合作金融机构和保险机构，为了获得无风险的高息收入，把大量吸收的农民储蓄存款存放在上级行或同级人民银行。使农村有限的资金大量离土离乡或"失血贫血"，农村资金非农化。主要原因是：1. 国有商业银行县支行以下经营机构，由过去提供贷款和金融服务变为以吸收存款为主，以存差为主，客观上造成本来已严重短缺的资金进一步外流，转移了地方和用途，降低了贫困地区小康建设可利用的信贷资金，形成城市金融与农村金融的巨大反差。2. 农村邮政储蓄只吸存，不放贷，没风险，竞争力强，成为农村资金流出的主要渠道。3. 保险机构吸保人员深入乡村，吸收的大量保费全部上存。大量的资金流向发达地区，因为那里信用环境好，资金回报率高。而湘西州的信用环境还不是很好，投资有一定的风险。以至于一些资金逃离了本地。大量的民间借贷和非法集资的崩盘使得本地区的信用环境更趋恶化，一些大的商业银行机构不愿在本地投放贷款。而农发行作为政府调节市场失灵和弥补市场缺陷的重要机构，在当前和今后一个时期，在加强农村基础设施建设，大力推进城乡一体化的发展过程中，必须发挥好政策性银行的引领作用。

再次，由于金融业的企业性质，决定了其以经营利润最大化为主要目标，而这一趋利动机制约了对城乡一体化服务的拓展。现有的商业银行机构，为降低不良贷款比例、防范和化解金融风险，纷纷精简县一级机构，金融机构"进城"现象日益明显。而且商业银行对县级分支机构基本没有信贷授权，信贷规模与投放量逐年减少，部分县级商业银行存贷比例仅为30%，支持经济发展和小康建设力度明显减弱。而农村基础设施有些项目往往是投资大、周期长、自身效益低、资金回笼慢、回报率低。如城乡统筹中农业和农村基础设施中长期建设项目，首先要列入政府规划、政府立项，项目建设和运营也必须由政府控制或主导，一般商业性银行和社会资金不愿投入，而农发行具有典型的公益性、非经营性特征。作为农业政策性银行，经营原则是保本微利，追求的目标是经济、社会、生态效益的最大化，追求社会效益最大化，忠实地体现政府的支农意图，广泛归集引导社会资金回流农村，发挥农发行在城乡一体化建设中的骨干和支柱作用，这正是对农村金融体系缺失的补充。农发行凭借自身政策性银行的优势，可以围绕统筹城乡规划一体化做文章，及早着手，找到最佳切入点，积极跟进城乡发展规划的编制实施，重点支持列入当地发展规划、政府主导、社会关注、具有较强民生效益的项目，对其实施相对应的信贷服务。

最后，央行对少数民族贫困地区缺乏有针对性的金融政策和制度供给。中央银行长期以来给贫困地区的金融优惠仅限于部分专项资金的供给，而对支持"三农"和一些重要经济开发的全方位的优惠政策则不够。一是缺乏有区别且具针对性的区域性货币政策。当前，无论是货币供给量还是准备金比例、贷款和再贷款等货币政策工具的运用，均未体现出对贫困地区或区域重点经济开发区金融支持的倾斜。二是在信贷管理体制中有关商业银行存贷比例、授信额度、贷款结构等方面采取全国一刀切的方式，缺乏体现信贷政策对贫困地区、区域经济开发，小康社会建设支持的灵活性和差别性。三是缺乏引导贫困地区金融组织体系不断完善的鼓励性政策及措施，而且对金融机构的市场准入和退出、业务经营范围限制过死。四是对企业直接进入融资市场准入条件等政策管制过严，缺乏灵活性和倾斜性。

三 农发行助推湘西州实现同步小康的政策选择

农发行作为支持社会主义新农村建设的农业政策性银行，在进一步为农业增产、农民增收、农村稳定提供更有力的、多层面的农业政策性金融支持的工作中，在支持城乡发展一体化中要想有所作为，真正发挥农业政策性银行的职能作用，就必须统筹发展，找准支持的重点和关键，切实发挥好信贷支持的作用，真正做大做强农发行的业务。

（一）扩大农发行支农范围

若农发行能够完善农村政策性金融服务功能，加大服务力度与渗透力度，配合政府加大对城乡发展一体化的支持，则可以有效发挥政府补贴和政策性垫付资金的双重倡导性功能，引导社会投资者增加对城乡发展一体化建设的投入，解决制约"城乡一体化"发展的瓶颈问题。因此，要扩大农发行支农的范围，使其更好地发挥作用，重点支持城乡发展一体化电网改造，城乡通信、供水、供气、供热等基础设施建设。

（二）完善信息资源共享

对市场信息掌握的深度和广度，是农发行控制企业经营性风险的关键，农发行应充分利用自身的网络优势和信息技术平台，开展信息库建设，和其他金融机构共享基础信息，同时，采集市场价格信息、了解交流市场行情、掌握相关行业政策，同时，要抓信用环境建设，建立完善的社会诚信体系，加强银企互动，利用人行的信息咨询系统，实现企业法人、个人诚信信息网络化，共筑道德风险防火墙。

（三）建立财政扶持机制，实行税收优惠政策和金融扶持政策

一是建议国家从经营性基本建设投资或国有土地出让金中提取一定比例，设立"农业投资发展基金"，对支持城乡统筹发展的政策性贷款给予适当补贴，包括利差补贴、因自然灾害等因素形成的贷款损失补偿等。二是建立资本金补充和风险拨备机制。建议以2010年末的资本充足率为基数，由中央财政按不低于8%的资本充足率要求一次性注资补足。如果中央财政一次性注资有困难，可以通过免征农发行所得税、账面利润全额转增或发行次级债券等方式补充资本金。三是完善风险拨备机制。建议提高农发行贷款风险拨备税前提取比例，由现行的1%提高到3%，以增强化解涉农贷款风险的能力。四是对农业开发和农村基础设施建设等中长期政策性信贷业务给予税收减免或税收返还政策。同时，实行有别于商业银行的差别准备金政策，降低农业政策性银行的存款准备金率，并对农发行支持城乡统筹等新农村建设规模单独安排信贷计划。

（四）要处理好农发行与其他金融机构的关系

在推动城乡一体化建设中，金融作用的发挥是核心，健全商业

性金融、合作性金融和政策性金融相结合的农村金融服务体系是关键。商业性金融的经营性质决定了其对农业、农村的投入力度小，而农发行由于受业务范围的限制，不吸收储蓄存款，资金来源主要依靠发行金融债券和人民银行再贷款，资金来源和运用的矛盾十分突出，这就需要加强政策性金融与商业性金融的合作，建立优势互补、合作共赢的工作机制，把有限的金融资源合理配置，加强农村基础设施建设的成效。

（五）信贷计划单列与审批权限下放及流程简化

中国经济是不均衡的，发达地区和欠发达地区在发展时面临的问题不完全相同，这需要实行差别化的政策。国家农发行可以考虑对少数民族贫困地区信贷计划实行特事特办，进行信贷计划单列。贷款额度可以由地市级分行直接向总行申请，农发行下放审批权限，二级分行可审批的商业性短贷限额比一般地区要高。完善信贷管理制度，优化办贷流程。要抓紧对现有办贷流程和信贷管理系统进行修改完善。尤其是要尽早在 CM2006 系统中增补新科目，增加新的管理模块，调整授权授信规定，减少办贷中间环节，加强上、下级行和前、后台之间的衔接，进一步提高办贷效率。

（六）项目资本金下调至 15%—20%

项目资本金是指在建设项目总投资中，由投资者认缴的出资额，现阶段农发行对项目资本金的比例要求是一般不能低于 20%。但结合各地的实际情况，特别是少数民族贫困地区的实际需要，通过下调项目资本金，可以降低项目的准入门槛，更大地发挥资金的杠杆作用。

（七）抓紧出台农业政策性银行相关法律法规，完善政策性银行治理水平

建议抓紧出台《农业政策性银行法》或《中国农业发展银行条例》，使农发行业务经营纳入法制化管理的轨道。随着农发行支农力度尤其是支持城乡统筹发展力度的加大，建议国家对农发行建立有效的外部激励约束机制。围绕促进政府支农政策目标的实现、

信贷资金安全、国有资产保值增值、银行经营业绩等方面，对农发行建立绩效考评机制。将考评结果同员工收入、费用安排等挂钩，并在财务费用的管理使用上借鉴商业银行收入费用率管理方式，逐步建立一个良性的费用约束机制，并赋予一定的自主权，以促进农发行的可持续发展。同时，农发行内部也要大力开展职业道德教育，强化风险管理，建立健全风险监督、防控体系，严格执行各项规章制度和业务操作流程，扎牢内部安全的"篱笆"，使城乡一体化建设有更加坚实的基础。

（八）进行涉农资金的整合

理顺并归并各类财政支农资金由农发行统一代理拨付。据不完全统计，目前我国中央级直接分配、管理农业财政资金的部门达9个之多。根据国务院赋予农发行"代理财政支农资金的拨付"的职能要求，建议对中央和地方各类支农资金进行整合归并至财政部门统一管理，并由农业发展银行代理结算与拨付，以增强农发行的支农主导作用，加强对支农资金的监管。

第五章

湘西州农发行转型与发展的思路

地处武陵山扶贫开发核心区的湘西州，拥有独特的资源禀赋，在"同步小康"之路上，急切地期盼金融的支持，特别是政策性金融的鼎力相助。中国农业发展银行湘西州分行，已经在探索如何因地制宜地推进"一体两翼"业务。作为一家少数民族贫困地区的农业政策性银行，农发行湘西州分行还需要广开政策思路，更好地服务于当地的扶贫攻坚，更好地服务于城镇化建设。为准确定位湘西州农发行转型与发展的路径，本章第一节将首先分析武陵山片区的资源优势与发展中存在的问题，讨论扶贫开发区的金融需求，探讨农业发展银行建功立业的着力点；第二节综述中国农业发展银行体系的建立、发展与改革，分析作为全国唯一的农业政策性银行转型与发展的思路；第三节重点论述湘西州对农业政策性金融的需求，讨论中国农业发展银行湘西州分行的业务类型，研究湘西州农发行转型与发展的方向。

第一节　少数民族贫困地区需要
农业政策性银行的支持

武陵山片区是国家重点开发的集中连片特困区之一。武陵山片区蕴藏着丰富的矿产资源、生物资源、生态资源、人文资源，等待着人们的开发。在将资源优势变为发展优势的过程中，国家扶贫开发政策及扶贫资金的投入固然重要，政策性金融的支持同样重要。一定意义上讲，农业政策性金融，开发性金融，有助于培育当地经济的造血机能。武陵山片区迫切需要农业发展银行的支持。

一　武陵山片区的地理分布

武陵山片区位于湖南、湖北、重庆、贵州四省市交界区域，聚居着土家、苗、侗、瑶、布依、白等 30 余个少数民族，是我国中西部地区交接带最大的连片特困区。2011 年，中共中央、国务院印发了《中国农村扶贫开发纲要（2011—2020 年）》，强调要把连片特困地区作为未来扶贫攻坚的主战场。武陵山片区成为 14 个国家重点开发的集中连片特困区之一。2011 年武陵山片区被国务院扶贫办确立为"集中连片特困区区域发展与扶贫攻坚"示范区。武陵山片区地理分布情况如图 5—1—1 所示。

武陵山片区山同脉、水同源、族同宗、经济文化相似。武陵山片区下辖湖南省怀化市、张家界市、湘西土家族苗族自治州以及湖南省邵阳市、益阳市、常德市少数县市，湖北省恩施土家族苗族自治州、贵州省遵义市（6 县）和铜仁地区、重庆市渝东南等 7（区）县，共计 71 个县市，土地面积 17.18 万平方公里，人口3645 万。其中包括，湖北省恩施土家族苗族自治州 8 个县市，面积 2.4 万平方公里，人口 380 多万人，少数民族人口占 52.4%；湖南省湘西自治州 8 个县市，面积 1.54 万平方公里，人口 270 多万人，少数民族人口占 72.9%；湖南省张家界市 2 区 2 县，面积0.95 万平方公里，人口 150 多万，少数民族人口占 60%；湖南省怀化市 10 县 1 市 2 区和一个省级开发区、一个省级工业园，总面积 2.76 万平方公里，人口 460 多万，少数民族人口占 40%；贵州省铜仁地区 10 县（市）特区，面积 1.8 万平方公里，人口 380 多万人，少数民族人口占 68.4%；重庆市东南部 1 区 5 县（称为渝东南地区），面积 1.9 万多平方公里，人口 320 多万，少数民族人口占 51%。集中了重庆、贵州、湖南、湖北等四省市的经济欠发达区域。①

资料来源：冷志明：《武陵山经济协作区空间协调发展程度评价》，《地理研究》，2012 年 3 月。

图 5—1—1　武陵山片区空间分布图

武陵山片区是由"一体四翼"组成。"一体"就是以武陵山为中心的整个武陵山片区，"四翼"即湖南、湖北、贵州、重庆 4 省所辖的片区部分，分为大湘西、鄂西南、黔东北、渝东南。"四翼"中大湘西的面积和人口都超过了全区的一半，鄂西南面积居其次，渝东南所占面积最小，常住人口也最少。黔东北所占面积第

①　参见高绪、李琼《对武陵山片区经济中心形成的思考》，《中央民族大学学报》（哲学社会科学版），2000 年第 1 期；侯春灯《试论构建武陵山经济协作区》，《探索》，2011 年第 3 期；冷志明：《武陵山经济协作区空间协调发展程度评价》，《地理研究》，2012 年 3 月。

三，但相比鄂西南和渝东南，人口密度较大。①

二　武陵山片区蕴藏着丰富的资源

（一）自然资源丰富

1. 矿产资源丰富

武陵山片区蕴藏着丰富的矿产资源，储量大、品位高、分布广。恩施市拥有举世罕见的硒资源，被誉为"世界硒都"；怀化市新晃县的钾长石储量为9亿吨，重晶石储量为2.8亿吨，属于全国特大型矿床，被誉为"中国钡都"；湘西土家族苗族自治州锰储量31亿吨，居全国第二，汞的远景储量居全国第四位。

2. 水能资源丰富

乌江、清江、澧水、沅水等几大水系和数以千计的溪流流经武陵山片区，水能资源十分丰富，开发利用潜力巨大。据有关部门测算，恩施州水能资源的理论储量为509万千瓦，可开发量为349.1万千瓦；怀化市水能资源的理论蕴藏量为499万千瓦，可开发量为460万千瓦；铜仁地区的水能资源的理论蕴藏量为200万千瓦，湘西州水能资源蕴藏量为168万千瓦。水能为最清洁、最安全的能源，是武陵山片区未开发的财富。

（二）生物资源丰富

武陵山境内具有良好的生物多样性。野生动物中有珍稀动物如娃娃鱼、独角兽、苏门羚、华南虎、云豹、猕猴、灵猫等。各类植物达4000多种，其中中草药就有1800多种。珍奇树种有银杏、珙桐、红豆杉、樱花等；名贵药材有灵芝、天麻、何首乌、杜仲等。武陵山是一些名贵中药的主产地，如怀化茯苓的出口量占全国出口量的60%以上。

武陵山丰富的生物资源中，不少种类被列为国家地理标识。国

---

① 王庭宇：《武陵山片区"一体四翼"旅游发展与资源的比较分析》，《旅游经济》，2013年6月。

家地理标识是农业知识产权的重要组成部分，主要目的是保护传统的名优特产（如农产品、酒类、食品、工艺品、纺织品等特产），由地理标识产品、地理标识商标及农产品地理标识组成。目前，武陵山片区的国家地理标识产品有：中药材 13 种，茶类 12 种，果品 7 种，蔬菜 4 种，畜牧类 4 种，粮油类 12 种，桐油类 2 种，其他类 3 种；国家地理标识商标有：中药材 12 件，茶类 15 件，果品 10 件，蔬菜 11 件，畜牧类 16 件，粮油类、桐油类和其他类各 1 件；国家农产品地理标识有：中药材 1 种，茶类 5 种，果品 10 种，蔬菜 5 种，畜牧类 5 种，粮油类 3 种。① 见表 5—1—1、表 5—1—2、表 5—1—3、表 5—1—4、表 5—1—5、表 5—1—6。

这些武陵山片区国家地理标识产品，是当地发展特色农业的基础。

表 5—1—1 武陵山片区国家地理标识产品的原产地分布

（截至 2012 年 8 月 15 日）

所属地区	种数	国家地理标识产品
恩施州	17	巴东独活、巴东玄参、板桥党参、恩施玉露、恩施紫油厚朴、贡水折柚、金丝桐油、景阳鸡、来凤凤头姜、来凤漆筷、利川莼菜、利川黄连、利川山药、伍家台贡茶、咸丰白术、宣恩火腿、鹤峰茶
宜昌市	2	秭归脐橙、火烧坪包儿菜
湘西州	4	古丈毛尖、酒鬼酒、溪洲莓茶、湘西猕猴桃
张家界市	1	张家界大鲵
怀化市	4	碣滩茶、邵州银杏、黔阳冰糖橙、新晃黄牛肉
邵阳市	6	隆回金银花、隆回龙牙百合、武冈卤豆腐、武冈卤铜鹅、新宁脐橙、雪峰蜜橘
益阳市	1	安化黑茶

---

① 孙志国、钟儒刚、刘之杨：《武陵山片区农业资源优势及区域产业化发展对策》，《湖南农业科学》。

续表

所属地区	种数	国家地理标识产品
铜仁市	4	德江天麻、梵净山翠峰茶、沙子空心李、石阡苔茶
遵义市	5	凤冈富锌富硒茶、茅贡米、余庆苦丁茶、正安白茶、正安野木瓜
重庆武陵片	3	石柱黄连、秀山油、酉阳青蒿

资料来源：孙志国等：《武陵山片区特产资源的地理标识保护与特色产业扶贫对策》，《山东农业科学》2012，44（12）。

表5—1—2　　武陵山片区国家地理标识产品的种类分布

（截至2012年8月15日）

种类	种数	国家地理标识产品
中药材	13	利川黄连、板桥党参、恩施紫油厚朴、咸丰白术、巴东独活、利川山药、巴东玄参、隆回金银花、邳州银杏、石柱黄连、酉阳青蒿、德江天麻、正安野木瓜
茶类	12	恩施玉露、伍家台贡茶、鹤峰茶、古丈毛尖、碣滩茶、安化黑茶、溪洲莓茶、梵净山翠峰茶、石阡苔茶、凤冈富锌富硒茶、正安白茶、余庆苦丁茶
果品	7	贡水白柚、秭归脐橙、黔阳冰糖橙、新宁脐橙、雪峰蜜橘、湘西猕猴桃、沙子空心李
蔬菜	4	利川莼菜、来凤凤头姜、火烧坪包儿菜、隆回龙牙百合
工艺品	3	来凤漆筷、金丝桐油、秀油
家禽	2	景阳鸡、武冈卤铜鹅
牲畜	2	新晃黄牛肉、宣恩火腿
粮食	2	茅贡米、武冈卤豆腐
水产品	1	张家界大鲵
酒类	1	酒鬼酒

资料来源：孙志国等：《武陵山片区特产资源的地理标识保护与特色产业扶贫对策》，《山东农业科学》2012，44（12）。

表 5—1—3　　武陵山片区国家地理标识商标的产品原产地分布

（截至 2012 年 8 月 15 日）

所属地区	件数	国家地理标识商标
恩施州	10	板桥党参、恩施富硒茶、恩施玉露、来凤金丝桐油、伍家台贡茶、利川黄连、利川山药、利川天上坪白萝卜、利川天上坪大白菜、利川天上坪甘蓝
宜昌市	6	五峰绿茶、五峰香葱、资丘木瓜、秭归脐橙、宜昌蜜桔、宜昌天麻
湘西州	5	保靖黄金茶、古丈毛尖、龙山百合（注册号 6488163）、龙山百合（注册号 6488183）、泸溪椪柑
张家界市	1	张家界椪柑
怀化市	7	麻阳柑橘、大合坪黑猪、新晃黄牛、靖州茯苓、芷江绿壳鸡蛋、芷江鸭（注册号 5084394）、芷江鸭（注册号 6491547）
邵阳市	5	隆回金银花、隆回龙牙百合、武冈卤菜、武冈铜鹅（注册号 6053574）、武冈铜鹅（注册号 6053575）
益阳市	3	安化茶、安化黑茶、安化千两茶
常德市	2	石门柑橘、石门银峰
铜仁市	4	德江天麻、石阡苔茶、思南黄牛、玉屏箫笛
遵义市	4	凤冈锌硒茶、湄潭翠芽、遵义红、正安白茶
重庆武陵片	20	彭水魔芋、彭水苗家土鸡、石柱黄连、石柱长毛兔、秀山土鸡（注册号 8422039）、秀山土鸡（注册号 8422040）、秀山白术、秀山金银花、酉阳青蒿、麻旺鸭、酉州乌羊、武隆猪腰枣、武隆高山白菜、武隆高山萝卜、丰都龙眼、丰都红心柚、丰都锦橙、丰都榨菜、丰都肉牛（注册号 7602431）、丰都肉牛（注册号 9872488）

资料来源：孙志国等：《武陵山片区特产资源的地理标识保护与特色产业扶贫对策》，《山东农业科学》2012，44（12）。

表 5—1—4　　武陵山片区国家地理标识商标的特产种类分布

（截至 2012 年 8 月 15 日）

种类	件数	国家地理标识商标
茶类	15	恩施富硒茶、恩施玉露、伍家台贡茶、五峰绿茶、石阡苔茶、凤冈锌硒茶、湄潭翠芽、正安白茶、石门银峰、保靖黄金茶、古丈毛尖、安化茶、遵义红、安化黑茶、安化千两茶
中药材	12	板桥党参、利川黄连、利川山药、资丘木瓜、宜昌天麻、德江天麻、靖州茯、隆回金银花、石柱黄连、秀山白术、秀山金银花、酉阳青蒿
蔬菜	11	利川天上坪大白菜、利川天上坪甘蓝、利川天上坪白萝卜、五峰香葱、隆回龙牙百合、龙山百合（注册号6576018）、龙山百合（注册号6488163）、武隆高山萝卜、武隆高山白菜、丰都榨菜、彭水魔芋
果品	10	宜昌蜜橘、秭归脐橙、石门柑橘、麻阳柑桔、泸溪椪柑、张家界椪柑、丰都红心柚、丰都锦橙、丰都龙眼、武隆猪腰枣
家禽	9	芷江绿壳鸡蛋、芷江鸭（注册号6491547）、芷江鸭（注册号9758015）、武冈铜鹅（注册号6053575）、秀山土鸡（注册号8422039）、秀山土鸡（8422040）、彭水苗家土鸡、麻旺鸭
牲畜	7	思南黄牛、新晃黄牛、丰都肉牛（注册号7602431）、丰都肉牛（注册号9872488）、石柱长毛兔、酉州乌羊、大合坪黑猪
工艺品	2	玉屏箫笛、来凤金丝桐油
粮食制品	1	武冈卤菜（卤豆腐等）

资料来源：孙志国等：《武陵山片区特产资源的地理标识保护与特色产业扶贫对策》，《山东农业科学》2012，44（12）。

表 5—1—5　　武陵山片区国家农产品地理标识的产品原产地分布

（截至 2012 年 8 月 15 日）

所属地区	种数	国家农产品地理标识
恩施州	6	关口葡萄、鹤峰茶、建始猕猴桃、伍家台贡茶、小村红衣米花生、走马葛仙米
宜昌市	3	屈乡丝绵茶、宜昌白山羊、秭归桃叶橙
湘西州	4	保靖黄金茶、浦市铁骨猪、湘西黄牛、湘西椪柑
张家界市	1	茅岩莓茶
怀化市	4	洪江雪峰乌骨鸡、靖州杨梅、黔阳大红甜橙、黔阳脐橙
娄底市	1	紫鹊界贡米
邵阳市	2	洞口雪峰蜜橘、崀山脐橙
重庆武陵片	8	武隆高山白菜、武隆高山甘蓝、武隆高山辣椒、武隆高山萝卜、武隆高山马铃薯、武隆猪腰枣、秀山金银花、白马蜂蜜

资料来源：孙志国等：《武陵山片区特产资源的地理标识保护与特色产业扶贫对策》，《山东农业科学》2012，44（12）。

表 5—1—6　　武陵山片区国家农产品地理标识的种类分布

（截至 2012 年 8 月 15 日）

种类	种数	国家农产品地理标识
果品	10	关口葡萄、建始猕猴桃、秭归桃叶橙、黔阳脐橙、黔阳大红甜橙、洞口雪峰蜜橘、崀山脐橙、湘西椪柑、靖州杨梅、武隆猪腰枣
茶类	5	鹤峰茶、伍家台贡茶、屈乡丝绵茶、保靖黄金茶、茅岩莓茶
蔬菜	5	走马葛仙米、武隆高山白菜、武隆高山甘蓝、武隆高山萝卜、武隆高山辣椒
牲畜	3	宜昌白山羊、湘西黄牛、浦市铁骨猪
家禽	1	洪江雪峰乌骨鸡
粮食	2	紫鹊界贡米、武隆高山马铃薯

续表

种类	种数	国家农产品地理标识
中药材	1	秀山金银花
食用油（原料）	1	小村红衣米花生
饮料	1	白马蜂蜜

资料来源：孙志国等：《武陵山片区特产资源的地理标识保护与特色产业扶贫对策》，《山东农业科学》2012，44（12）。

　　武陵山片区不少地方被命名为中国特产之乡。在全片区71个县（区、市）中，被国家命名的"中国特产之乡"就有31个，分别为：（1）中国名茶之乡——贵州省的凤冈县、湄潭县、印江自治县，湖北省的五峰自治县，湖南省的石门县；（2）中国茶叶之乡——湖北省的鹤峰县、五峰自治县；（3）中国富锌富硒有机茶之乡——贵州省的凤冈县；（4）中国小叶苦丁茶之乡——贵州省的余庆县；（5）中国油茶之乡——贵州省的玉屏自治县；（6）中国茶油之都——湖南省的邵阳县；（7）中国野木瓜之乡——贵州省正安县；（8）中国白柚之乡——湖北省宜恩县；（9）中国脐橙之乡——湖北省秭归县；（10）中国雪峰蜜橘之乡——湖南省洞口县；（11）中国甜橙之乡——湖南省洪江市；（12）中国杨梅之乡——湖南省靖州自治县；（13）中国椪柑之乡——湖南省泸溪县；（14）中国柑橘之乡——湖南省石门县；（15）中国莼菜之乡——湖北省利川市；（16）中国铜鹅之乡——湖南省武冈市；（17）中国卤菜之都——湖南省武冈市；（18）中国辣椒之乡——重庆市石柱自治县；（19）中国生态黄连之乡——湖北省利川市；（20）中国黄连之乡——重庆市石柱自治县；（21）中国厚朴之乡——湖南省安化县；（22）中国杜仲之乡——湖南省慈利县；（23）中国茯苓之乡——湖南省靖州自治县；（24）中国金银花之乡——湖南省隆回县；（25）中国山银花药材产业之乡——重庆市秀山自治县；（26）中国青蒿药材产业之乡——重庆市酉阳自治县；（27）中国竹子之乡——湖南省的安化县、绥宁县；（28）中国黄柏之乡——湖南省桑植县；（29）中国观赏石之乡——湖北省长阳自治县；（30）中国箫笛之乡——贵州省玉屏自治县；（31）中国土家织锦之乡——湖南省龙山县。①

（三）人文资源丰富

武陵山区各族人民创造了灿烂的文明，非物质文化遗产极其丰富。

2006 年到 2011 年，国务院先后公布了三批《国家级非物质文化遗产名录》，共有1219 项非物质文化遗产入选，其中，武陵山片区入选的有68 项，土家族、苗族、侗族、瑶族、仡佬族、白族等少数民族的45 项非物质文化遗产名列其中，见表5—1—7。

表5—1—7　　武陵山片区入选的国家级非物质文化遗产名录

类型	项数	国家级非物质文化遗产
民间文学	7	苗族古歌、屈原传说、都镇湾故事、土家族梯玛歌、盘瓠传说、土家族哭嫁歌、酉阳古歌
传统音乐	17	桑植民歌、石柱土家啰儿调、靖州苗族歌鼟、南溪号子、薅草锣鼓（五峰土家族薅草锣鼓、宣恩薅草锣鼓、长阳山歌）、土家族打溜子、秀山民歌、酉阳民歌、茶山号子、新化山歌、江河号子（长江峡江号子、酉水船工号子）、苗族民歌（湘西苗族民歌）、瑶族民歌（花瑶呜哇山歌）、锣鼓艺术（宜昌堂调）、土家族咚咚喹、芦笙音乐（侗族芦笙）、利川灯歌
传统舞蹈	8	龙舞（地龙灯、芷江孽龙、城步吊龙）、狮舞（高台狮舞）、土家族摆手舞（湘西摆手舞、恩施摆手舞、酉阳摆手舞）、土家族撒叶儿嗬、湘西苗族鼓舞、湘西土家族毛古斯舞、肉连响、仗鼓舞（桑植仗鼓舞）

① 孙志国、钟儒刚、刘之杨：《武陵山片区农业资源优势及区域产业化发展对策》，《湖南农业科学》。

续表

类型	项数	国家级非物质文化遗产
传统戏剧	10	高腔（辰河高腔、常德高腔）、灯戏、花灯戏（思南花灯戏）、侗戏、目连戏（辰河目连戏）、傩戏（侗族傩戏、沅陵辰州傩戏、梅山傩戏、德江傩堂戏、仡佬族傩戏、鹤峰傩戏、恩施傩戏）、木偶戏（邵阳布袋戏、石阡木偶戏）、花鼓戏、南剧、张家界阳戏
曲艺	4	丝弦（常德丝弦、武冈丝弦）、南曲、恩施扬、三棒鼓
传统体育、游艺与杂技	1	赛龙舟
传统美术	6	滩头木版年画、剪纸（踏虎凿花）、挑花（花瑶挑花、苗族挑花）、竹刻（宝庆竹刻）、彩扎（凤凰纸扎）、苗画
传统技艺	7	土家族织锦技艺、蓝印花布印染技艺、玉屏箫笛制作技艺、苗族银饰锻制技艺、侗锦织造技艺、黑茶制作技艺（千两茶制作技艺、茯砖茶制作技艺）、土家族吊脚楼营造技艺
传统医药	1	苗医药（癫痫症疗法、钻节风疗法）
民俗	7	端午节（屈原故里端午习俗）、仡佬毛龙节、秀山花灯、苗族服饰、农历二十四节气（石阡说春）、苗族四月八姑娘节、土家年

资料来源：孙志国、钟儒刚等：《武陵山片区非物质文化遗产的保护与文化产业发展》，《江西农业学报》，2012 年第 10 期。

　　除此之外，武陵山片区还有 300 项省级非物质文化遗产，分别入选各省非物质文化遗产名录。在湖北省级非物质文化遗产名录中，武陵山片区有 60 项；湖南 207 项省级非物质文化遗产名录中，武陵山片区有 120 项；贵州 401 项省级非物质文化遗产名录中，武陵山片区有 54 项；重庆 278 项直辖市非物质文化遗产名录中，武陵山片区有 66 项。①

（四）旅游资源丰富

厚重的文化遗产，美丽的自然风光，为武陵山片区增添了丰富的旅游资源，见表 5—1—8。

武陵山片区旅游资源，在自然风光方面，主要以世界自然遗产、世界地质公园、世界生物圈保护区、国家级风景名胜区、国家地质公园、国家级自然保护区、国家级生态示范区、国家森林公园、国家湿地公园等重点旅游景区为依托。在武陵山片区境内，有 3 处世界自然遗产，有 5 处 5A 级旅游景区，有 34 处 4A 级旅游景区，有 14 处国家重点风景名胜区，有 24 处国家森林公园。世界地质公园张家界、世界自然遗产武陵源蜚声海内外。

在人文旅游资源方面，主要以非物质文化遗产、物质文化遗产、少数民族文化遗产为依托。特色旅游业主要有民族文化旅游、农业生态旅游等。"洪江古商城"是我国唯一保存完好的明清古商城，堪称"中国第一古商城"。红色文化景点也声名鹊起，如桑植县红二方面军长征出发地，永顺县、龙山县湘鄂川黔苏维埃革命委员会创建地，中国人民抗日战争胜利的标志、国家 4A 级旅游景区——芷江受降纪念坊，等等。②

表 5—1—8　　　　武陵山片区旅游资源状况

区域	世界自然遗产	5A 级景区	4A 级景区	国家重点风景名胜区	国家森林公园
大湘西 2	1	19	10	13	0
鄂西南	0	2	6	0	4
黔东北	0	0	4	3	1

① 孙志国、钟儒刚:《武陵山片区非物质文化遗产的保护与文化产业发展》,《江西农业学报》,2012 年第 10 期。

② 游红俊:《武陵山经济协作区的现状与发展思考》,《商场现代化》,2011 年 6 月（上旬刊）。

续表

区域	世界自然遗产	5A级景区	4A级景区	国家重点风景名胜区	国家森林公园
渝东南	1	2	5	1	6
片区合计	3	5	34	14	24

　　资料来源：王庭宇：《武陵山片区"一体四翼"旅游发展与资源的比较分析》，《旅游经济》，2013年6月。

三　武陵山片区的贫困情况

　　由于地理方位偏远，自然条件恶劣，历史发展迟缓等诸多原因，武陵山片区处于贫困落后状态，各县（市、区）经济总量小，经济发展缓慢。

　　（一）武陵山片区经济总量偏小

　　以2010年统计数据为例，武陵山片区人均GDP只有9163元，相当全国人均GDP 29992元的30.6%，与全国平均水平比相去甚远。片区涉及4省市，其内部发展也极不平衡。片区内经济最为落后的是湖北省恩施土家族苗族自治州，人均GDP为8831元，仅相当于当年全国人均GDP的29.4%；片区内经济较为落后的是贵州省铜仁地区，人均GDP为9601元，相当于当年全国人均GDP的32%。片区内经济发展水平较高的是重庆市黔江区，2010年人均GDP达18681元，尽管已是恩施土家族苗族自治州和铜仁地区人均GDP的2倍左右，却也只及全国人均GDP的62.3%，见表5—1—9。

表5—1—9　　2010年武陵山片区各地区国民生产总值

地区	地区GDP（亿元）	人均GDP（元）	与全国人均GDP比（%）
恩施州	351.13	8831	29.4
邵阳市	730.33	10294.41	34.3
张家界市	242.5	14397.67	48

续表

地区	地区 GDP（亿元）	人均 GDP（元）	与全国人均 GDP 比（%）
怀化市	674.92	14233	47.5
湘西州	303.44	11910	39.7
黔江区	100.13	18681	62.3
铜仁地区	244.47	9601	32
全国	397983	29992	100

资料来源：杨盛海、龙晔生：《武陵山片区城乡统筹发展研究》，《民族论坛》，2013 年第 1 期。

（二）武陵山片区农村极度贫困

武陵山片区农村贫困程度较深。2010 年，片区农民人均收入为 3499 元，是全国农民人均收入水平的 59.1%。2009 年，国家统计局测算，农民人均纯收入低于 1196 元的农村贫困人口为 301.8 万人，贫困发生率为 11.21%，比全国高 7.41 个百分点。片区城乡收入差距达到 3.04∶1。从农村居民恩格尔系数来看，2010 年全国农村恩格尔系数仅为 41.1%，而恩施州、邵阳市、张家界市、怀化市、湘西州、黔江区、铜仁地区分别为 52.1%、51.8%、53.3%、56.2%、57.9%、46.2%、51.2%，高出全国平均水平 5 到 11 个百分点。片区内农村居民人均纯收入和城镇居民人均可支配收入，也都远低于全国平均水平，见表 5—1—10。整个武陵山片区的经济发展水平还处于温饱边缘，其中少部分甚至没有摆脱赤贫状态。

从湖南湘西自治州看，2010 年底，全州尚有国家标准的贫困村 1051 个，贫困人口达 122 万人，占全州农村人口的 75.4%。①

---

① 杨盛海、龙晔生：《武陵山片区城乡统筹发展研究》，《民族论坛》，2013 年第 1 期。

表 5—1—10   2010 年武陵山片区各地区城乡居民收入

地区	农民人均纯收入（元）	与全国平均水平比（%）	城镇居民人均可支配收入(元)	与全国平均水平比（%）
恩施州	3255	55	11406	59.7
邵阳市	3760	63.5	11698	61.2
张家界市	3600	60.8	12700	66.5
怀化市	3520	59.5	12523	65.5
湘西州	3173	53.6	12115	63.4
黔江区	4417	74.6	13797	72.2
铜仁地区	3222	54.4	11000	57.6
全国	5919	100	19109	100

资料来源：杨盛海、龙晔生：《武陵山片区城乡统筹发展研究》，《民族论坛》，2013 年第 1 期。

从贫困发生率指标来看，武陵山片区整体上一直高于全国平均水平。2009 年全国贫困发生率为 3.6%，湘西州为 25%，高于全国 21.4 个百分点；恩施州为 31.4%，高于全国 27.8 个百分点；黔江区为 16.9%，高于全国 13.3 个百分点；铜仁地区为 18.9%，高于全国 15.3 个百分点。2010 年全国贫困发生率为 2.8%，湘西州为 39.7%，高于全国 36.9 个百分点；恩施州为 35%，高于全国 32.2 个百分点；黔江区为 13.4%，高于全国 10.6 个百分点；铜仁地区为 14.1，高于全国 11.3 个百分点。2011 年贫困线标准提高，全国贫困发生率为 12.7%，湘西州为 52.6%，高于全国 39.9 个百分点；恩施州为 44.5%，高于全国 31.8 个百分点；黔江区为 13.6%，高于全国 0.9 个百分点；铜仁地区为 38.4%，高于全国 25.7 个百分点，见表 5—1—11。

表 5—1—11   2009—2011 年湘西州、恩施州、黔江区与铜仁
地区的贫困发生率   单位:%

贫困发生率	2009 年	2010 年	2011 年
全国水平	3.60	2.80	12.70

续表

贫困发生率	2009 年	2010 年	2011 年
全国水平	3.60	2.80	12.70
湘西州（与全国对比）	25（+21.4）	39.7（+36.9）	52.6（+39.9）
恩施州（与全国对比）	31.40（+27.8）	35（+32.2）	44.50（+31.8）
黔江区（与全国对比）	16.90（+13.3）	13.40（+10.6）	13.60（+0.9）
铜仁地区（与全国对比）	18.9（+15.3）	14.1（+11.3）	38.40（+25.7）

表中数字前的 + 号表示高出全国水平。2011 年按 2300 元的新扶贫标准计算。

数据来源：周伟、黄祥芳：《武陵山片区经济贫困调查与扶贫研究》，《贵州社会科学》，2013 年 3 月。

武陵山片区农村家庭的劳动力年均收入水平过低。2010 年，中国国际扶贫中心和华中师范大学在武陵山连片特困地区的 4 省（市）中，选取了贵州省印江县、思南县，湖南省凤凰县、泸溪县，湖北省宣恩县、咸丰县和重庆市秀山县、酉阳县等 8 县 149 个村庄，联合进行"武陵山区减贫战略研究基线调研"，结果表明，整个武陵山片区，农村家庭的劳动力年均收入水平普遍偏低，仅为 4480 元，其中重庆和贵州地区的家庭劳动力年均收益较高，分别达到 5625 元和 5125 元，而湖南的家庭劳动力年均收益最低，仅为 2098 元。①

（三）武陵山片区城镇化水平低

武陵山区由于受山地等自然因素的制约，环境闭塞，交通基础条件很差，加上历史因素、行政区划的影响，城镇化水平非常低，城镇数量不足、质量较差。

2006 年与 2003 年相比，武陵山少数民族各地区城镇化率都有

———————

① 陈琦：《连片特困地区农村家庭人力资本与收入贫困——基于武陵山片区的实证考察》，《江西社会科学》，2012 年第 7 期。

较大提升：重庆渝东南地区提升4.8个百分点，湖北恩施自治州提升3.9个百分点，湖南湘西自治州提升5.9个百分点，贵州铜仁地区提升7.7个百分点。但从横向看，与所属行政省区及全国的平均水平相比，各地区城镇化总体发展水平仍然很低。[①]

2010年全国城镇化率为49.68%，武陵山片区仅为31.88%，比全国同时期城镇化率低17.8个百分点。片区内城镇化水平最高的是张家界市，为40%；其他地区城镇化率由高到低分别为黔江区、怀化市、湘西州、邵阳市、恩施州、铜仁地区。片区内各地区城镇化率都低于所在省市城镇化率的平均水平。片区区域内多为十余万人的小城市，如黔江区、恩施市、吉首市和铜仁市主城区。片区内地区之间、城镇之间交通网络等基础设施建设滞后，城镇空间布局受地形和交通限制明显。近年来，武陵山区的城镇化率有所提高，但整体水平仍然明显低于所属省区和全国的平均水平，见表5—1—12。

表5—1—12　　　　　2010年武陵山片区各地区城镇化水平　　　　单位:%

地区	城镇化水平	所在省（市）城镇化水平		全国城镇化水平
恩施州	30.5	湖北省	46.0	49.68
邵阳市	31.6	湖南省	43.3	
张家界市	40.0			
怀化市	38.0			
湘西州	37.0			
黔江区	39.0	重庆市	51.6	
铜仁地区	30.0	贵州省	33.8	

资料来源：杨盛海、龙晔生：《武陵山片区城乡统筹发展研究》，《民族论坛》，2013年第1期。

---

① 邓正琦：《武陵山民族地区城镇化特征及发展趋势探讨》，《湖北社会科学》，2009年第3期。

四　武陵山片区迫切需要政策性金融的支持

（一）调整产业结构需要政策性金融的支持

依据国务院制定的《武陵山片区区域发展与扶贫攻坚规划（2011—2020 年）》，武陵山片区要进行产业结构调整与产业协作，培植壮大旅游业、特色农业、农林产品加工业、民族手工业、生物医药产业、矿产资源加工业、机械工业、现代服务业、民族文化产业等特色支柱产业。

对武陵山片区而言，由于担负着国家生态涵养区的重任，锰、铁、汞等重要矿产资源开发及深加工，只能适度发展完善，需要提升环保水平，延长产业链条。其他产业如农用机械、通用机械、电子零配件等产业，也不是优先发展的产业。当地产业结构的调整，应着力于特色农业、中药材产业、文化旅游业。

武陵山片区有丰富的药材资源。有国家地理标识的产品就有13 种：如利川黄连、板桥党参、恩施紫油厚朴、咸丰白术、巴东独活、利川山药、巴东玄参、隆回金银花、邛州银杏、石柱黄连、酉阳青蒿、德江天麻、正安野木瓜。有国家地理标识商标 12 件：如板桥党参、利川黄连、利川山药、资丘木瓜、宜昌天麻、德江天麻、靖州茯苓、隆回金银花、石柱黄连、秀山白术、秀山金银花、酉阳青蒿。有国家农产品地理标识的产品 1 种：秀山金银花。发展中药材种植和药品生产产业，得天独厚。当地也在积极发展利川黄连、隆回金银花、龙山百合、张家界五倍子、慈利杜仲、酉阳青蒿素等以区域优势药材资源为基础的医药化工产业。积极利用现代生物提取技术，建设中药饮片和医药中间体提取生产线，推进新药研制开发，积极探索医药保健品的综合开发。如恩施市、利川市、建始县、巴东县、咸丰县、隆回县、桑植县、慈利县、龙山县、德江县、江口县、石阡县、印江土家族苗族自治县、松桃苗族自治县、秀山土家族苗族自治县、酉阳土家族苗族自治县、石柱土家族自治县等地，都在发展党参、厚朴、独活、白术、银杏、金银花、百合、杜仲、青蒿、天麻、黄姜、五倍子、黄精等特色中药材产业。

这些与中药材相关的产业，都是涉农产业，它们需要政策性资金的扶持，中国农业发展银行对这些行业的扶持也责无旁贷。

（二）发展特色农业需要政策性金融的支持

除中药材产业外，武陵山片区具备发展特色农业的优势。

在发展茶叶产业方面，恩施市、宣恩县、鹤峰县、利川市、来凤县、五峰土家族自治县、长阳土家族自治县、保靖县、凤冈县等地开发富硒茶产业；古丈县、沅陵县、安化县、印江土家族苗族自治县、江口县、松桃苗族自治县、正安县、湄潭县等地开发高山茶产业；余庆县等地开发苦丁茶产业；永顺县、张家界市等地开发莓茶（藤茶）产业。

在发展特色果品产业方面，乌江、清江、沅江、澧水流域形成了柑橘产业带；秭归县建设了脐橙产业带；湘西州、张家界市等地兴建了猕猴桃等果业；恩施市、利川市、宣恩县、巴东县、鹤峰县、来凤县、会同县、保靖县、靖州苗族侗族自治县、正安县、湄潭县、凤冈县、彭水苗族土家族自治县、酉阳土家族苗族自治县、秀山土家族苗族自治县等地，建立了板栗产业、核桃产业、白果产业。

在开发特色蔬菜产业方面，恩施市、利川市、宣恩县、建始县、巴东县、咸丰县、长阳土家族自治县、龙山县、凤凰县、保靖县、城步苗族自治县、隆回县、绥宁县、通道侗族自治县、永定区、桑植县、石柱土家族自治县等地建设了高山蔬菜产业；建始县、长阳土家族自治县、五峰土家族自治县、古丈县、隆回县、麻阳、桑植县、印江土家族苗族自治县、松桃苗族自治县等地建设了魔芋产业；利川市、石柱土家族自治县等地开发了莼菜产业。

在拓展油茶产业过程中，宣恩县、来凤县、长阳土家族自治县、五峰土家族自治县、桑植县、慈利县、保靖县、永顺县、花垣县、通道侗族自治县、靖州苗族侗族自治县、绥宁县、邵阳县、石门县、城步苗族自治县、彭水苗族土家族自治县、石柱土家族自治县等地，都建立了油茶产业。

在发展经济作物烤烟方面，利川市、宣恩县、来凤县、龙山县、中方县、会同县、武冈市、洞口县、新宁县、慈利县、桑植县、道真仡佬族苗族自治县、务川仡佬族苗族自治县、武隆县等地兴建了优质烤烟产业。

另外，建始县、巴东县、鹤峰县、永顺县、龙山县、慈利县、洪江市、辰溪县、芷江侗族自治县、溆浦县、新晃侗族自治县、邵阳县、余庆县、石阡县、江口县、武隆县、彭水苗族土家族自治县、黔江区等地，发展了绿色环保生态型生猪、禽畜等产业；巴东县、长阳土家族自治县、五峰土家族自治县、龙山县、沅陵县、溆浦县、正安县、务川仡佬族苗族自治县、黔江区、武隆县等地，兴建了蚕茧产业。①

龙头企业带动了特色农业的发展。武陵山片区一些企业已列入国家扶贫重点龙头企业，见表5—1—13。但武陵山片区还有 61 个县（区、市）没有农业产业化国家重点龙头企业。

表5—1—13　　武陵山片区"国家扶贫龙头企业"名单

省份	企业地址	国家扶贫龙头企业
湖北	恩施州恩施市	恩施市九洲牧业有限公司
	恩施州恩施市	湖北恩施宠业魔芋开发有限公司
	恩施州鹤峰县	湖北长友现代农业股份有限公司
	恩施州鹤峰县	湖北华龙村茶叶有限公司
	恩施州宣恩县	恩施州伍家台富硒贡茶有限公司
	宜昌市五峰王家族自治县	五峰宏力食品有限公司
湖南	湘西州吉首市	湖南老爹农业科技开发股份有限公司
	湘西州吉首市	湖南闻得福油脂集团股份有限公司
	湘西州吉首市	湖南湘泉制药有限公司

① 孙志国等：《武陵山片区特产资源的地理标识保护与特色产业扶贫对策》，《山东农业科学》，2012 年 44（12）。

续表

省份	企业地址	国家扶贫龙头企业
湖南	湘西州吉首市	湘西自治州裕丰农牧有限责任公司
	湘西州龙山县	湖南开缘食品科技开发有限公司
	湘西州永顺县	湖南永顺前港肉食有限公司
	张家界桑植县	湖南张家界九天食品有限责任公司
	怀化市沅陵县	湖南五强溪库区投资开发有限责任公司
	邵阳市新宁县	湖南新宁县家家红食品饮料有限公司
贵州	铜仁市碧江区	贵州华力农化工程有限公司
	铜仁市思南县	贵州省思南县亿农绿色产业有限公司
	铜仁市思南县	思南乌江绿色产业开发有限责任公司
	铜仁市万山区	贵州铜仁和泰茶业有限公司
	遵义市湄潭县	贵州湄潭莰莹食品开发有限公司
	遵义市正安县	正安县顶箐方竹笋有限公司
	遵义市正安县	正安县桴焉茶业有限责任公司
重庆	重庆黔江区	重庆市黔江区珍珠兰茶叶有限责任公司
	重庆武隆县	重庆天生药业有限公司
	重庆石柱土家族自治县	重庆小天鹅百福食品有限公司

资料来源：孙志国、刘之杨：《武陵山片区国家扶贫龙头企业与产业扶贫》，《陕西农业科学》2012 年第 6 期。

武陵山片区发展特色农业有广阔前景。目前，除了需要大力开拓市场之外，广大农户及农业企业更需要资金支持，特别是政策性金融资金的支持。中国农业发展银行不仅要支持广大农户生产性资金，还要加强对片区农业龙头企业的扶植。

（三）保护非物质文化遗产需要政策性金融的支持

武陵山片区生活着土家族、苗族、侗族、瑶族、白族、回族、仡佬族等 9 个世居少数民族，她们创造了丰富的非物质文化遗产资源与少数民族文化遗产资源。这些非物质文化遗产，是发展民族文化产业、民族手工业等特色优势产业的基础，也是发展特色旅游业的基础。比如，武陵山片区的蜡染、制银、织锦、刺绣、根雕、石雕、民间剪纸、西兰卡普、油纸伞、傩戏面具，具有浓郁的民族风情，作为手工艺品行业，市场前景广阔。

对于非物质文化遗产，国家出台了"生产性保护政策"。"生产性保护"是当前我国非物质文化遗产保护的基本方式之一。木作、雕琢、烧造、冶炼、铸造、錾锻、纺织、印染、缝纫、刺绣、编结、髹饰、装潢、制革、制笔、造纸、印刷、制革、酿造、榨取、烹饪、炮制等专门技艺、技巧和知识，传统的民间美术项目形态——年画、剪纸、泥塑、糖塑、面塑、彩扎、灯彩、画绘以及牙雕、石雕、砖雕、竹刻等等，都是生产性保护的主要对象。[①] 武陵山片区的非物质文化遗产几乎都能纳入"生产性保护政策"资助之中。

同全国其他地方的非物质文化遗产生产性保护项目企业一样，武陵山片区的非物质文化遗产的生产经营也面临着困难，融资渠道狭窄问题突出。这也对中国农业发展银行提出了政策性信贷资金支持的要求。

（四）发展旅游业需要政策性金融的支持

武陵山片区正在成为全国重要的旅游名胜之地。武陵山片区地方政府正在制定充分利用自然遗产、物质文化遗产、非物质文化遗产、特产等旅游资源优势，大力发展旅游业，提出以吉首市、恩施市、张家界市、怀化市、铜仁市、黔江区等中心城区为依托，构建恩施山水风情旅游组团、张家界湘西风情旅游组团、湘南山水文化旅游组团、梵净山生态休闲旅游组团、渝东南山水生态旅游组团等五大特色旅游组团，发展民族文化旅游、休闲度假养生旅游、农业生态旅游、康体健身旅游、科普旅游和红色旅游。

目前，制约武陵山片区旅游业进一步发展的瓶颈之一是交通、旅馆等基础设施建设资金问题，特别是对于优惠的政策性信贷资

_____

① 参见杨晓辉《从经济学角度浅析非物质文化遗产的生产性保护》，2013 年《中央财经大学硕士学位论文》。

金，地方政府与众多的企业真可谓望眼欲穿。

（五）推进城镇化需要政策性金融的支持

武陵山片区扶贫开发，需要以城镇体系建设为平台，实现经济社会的跨越式发展。武陵山片区的城镇化仍然任重道远。

到 2020 年，武陵山片区在现有人口 10 万人左右的四个区域性中心城市，将要建设成为人口达到 20 万人以上的中等城市；在现有人口 5 万人左右的县域中心城关镇，将要建设成为人口达到 10 万人以上的小城市；在一些有条件的县属中心镇，将要建设为人口达 5 万人的小城镇；将一般镇建设为人口达 1 万人的小集镇。①

城镇化需要资金支持。武陵山片区扶贫开发区尤其需要低成本的政策性金融资金的支持，这是地方对中国农业发展银行的企盼。

（六）人力资本培训需要政策性金融的支持

武陵山片区农村贫困的重要原因之一是人力资本匮乏，农村缺乏有技术、会经营的人才。据中国国际扶贫中心和华中师范大学 2010 年的调查，整个武陵山片区农村家庭劳动力的受教育年限为 6.15 年，大致相当于小学毕业水平，整体偏低。武陵山片区农村家庭劳动力接受培训的状态也非常差，人均接受培训仅为 0.31 次，绝大部分劳动力从未接受过任何形式的培训，见表 5—1—14。

表 5—1—14　　2010 年武陵山片区四省市人力资源状况

	湖北	湖南	重庆	贵州	平均
劳动力人均年收入（元）	3996	2098	5625	5125	4480
平均受教育年限（年）	6.05	5.29	6.71	6.04	6.15
平均健康指数	2.14	2.39	2.59	2.44	2.42
平均培训次数（次）	0.02	0.10	0.51	0.48	0.31

资料来源：陈琦：《连片特困地区农村家庭人力资本与收入贫困——基于武陵山片区的实证考察》，《江西社会科学》，2012 年第 7 期。

---

① 邓正琦：《武陵山民族地区城镇化特征及发展趋势探讨》，《湖北社会科学》，2009 年第 3 期。

提升农村人力资本，是实现农村扶贫开发由"输血式"向"造血式"、由"外部推动式"发展向"内部自生式"发展转变的重要途径。提高人力资本，需要加大对连片特困地区农村教育培训投入的力度。除政府资助外，特困地区农村的教育培训还需要政策性金融的支持。

第二节　中国农业发展银行发展困境与转型思路

中国农业发展银行是 1994 年设立的三家政策性银行之一，建行 20 年来，走过了初期"全方位支农"、中期"专司收购资金封闭管理"及后期的"按现代银行要求打造农发行"三个阶段。当前，中国农业发展银行确立了"一体两翼"的业务发展格局。中国农业发展银行面临着自身发展定位之困境、政策性业务与商业性业务的矛盾、组织管理体制与员工激励问题、风险管理问题、资金筹措渠道与资金成本问题等多方面的制约。中国农业发展银行应该坚守农业政策性银行的定位，立足于政策性银行定位扩展业务，在业务经营上走开发性金融之路，创新组织管理体系，建立可持续的经营机制，鼓励不同地区分支机构因地制宜开展业务经营，在国家层面则要制定符合农业政策性银行性质的特殊监管制度。

一　中国农业发展银行的建立与发展

中国农业发展银行成立 20 年以来，在探索中前进，在改革中发展，走过了曲折发展的道路。先后经历了"全方位支农"、"专司收购资金封闭管理"、"按现代银行要求打造农发行"三个发展阶段。

（一）中国农业发展银行的建立

中国农业发展银行是直属国务院的唯一一家农业政策性银行。"政策性银行"主要是指由政府创立或担保、以贯彻国家产业政策、区域发展政策和其他社会发展政策为目的、具有特殊的融资原则、不以盈利为目标的金融机构。之所以设立政策性金融机构，是因为一国在经济发展过程中，常常存在一些商业银行从盈利角度考虑不愿意融资的领域，或者存在着其资金实力难以达到的领域。这些领域通常包括那些对国民经济发展、社会稳定具有重要意义，投资规模大、周期长、经济效益见效慢、资金回收时间长的项目，如农业开发项目、重要基础设施建设项目等。为了扶持这些项目，各国通常采用的办法是设立政策性银行，专门对这些项目进行融资。①

作为 1994 年国家设立的政策性银行，中国农业发展银行的诞生是中国金融改革的产物。计划经济时期形成的传统金融体制是"大一统"金融体制。1979 年后建立了中央银行与四大专业银行体制，突出特点是政策性金融与商业性金融不分。四大国有专业银行中的中国农业银行长期存在着角色定位不清，经营机制不灵活，不良资产比重大等问题。除了自身原因外，中国农业银行效益低下的重要原因，是其承担了大量的政策性金融业务。为了推进四大国有专业银行的改革，20 世纪 90 年代初期，国家决定将国有专业银行的政策性金融和商业性金融分离，推动国有专业银行向商业银行转化。

为完善我国农村金融服务体系，更好地贯彻落实国家产业政策和区域发展政策，促进农业和农村经济的进一步发展，国务院于1994 年 4 月 19 日发出《关于组建中国农业发展银行的通知》，批准了中国农业发展银行章程和组建方案。1994 年 6 月 30 日，中国农业发展银行正式接受了中国农业银行、中国工商银行划转的农业政策性信贷业务，共接受各项贷款 2592 亿元。1994 年 11 月 18 日，中国农业发展银行正式挂牌运营，与国家开发银行、中国进出口银

---

① 李扬等：《中国金融改革开放 30 年研究》，经济管理出版社 2008 年版，第 141页。

行组成了国家政策性银行体系。1995 年 4 月底,中国农业发展银行完成了省级分行的组建工作。1996 年 8 月至 1997 年 3 月末,按照国务院《关于农村金融体制改革的决定》增设了省以下分支机构,形成了比较健全的机构体系。到目前,中国农业发展银行全系统共有 31 个省级分行、300 多个二级分行和 1800 多个营业机构,服务网络遍布中国大陆地区。

1994 年中国农业发展银行成立时,国家赋予的主要任务是:按照国家的法律、法规和方针、政策,以国家信用为基础,筹集农业政策性信贷资金,承担国家规定的农业政策性金融业务,代理财政性支农资金的拨付,为农业和农村经济发展服务。当时,国家为中国农业发展银行划定的主要业务范围是:办理粮、棉、油、猪肉、食糖等主要农副产品的国家专项储备贷款;办理粮、棉、油等主要农副产品的收购、调销、加工贷款;办理业务范围内开户企事业单位的存款和结算,发行金融债券,办理境外筹资。[①]

建行之初,中国农业发展银行角色为"全方位支农"。

(二) 中国农业发展银行专司收购资金封闭管理

中国农业发展银行建行之初,承担了全方位的政策性支农角色。中国农业发展银行筹集农业政策性信贷资金,承担国家规定的农业政策性金融业务,代理财政支农资金的拨付,为农业和农村经济发展服务。根据中国人民银行《关于设立中国农业发展银行分支机构的批复》的精神,中国农业发展银行业务范围是:1. 办理国务院、中国人民银行安排的资金并由财政予以贴息的粮、棉、油、肉等农副产品的收购贷款及粮油调销、批发贷款;2. 办理承担国家粮油等产品政策性加工任务企业的贷款和棉麻系统棉花初加工企业的贷款;3. 办理国务院确定的扶贫贴息贷款和老少边穷地区发展经济贷款、贫困县县办工业贷款、农业综合开发贷款以及其他财政贴息的农业方面的贷款;4. 办理国务院确定的小型农、林、

---

① 尚明主编:《新中国金融五十年》,中国财政经济出版社 1999 年版,第 149 页。

牧、水利基本建设和技术改造贷款；5. 办理中央和省级政府的财政支农资金的代理拨付；6. 办理业务范围内开户企事业单位的存款；7. 办理开户企事业单位的结算；8. 办理经国务院和中国人民银行批准的其他业务。总体而言，中国农业发展银行主要办理粮油专项储备贷款，粮油收购、调销贷款，扶贫贴息贷款，农业综合开发贷款。

1998 年 3 月，国务院针对粮油收购贷款被大量挤占挪用问题，决定将中国农业发展银行承办的农村扶贫、农业综合开发、粮棉企业附营业务等项贷款业务划转到有关国有商业银行，中国农业发展银行主要集中精力加强粮棉油收购资金封闭管理。中国农业发展银行成为"专司收购资金封闭管理"的金融机构。中国农业发展银行主要业务是：发放和管理由国务院确定的粮食、棉花、油料收购、储备、调销贷款；肉类、食糖、烟叶、羊毛等国家专项储备贷款；办理中央对上述主要农产品补贴资金的拨付，为中央和省级政府共同建立的粮食风险基金开户并办理拨付；发行金融债券；办理业务范围内开户企事业单位的存款，办理开户企事业单位的结算；办理经国务院及中国人民银行批准的其他业务。

（三）中国农业发展银行"一体两翼"业务格局的形成

2004 年之后，中国农业发展银行业务范围再次得到逐步拓展。随着我国粮食流通体制改革进一步深化，从 2001 年开始粮食购销市场化进程加快，全国八个主销区粮食市场全面放开。2002 年，粮食产销平衡区和部分主产区也逐步放开了部分地区的粮食市场，粮食购销市场化已是大势所趋，除储备业务以外，农业发展银行的业务逐步萎缩，从粮食购销信贷市场逐步退出。中国农业发展银行业务面临新的调整。2004 年，在国务院召开的第 57 次常务会议上，对中国农业发展银行的职能重新定位，指出，中国农业发展银行要在做好粮棉油收购资金封闭管理的基础上，转变服务职能，拓展业务范围，把支持的范围扩大到农业产业化龙头企业方面。2006 年中央 1 号文件又指出，"调整农业发展银行的职能定位，拓宽业务范围和资金来源"。国务院的这些指示精神，为中国农业发展银行拓展商业性贷款业务指明了方向。

以 2004 年国务院 57 次常务会议召开为标志，中国农业发展银行启动了管理体制改革，业务范围由原来的以粮食流通为主，逐步向生产、加工和转化等整个粮食产业链条延伸，逐步形成以粮棉油收购贷款业务为主体，以农业产业化经营和农业农村中长期贷款业务为两翼，以中间业务为补充的多方位、宽领域的支农格局，给农发行带来了业务增长点和可持续发展的新机遇。

其一，根据国务院粮食市场化改革的意见，将传统贷款业务的支持对象由国有粮棉油购销企业扩大至各种所有制的粮棉油购销企业。其二，2004 年 9 月，银监会批准农发行开办粮棉油产业化龙头企业和加工企业贷款业务。其三，2006 年 7 月，银监会批准农发行扩大产业化龙头企业贷款业务范围和开办农业科技贷款业务。其四，2007 年 1 月，银监会批准农发行开办农村基础设施建设贷款、农业综合开发贷款和农业生产资料贷款业务。

至 2013 年，中国农业发展银行的主要业务有：（一）办理粮食、棉花、油料收购、储备、调销贷款。（二）办理肉类、食糖、烟叶、羊毛、化肥等专项储备贷款。（三）办理粮食、棉花、油料加工企业和农、林、牧、副、渔业的产业化龙头企业贷款。（四）办理粮食、棉花、油料种子贷款。（五）办理粮食仓储设施及棉花企业技术设备改造贷款。（六）办理农业小企业贷款和农业科技贷款。（七）办理农业基础设施建设贷款。支持范围限于农村路网、电网、水网（包括饮水工程）、信息网（邮政、电信）建设，农村能源和环境设施建设。（八）办理农业综合开发贷款。支持范围限于农田水利基本建设、农业技术服务体系和农村流通体系建设。（九）办理农业生产资料贷款。支持范围限于农业生产资料的流通和销售环节。（十）代理财政支农资金的拨付。（十一）办理业务范围内企事业单位的存款及协议存款、同业存款等业务。（十二）办理开户企事业单位结算。（十三）发行金融债券。（十四）资金交易业务。（十五）办理代理保险、代理资金结算、代收代付等中间业务。（十六）办理粮棉油政策性贷款企业进出口贸易项下的国际结算业务以及与国际结算业务相配套的外汇存款、外汇汇款、同业外汇拆借、代客外汇买卖和结汇、售汇业务。（十七）办理经国务院或中国银行业监督管理委员会批准的其他业务。

目前，中国农业发展银行已形成了以粮棉油收购信贷为主体，以农业产业化信贷为一翼，以农业和农村中长期信贷为另一翼的"一体两翼"的业务发展格局，初步建立了现代银行框架，经营业绩实现重大跨越，有效地发挥了在农村金融中的骨干和支柱作用。

随着社会主义新农村建设的全面推进和农村金融体制改革的不断深化，中国农业发展银行进入重要发展机遇期。站在新起点，面对新机遇，中国农业发展银行提出，将一如既往地把贯彻执行党和国家政策放在首位，进一步发挥政策性银行在服务国家宏观调控、促进"三农"发展中的职能作用，努力做政府的银行；将一如既往地坚持改革创新，积极配合中国农业发展银行外部配套改革，按照发展空间合理、治理结构科学、体制机制健全、经营管理规范、操作手段先进、具有可持续发展能力的要求，完善体制机制，强化经营管理，努力打造现代农业政策性银行；将一如既往地以支持国家粮棉购销储业务为主体，以支持农业产业化经营、农业农村基础设施建设和生态农业建设为重点，努力培育"建设新农村的银行"的品牌形象，做支持新农村建设的银行。①

二　中国农业发展银行的困境

（一）中国农业发展银行对于自身定位的困惑

1994 年作为政策性银行成立时，中国农业发展银行明确定位于农业政策性银行。但是，国家对于政策性银行的立法却一直没有

---

① 中国农业发展银行网站。http：//www. adbc. com. cn/templates/T_second/index. aspx? nodeid = 5。

出台，因而对于中国农业发展银行的经营范围、运行规则、监管制度、违规处罚等都没有给出明确规定，中国农业发展银行在无制度可依的情况下运行，"摸着石头过河"开展业务经营，经历了从全能的农业政策性银行，到专司农产品收购资金封闭管理，再到打造现代金融机构的几度变革。

中国农业发展银行头戴政策性银行光环，面临其他现代化的全能银行的挤压，因为其定位的特殊性，制约了自身职能的发挥和自身的发展。尽管如今中国农业发展银行建立了"一体两翼"的业务范围，但还不足以充分发挥农业发展银行在农村金融中的骨干与支柱作用。中国农业发展银行缺乏服务创新，难以适应"三农"的要求。

中国农业发展银行高层领导一再强调农发行主体业务的重要性。如2011年全国农业发展银行分行行长会议指出，"五年来我们始终坚持政策性银行的方向不动摇，形成了全新的业务发展格局"，提出"十二五"时期中国农业发展银行改革发展的指导思想是：认真贯彻落实党和国家大政方针，以科学发展为主题，以加快转变发展方式为主线，围绕保障国家粮食安全和主要农产品市场稳定、支持农业农村基础设施建设两大重点任务，完善金融服务，调整信贷结构，严控经营风险，深化体制改革，全面提升素质，构建和谐银行，扎实推进现代农业政策性银行建设，为支持农业农村发展作出新的更大贡献。① 2012年刘梅生副行长在全国农业发展银行分行行长会议上指出，"履行好支持粮棉油收储职责是首要任务，是贯彻全国金融工作会议提出'要强化政策性金融机构的政策性功能'精神的直接体现。支持好粮棉油收储，事关宏观调控和改革发展稳定大局，也是我行的基本职责和看家本领"，"切实把握强化政策性功能的极端重要性，毫不动摇地做好支持粮棉油购销储

① 《谋长远开好局，调结构控风险，全力支持粮棉油收储和农业农村基础设施建设——郑晖同志在中国农业发展银行全国分行行长会议上的讲话》（2011年1月22日），中国农业发展银行湘西州分行资料。

信贷工作"。①

　　然而在 2007 年，当三家政策性银行之一的国家开发银行明确地商业性转型后，中国农业发展银行何去何从，成为中国农业发展银行员工思考与热议的话题。是否仍旧坚持政策性银行的性质？是否也像国家开发银行一样向商业银行转型？是否会被国家开发银行或中国农业银行合并？

　　这些涉及中国农业发展银行发展方向的原则问题，已对不少地方农发行的经营造成困扰，政策性业务与商业性业务发生矛盾，急需给出明确答案。

　　（二）政策性业务与商业性业务的矛盾

　　中国农业发展银行确立"一体两翼"的业务格局后，政策性业务与商业性业务的矛盾也开始突显。其一，原有的政策性贷款历史包袱沉重，风险化解难度较大，新增的政策及准政策性贷款涉及范围窄，覆盖面小。其二，新增的商业性贷款项目中，如农村基础设施建设、农业综合开发、农业小企业贷款等业务种类，多数属于贷款期限长、还贷风险大、获得利润低的项目。如果按照商业性贷款管理的要求，大部分项目难以得到贷款，这与中国农业发展银行总行提出的中国农业发展银行是"建设新农村的银行"的宗旨相去甚远。其三，中国农业发展银行长期办理政策性业务，客户群体相对比较单一。在争取发展的新增商业性贷款的客户中，真正优质客户已成为商业银行的重点客户，中国农业发展银行能够争取到的大多是其中的中、低端客户及新建企业。因此，在"一体两翼"业务范围内，可供选择的优质客户少，客户群体先天不足。②

　　以广西为例，广西的食糖、木薯、桑蚕等农副产品产量在全国均占主导地位，产量占全国的 60% 以上，地方政府及相关部门希

　　①　《刘梅生同志在中国农业发展银行全国分行行长会议结束时的讲话》（2012 年 2 月 4 日），中国农业发展银行湘西州分行资料。

　　②　王威明：《"一体两翼"基本形成，政策性方向必须坚持》，《甘肃金融》，2009 年第 2 期。

望农发行按照政策性贷款要求给这些产业以贷款，带有强烈的政策性金融需求。但是，按照目前国家信贷政策的相关规定，此类贷款仍属于商业性贷款范围，需要按照商业信贷要求进行运作。这一矛盾在一定程度上影响了广西辖区农发行支持广西新农村建设的力度。①

政策性业务与商业性业务的矛盾，不仅制约了中国农业发展银行从多渠道筹集信贷资金，还对进一步拓展商业性业务造成障碍。

（三）组织管理体制与员工激励问题

中国农业发展银行属于政策性银行，与其他国有银行相比，在组织管理方面仍然保持着自身的特色，在建设现代银行方面，不仅远远落后于已完成股份制改造并成功上市的中国工商银行、中国建设银行、中国银行、中国农业银行等四大国有银行，还落后于国家开发银行。

一是在现行管理模式下，中国农业发展银行下级行的决策独立性比较差。中国农业发展银行主要依靠政府的意见和上级部门的要求而进行信贷投放决策，导致各级农业发展银行决策独立性不够，不能在坚持农业政策性银行的大框架下，根据自己的经营特点开展经营活动。现代市场观念、竞争观念、法制观念还没有完全深入到农业发展银行所有员工的头脑中，经营理念、经营机制上还保留着浓厚的计划经济色彩。

二是行政级别的管理模式，导致中国农业发展银行"官本位"思想浓厚。中国农业发展银行的管理组织结构是行政等级和垂直集中领导的体系。在这种行政等级管理体系中，员工的职位、薪酬、待遇等级的提升等，直接取决于高管的权力。各种指令均逐级传递和反馈，下级绝对服从上级的指示与安排，这也助长了农发行经营中的主观个人色彩，各项经营管理规章制度反而成为辅助管理的手

① 朱燕宇：《农业发展银行改革发展路径选择——以广西为视角》，《法制与经济》，2010 年 1 月。

段。尽管这是对分支机构高管内部控制必不可少的最后一道制约手段，但造成了高管人员经营意识、市场意识、法制意识与市场经济脱节。其另一后果是中国农业发展银行不能建立"能上能下、能进能出"的优胜劣汰的干部管理机制，使得行政激励、约束机制效用有限。

三是员工激励机制还未完善。中国农业发展银行的收入分配制度基本沿用计划经济体制下专业银行的工资模式，行政色彩浓厚，经营成果与经营银行及员工个人的切身利益没有真正挂起钩来，普遍存在"干好干坏一个样、干多干少一个样"的现象。这种收入报酬模式对职工没有激励作用，反而导致优秀人才的流失。目前，中国农业发展银行人才结构出现问题，职工年龄偏大，操作技能老化、业务知识老化、年龄结构老化等问题日益突出，经营管理人才缺乏，特别是缺乏掌握现代化金融知识、企业经营管理知识、计算机知识的复合型人才。[①]

中国农业发展银行高层在人才培养方面已制定出一些措施。如，按计划实施"3512"重点人才培养工程，强化对复合型管理人才、专家型专业人才和实用型操作能手的培养；引进业务发展急需、有实践经验的项目评估、法律事务、信息技术、国际业务等专业骨干人才；继续大规模、多形式地培训中高级管理人员、业务骨干和一线员工；完善持证上岗考试制度，形成以考促学、以考促用的机制；鼓励员工参加学历学位教育和社会资格证书考试；建立总行、省级分行机关无基层工作经历的中青年干部员工到基层锻炼的制度。[②] 但是，职工激励机制仍未建立起来。

另外，中国农业发展银行还存在机构网点较少，金融产品少，

---

① 吴华明：《农业发展银行改革的现状、问题及建议——以吉林省通化市辉南县为例》，《吉林金融研究》，2012年第12期。

② 《谋长远开好局，调结构控风险，全力支持粮棉油收储和农业农村基础设施建设——郑晖同志在中国农业发展银行全国分行行长会议上的讲话》（2011年1月22日），中国农业发展银行湘西州分行资料。

服务功能单一的问题。

（四）风险管理问题

设立中国农业发展银行的主要目的，是为了集中一部分资金解决农业和农村经济发展中的合理的政策性资金需要。相比较而言，在三家政策性银行中，中国农业发展银行所担负的非营利政策性贷款业务最多，这不可避免地会导致其不良贷款率相对较高。[①] 中国农业发展银行的风险管理问题仍然比较突出。

其一，中国农业发展银行贷款利率定价弹性不足。目前，中国农业发展银行商业性贷款利率定价权限全部集中在省级分行，这不仅延长了下级分支行的决策时滞，降低了经营效率，减弱了利率弹性，不利于调动基层行定价的积极性，也不利于应对市场的变化，另外，基层农发行失去利率定价工具，不能通过运用利率工具识别客户潜在的贷款风险。

其二，中国农业发展银行贷款集中度较高，使得规避信贷风险变得更难。许多地方农发行贷款的农业产业化龙头企业和骨干企业较少，特别是经济落后地区，优良客户更少。农发行贷款客户所在行业又比较单一，这种贷款行业的高度集中，加大了农发行因市场波动而产生的信贷风险。

其三，中国农业发展银行自身的风险管理水平还比较低。近年来，各级农发行已初步建立起前后台分设、审贷分离等一系列有效的风险管理措施，但这只是技术层面上的风险管理，而整体上、系统上的风险管理水平仍然较低。

（五）资金筹措渠道与资金成本问题

中国农业发展银行资金筹措渠道狭窄。因受到国家政策限制，农发行的筹资途径和方式有限，自主筹资功能弱、成本较高。另外，由于国家对农发行税收等配套政策不完善，使得农发行尽管与

---

① 李扬等：《中国金融改革开放 30 年研究》，经济管理出版社 2008 年版，第 142页。

商业银行处在不同的政策、经济和信用环境下，但营业税率却没有区别，这极大地削弱了农发行财务的可持续能力。

三　中国农业发展银行的转型思路

（一）立足于政策性银行定位扩展业务

农业政策性银行角色是中国农业发展银行得以诞生的前提。中国农业发展银行要想独立自主地发展，就不能丢掉政策性银行的立行基石。农发行今后的改革与发展，都需要坚持政策性银行的方向，立足于政策性银行的职能拓展业务，稳步拓展"两翼"业务。中国农业发展银行自 2004 年扩大业务范围后，利润已有较大幅度的增加。但商业性业务在农业发展银行经营中所起的重要作用，不应成为其向商业化转型的理由。

其一，中国农业发展银行的政策性职能定位必须坚守。中国农业发展银行作为国家金融机构，其职能定位是由政府赋予的，只要国家需要农业政策性金融，就有农业政策性银行存在的必要，农业发展银行的职能定位就不能改变。

其二，坚持服务"三农"的方向不能改变。国家当初设立农业发展银行的目的，就是要以政策性金融手段来支持农业，偏离服务"三农"的方向，中国农业发展银行存在的基础便不复存在。

其三，农业政策性业务为首要业务的原则不能变。不管商业性业务的作用有多大，比重有多大，中国农业发展银行都必须把政策性业务放在首位。

其四，社会效益第一的原则不能变，中国农业发展银行自身的经济效益必须服从于社会效益。①

中国农业发展银行在立足政策性业务的基础上，应该顺应新农村建设的需求，拓展"两翼"业务。

---

① 王威明：《"一体两翼"基本形成，政策性方向必须坚持》，《甘肃金融》，2009年第 2 期。

中国农业发展银行目前经营的政策性及准政策性贷款业务有：粮棉油储备贷款、储备肉全额补贴贷款、粮油调控贷款、粮棉油准政策性收购贷款及挂账贷款等，经营的商业性贷款业务主要包括产业化龙头企业贷款、棉花企业技术改造贷款、农业科技贷款、农村基础设施贷款、农业小企业贷款等品种。不过，鉴于农村金融市场供需缺位的情况及农村建设资金需求的巨大缺口，农发行更应该发挥政策性银行的融资导向和杠杆作用，在以下方面加强业务。

一是贷款对象要涵盖农村所有经济组织。农发行不要以是否涉农为界定贷款业务的依据，而应以经济组织是否坐落于农村地区为依据，对所有农村的经济组织开展贷款业务。

二是在贷款对象的选择上，要区别于其他商业银行。对于那些不符合商业银行贷款标准，但对当地经济又能起到一定作用的企业，农发行可以软贷款的形式，比如以注入股本金、资本金方式，实施前期进入，体现政策性银行的扶持作用。

三是利用政府财政资金，鼓励商业银行发放涉农贷款，对商业银行发放的涉农贷款给予利息补贴，并为一些资金回收周期较长的项目提供贷款担保。

四是对政策性金融扶植的主体向商业银行贷款给予担保，尤其是对中小企业提供贷款担保。

五是积极发放扶贫贷款。①

（二）业务经营要走开发性金融之路

开发性金融是介于商业性金融与政策性金融之间的一种金融形态。它指具有政府赋权法定国家信用的金融机构，以市场业绩为支柱，通过融资推动制度建设和市场建设，以实现政府特定经济和社会发展目标的资金融通方式。传统的政策性金融更多地强调财政融资，是以财政补贴或财政承担损失为中心的，主要任务是缓解物资

---

① 参见邓蓓、刘丹《农业发展银行改革思路探讨》，《华北金融》，2008 年第 12 期。

"瓶颈"，其规模和作用有限。而开发性金融则更多地体现了市场建设和市场融资，强调国家信用和市场业绩的统一，贯彻国家政策，实现政府目标。①

对于中国农业发展银行而言，业务经营走开发性金融之路，是一条行之有效的路径。首先，开发性金融的行为主体是具有政府赋权法定国家信用的金融机构，国家信用是开发性金融的基础。作为政策性金融机构，中国农业发展银行的资本金由国家提供，并拥有国家赋予的发行金融债券的特许权，享有准主权级的国家信用，完全可以将其运用到资本市场、债券市场变成筹资能力，把金融机构的短期存款和社会资金转化成长期资金，对国家重点发展的产业、行业和区域，提供贷款支持，发挥资金的导向作用。其次，开发性金融以市场业绩为支柱，实现开发性资金的良性循环和金融机构的可持续发展，与追求保本微利的传统政策性金融有重大区别。农发行要进行改革，要实现可持续发展，才能更持久有效地支持中国的"三农"。农发行要追求自身市场业绩与社会目标、政府目标共同实现，开发性金融无疑是一条有效路径。再次，开发性金融采用以融资推动制度建设和市场建设的运作模式。对于相对落后的农村金融市场，要改善"三农"发展状况，农发行实行开发性金融改革，是一条捷径。最后，开发性金融以实现政府特定经济和社会发展目标为自身的经营目标。农发行要追求自身市场业绩，但又不单纯以利润最大化为目标，而是为贯彻、配合政府的政策意图，在农业领域内充当政府进行宏观经济管理的工具，引导社会资金投向政府鼓励发展的"三农"领域，用制度建设和市场开发的方法实现政府的发展目标。

开发性金融在支持我国农村建设方面具有优越性。一是开发性金融具有市场建设优势；其二，开发性金融具有资金配置优势；其

---

① 李志辉、崔光华：《基于开发性金融的政策性银行转型——论中国农业发展银行的改革》，《金融研究》，2008 年第 8 期。

三，开发性金融具有平台搭建的优势。

因此，中国农业发展银行应该作为农村开展开发性金融业务的主要金融机构，利用其政府背景、政策优惠、商业运作等经营管理特点，推动农村经济的发展。[①]

立足于政策性金融，农发行开展开发性金融业务，应主要集中在商业性金融缺失、但具有较高的社会效益、政府高度关注、并积极引导扶持的农业和农村经济以及社会发展的"瓶颈"领域。比如，把农村基础设施、农业综合开发、农村公共事业、农业中小企业等领域列入农发行重点支持的领域，开发基础设施贷款、生产设施贷款、农业结构调整贷款等生产领域贷款；开发农产品收购和储备贷款、农产品市场建设贷款以及发放出口信贷等流通领域的贷款；开发产业化龙头企业贷款等加工领域贷款；开发农村扶贫开发贷款；加大农业技术援助贷款；开发农业贷款担保和农业保险，等等。[②]

中国农业发展银行高层已经强调要立足于政策性金融，开拓金融业务。2012 年中国农业发展银行分行行长会议提出，要认真做好中长期政策性金融工作，支持水利和农业科技等"三农"重点领域和薄弱环节，发挥好骨干和支柱作用，加大工作力度，采取有效措施，保持中长期贷款的良好发展势头。要认真做好农业农村基础设施建设贷款工作，要有所为、有所不为，切实把握投向，优化结构，突出支农特色，不断提高支持农业农村基础设施建设水平，继续以水利、农业科技和新农村建设为重点，大力支持党政关切、支农效果显著、加快城乡统筹发展、提高农业综合生产能力的农业农村基础设施建设项目。[③]

---

① 李志辉、崔光华：《基于开发性金融的政策性银行转型——论中国农业发展银行的改革》，《金融研究》，2008 年第 8 期。

② 李志辉、崔光华：《基于开发性金融的政策性银行转型——论中国农业发展银行的改革》，《金融研究》，2008 年第 8 期。

③ 《刘梅生同志在中国农业发展银行全国分行行长会议结束时的讲话》（2012 年 2 月 4 日），中国农业发展银行湘西州分行资料。

（三）创新组织管理体系

中国农业发展银行必须坚持渐进式改革模式，按现代银行组织形式，创新组织管理体系。

第一步，中国农业发展银行要探索体制改革之路。当前，中国农业发展银行属于事业单位，人员、费用、工资等都要纳入财政预算，不利于农发行进行商业化运作，不利于拓展两翼业务。中国农业发展银行组织体系的改革，可参考现代企业组织形式，考虑在政策上有所突破，如采取特殊性质的公司制形式。但国有独资或国有控股的做法不能变，因为，如果有其他资本的介入必定会引致利润最大化倾向，追求直接的经济效益往往会导致其与社会效益不一致，只有国有独资或国有控股才能保证其以社会效益为直接目标。

第二步，中国农业发展银行按市场化运作模式逐步健全管理机制。比如，建立良好的公司治理架构，健全内部控制制度，提高风险管理水平，加强外部审计和监督，转换经营机制和经营方式，建设开发管理信息系统，提高 IT 覆盖率。

第三步，强化农发行经营管理的决策权，淡化政府过多的干预。例如，人员由其根据业务量和经营核算要求自行编制，管理费用、工资、福利可按商业银行的做法，根据成本收益原则，由农发行自行调控；在薪酬制度方面，实行薪酬与岗位、职位直接挂钩的办法，引入激励机制；在考核机制方面，应建立兼顾政策执行情况、创造经济效益和加强风险防范相结合的绩效考核体系。[①]

另外，中国农业发展银行要加快自身建设，适应市场化变革的要求。如，合理配置人才资源，提高从业人员素质；大力加强电子化建设；根据区域粮食产区、销区的实际和粮食的市场化程度，调整机构设置，增加营业网点。

（四）政策性业务市场化运作

中国农业发展银行政策性业务风险较大，呆、坏账较多。要避

---

① 参见邓蓓、刘丹《农业发展银行改革思路探讨》，《华北金融》，2008 年第 12 期。

免走入政策性业务亏损包袱越来越沉重的怪圈，中国农业发展银行开展政策性业务必须坚持市场化运作模式。从国外政策性金融机构的发展与改革看，政策性银行采取市场化运作模式的越来越多，已成为政策性金融机构的经营趋势，农发行应该加以借鉴。

（五）建立可持续的经营机制

中国农业发展银行需要构建可持续发展的机制，以防范与化解信贷风险。

其一，建立可持续的资本金补充机制。

中国农业发展银行经营政策性业务，需要有稳定的低成本资金，因此，资金来源机制需要创新。中国农业发展银行资本充足率应达到8%的最低标准，甚至应该更高，因为农发行的经营风险比其他商业银行还高。资本金补充来源可通过以下几个渠道增加：一是国家财政在每年预算中专门安排一定比例的资金，补充农发行的资本金；二是税务部门对农发行减免税收，将减免的税额按一定比例用于补充资本金；三是制定政策，准许农发行提取一定比例的经营利润，补充到资本金中；四是增强自主筹资功能，积极利用市场手段，扩大资金来源，如发行金融债券，大力开展开户企业的存款业务，开办商业银行同业存款业务，参与资金市场的拆借业务，等等；五是制定有关法规，明确要求各级政府将财政性支农资金存放在中国农业发展银行，通过中国农业发展银行拨付；六是制定减免中国农业发展银行上缴存款准备金的政策，允许中国农业发展银行政策性业务部分的存款不再上缴准备金；七是参照其他国家的做法，规定商业银行必须将吸收的一定比例的农村存款划归中国农业发展银行，作为农发行的资金来源；八是拓宽中国农业发展银行的国际融资渠道，争取从世界银行、亚洲开发银行、国际粮棉组织等机构借入资金，经办国外政府、国际组织对我国的涉农贷款。[1]

---

[1] 王威明：《"一体两翼"基本形成，政策性方向必须坚持》，《甘肃金融》，2009年第2期；邓蓓、刘丹：《农业发展银行改革思路探讨》，《华北金融》，2008年第12期。

其二，防范与化解信贷风险。

近年来，中国农业发展银行在开拓业务范围的同时，信贷风险也随之增加。一是地方政府融资平台贷款风险。近几年，农发行投向农业农村基础设施建设的贷款集中快速增长。农业农村基础设施建设贷款在推进城镇化和县域经济发展，改善农民生产生活条件的同时，也带来一些风险隐患。反映在这类贷款主要是依托政府融资平台运作的，依靠土地出让收入作为第一和第二还贷来源。受房地产调控和土地市场变化的影响，土地出让收入不确定性上升，政府偿债的风险压力增大。一些经济欠发达省份的市县由于平台公司负债率较高，土地出让收入未达到预期，偿债风险逐步显露。从当前土地出让收入面临下降和政府面临换届的情况来看，将会给收贷收息带来很大压力，防范贷款偿债风险任务艰巨。二是市场化粮棉油收购等贷款风险。农发行粮棉油收购贷款的 50% 左右是发放给龙头加工企业的，这对加强收购贷款的准入管理是有效的，但同时对收购资金的监管提出了新的要求。多数龙头加工企业收购资金与流动资金是混合使用的，有些集团企业资金实行统一管理，从而增加了贷款封闭管理和第三方监管的难度。在一些分支机构中，由于贷后管理不到位，存在收购资金被挤占挪用、贷款"双结零"不够实以及对到期贷款通过续贷使风险后延的现象。企业经营中的风险向银行传导的可能性增大，防控贷款风险的形势不容乐观。①

中国农业发展银行已经在关注风险问题，并提出应对之策。如2012 年中国农业发展银行全国分行行长会议提出，不能放松管控信贷风险，特别是要防止出现区域性和系统性风险。要求各级行要强化贷款准入、贷中监督、贷后管理各关键环节的管理，不断提高办贷管贷质量；认真落实粮棉油收购贷款封闭管理的各项措施，抓紧抓实抓好促销收贷工作；严格执行土地类贷款"盯住土地，卖

---

① 《监事会丁仲篪主席在中国农业发展银行全国分行行长会议上的讲话》（2012年 2 月 3 日），中国农业发展银行湘西州分行资料。

地还款"政策,突出抓好中长期贷款收贷收息工作;加强客户管理,尤其是具有系统重要性的集团客户、大客户的管理,防范大额突发性信贷风险;强化内审监督和条线控制,加强信贷风险监测,严控新增不良贷款,清收盘活存量不良贷款,确保实现不良贷款"双降"的目标。[①]

(六) 鼓励不同地区分支机构因地制宜开展业务经营

中国幅员辽阔,区域经济发展水平差别极大,中国农业发展银行面对的支农任务呈现出比较大的差异。大体来说,粮食主产区供给粮棉油收购资金的任务较重,中国农业发展银行分支机构的主体业务比较充实,可以集中力量发展这些政策性业务;东部经济发达的地区,农业产业化方兴未艾,这些地区的农发行分支机构可以大力发展这方面的政策性业务与商业性业务;广大的中西部经济落后地区、少数民族地区,大多不是粮食主产区,农村脱贫任务很重,城镇化建设任务繁忙,这些地区的农发行分支机构应该淡化供给粮棉油收购资金的政策性业务,加大"两翼"业务,投入到农村经济建设之中。

(七) 制定中国农业发展银行特别金融监管制度

中国农业发展银行属于政策性银行,在改革中又拓展了一些商业性业务,因此,不应用商业银行的标准监管中国农业发展银行,而应该制定适合中国农业发展银行的金融监管制度。根据目前农业发展银行既有政策性业务,也有商业性业务的特点,可考虑对这两种业务采取不同的管理模式,对其政策性业务继续采取指令性计划,而对商业性业务则采取指导性计划。在信贷资产质量监管体系和办法方面,则要区别业务类型,对那些效益差、风险大、资产质量一般和较差的政策性业务,适当提高呆、坏账考核比率,并提高风险拨备税前计提比例。

---

① 《刘梅生同志在中国农业发展银行全国分行行长会议结束时的讲话》(2012年2月4日),中国农业发展银行湘西州分行资料。

第三节　湘西农发行先行先试的政策建议

与武陵山片区其他地方一样，湘西州拥有丰富的资源，但长期贫困落后。同中国农业发展银行其他地区的分支机构一样，农发行湘西州分行也面临着发展转型的问题。中央给了"武陵山集中连片特困区区域发展与扶贫攻坚"示范区先行先试的政策，农发行湘西州分行应该利用优惠政策，率先在少数民族贫困地区农发行分支机构中探索出一条转型发展之路，并为全国农业发展银行系统的改革提供经验。总的来看，湘西州在扶贫开发与实现"同步小康"规划目标的进程中，急需农发行提供政策性金融的支持。目前，湘西州农发行的业务尚未满足各方面的需求，在扩展"两翼"业务中大有可为。湘西州农发行要将服务于武陵山片区扶贫开发与城镇化作为业务经营的主方向，因地制宜强化"两翼"业务，多渠道汇集低成本的政策性资金，上级行应加大湘西州分行的信贷额度，给予湘西州分行更多的经营自主权，对湘西州分行实行差别化监管。另外，为推进武陵山片区扶贫开发，建议国家在湘西州首府吉首市设立武陵山片区农业政策性银行——中国农业发展银行分支机构。可考虑先由中国农业发展银行湘西州分行代行武陵山片区中国农业发展银行中心分行职能，等条件成熟后，再建立中国农业发展银行武陵山片区中心分行。

一　湘西州对政策性金融的需求强烈

地处武陵山片区核心区的湖南省湘西州，同片区的其他地市一样，拥有丰富的自然资源、生态资源，但长期以来经济发展缓慢。国家启动武陵山片区扶贫开发后，湘西州积极行动起来，抓住难得的发展机遇，提出加快脱贫、加速推进城镇化，同步实现小康的发展目标。因当地原本金融资源欠缺，加上资金外流，在扶贫开发中金融资金的不足更加凸显，所以对信贷资金的需求、特别是政策性信贷资金的需求十分强烈。①

（一）湘西州扶贫开发资金需求巨大

1. 湘西州扶贫开发取得的成绩

经过多年努力，湘西州的经济发展与扶贫工作取得很大的进步。与 2007 年底相比，2012 年，全州生产总值由 205.8 亿元增加到 397.7 亿元，增长 93%；全州农民人均纯收入由 2255 元增加到 4229 元，增长 87.5%；全州累计减少贫困人口 46 万人，农村贫困发生率下降到 20%。2013 年国家支持的财政扶贫专项资金突破 5 亿元。

近五年来，湘西州扶贫产业得到了快速发展。柑橘产业改造了 50 万亩低品味、低产量柑桔田。烟草基地建设成效明显，烟农增加收入 10 亿元以上。茶叶产业新扩茶园 10 万亩，茶农户均收入 1 万元以上。特色经济作物种植面积达 240 万亩，其中绿色无公害蔬菜瓜果 50 万亩，优质猕猴桃 10 万亩，百合、杜仲、金银花等中药材 10 万亩，新扩品改油茶 10 万亩。畜牧水产业初具规模，农村人均畜牧水产业收入 1032 元。扶植乡村生态文化旅游，对 150 个贫困村进行了"乡村生态文化游"扶贫开发。扶贫产业项目覆盖了 586 个贫困村、15 万贫困户、50 万贫困人口。

贫困村基础设施明显改善。近五年来，完成农田水利设施建设 2.28 万处，自来水受益村数达 1493 个，解决了农村 77.4 万人的饮水安全问题；完成县乡公路改造 2352 公里、农村通畅工程 4492 公里，实现 100% 的乡镇通了水泥（沥青）路，96.2% 的行政村通水泥或沙石路，解决 20 多万贫困村群众行路难的问题；完成 280 个贫困村的农网升级改造，实现 100% 的村通电、通广播电视、通固定或移动电话，实现了 100% 的乡镇通宽带。

农村贫困人口素质不断提高。先后对 1100 个国定、省定贫困

---

① 本节参考了石治平《政府工作报告——2012 年 11 月 23 日在凤凰县第十六届人民代表大会第一次会议上》；湘西自治州扶贫开发办公室《湘西自治州 2012 年扶贫开发工作总结》（2012 年 12 月 26 日）。

村和 90 个边远特困村的村干部进行了集中培训。开展农村实用技术培训 100 万人次，使全州农村 90% 以上的贫困户掌握了 1—2 门实用技术。

2. 湘西州扶贫开发任务仍然艰巨

第一，湘西州贫困面大，贫困程度深。按照国家新的扶贫标准测算，全州尚有农村贫困人口 139.4 万。2012 年农民人均纯收入为 4229 元，仅为全国的 53.4%，为湖南省的 56.8%，比怀化市、张家界市、铜仁市、恩施州、黔江区都要低。湘西州还有 1100 个省定重点贫困村，大多分布在 700—800 米的中高海拔地区。

第二，经济总量小、财政返哺农村能力弱。2012 年全州生产总值和财政收入，不论是总量，还是人均，在湖南省和全国 30 个少数民族自治州中，均处于落后位置。

第三，农村生产生活设施还很差。全州还有 469 个村未通自来水，有 575 个村未进行农网改造，有 74 个村未通公路。

第四，农业产业化程度低。农村特色产业还存在发展资金少、精深加工少、附加值高的产品少、产业链条短、产品知名度低等问题，特别是农产品精深加工率仅为 16%，远低于农业产业化 30% 的最低要求。

第五，再生性贫困突出。全州自然灾害频繁，群众抗灾能力弱，因灾、因病、因残致贫返贫现象多。

3. 湘西州扶贫开发规划宏大

湘西州计划大力实施区域发展与扶贫攻坚 "1115" 工程，将湘西州建设成为特色产业聚集区、扶贫攻坚实验区，实现在武陵山片区率先发展、率先脱贫。按照规划，到 2017 年，力争全州农民人均纯收入达 8000 元以上，新建 50 个扶贫产业开发示范园，新建 100 万亩扶贫优势产业基地，扶持培植 100 家扶贫龙头企业，解决 100 万贫困人口脱贫。

4. 湘西州扶贫开发资金缺口很大

依照湘西州的扶贫开发规划，未来几年扶贫开发资金需求巨大。从 2013 年州扶贫开发资金的筹措与运用来看，一是争取国家财政扶贫专项资金 5 亿元以上；二是归集资金 1.3 亿元以上，启动实施第二轮整村推进扶贫；三是投入资金 1.4 亿元，扶持 30 万名扶贫对象；四是投入 1000 万元，实现劳动力技能培训 3500 人次以上，实用技术培训 10 万人次；五是投入 8000 万元，办全省少数民族高寒山区脱贫解困试点；六是投入 1600 万元扶助贫困大学生；七是投入 1000 万元建立村集体经济窗口 50 个；八是投入资金 6000万元开发产业 8 万亩；九是完成德援、日贷扶贫项目投资 1000 万元以上；十是完成省级农业产业化企业基地建设及贴息 1500 万元；十一是争取永顺、花垣、泸溪、吉首 4 县市，成为国家"雨露计划"实施方式改革工作试点县；十二是减少农村贫困人口 12 万人。

（二）基础设施建设投资资金需求巨大

湘西州基础设施建设多年滞后。目前，湘西州公路密度仅为 63.9 公里/百平方公里，等级公路仅占公路总里程的 28.3%，通乡硬化率不足 60%，水利、电力、城镇等基础设施建设也相对滞后，特别是大部分农田水利设施严重老化、损毁，有效灌溉率不足 40%，人均旱涝保收农田面积不足 0.5 亩，远低于国家 0.8 亩的最低标准；农村公路通畅能力弱，60% 的村公路只通不畅；农村电网改造仅完成 40%，农村供电不稳、电价偏高问题十分突出；水土流失面积占全州国土总面积的 26.5%，石漠化面积占 10.4%，生态环境仍然脆弱；全州尚有近 80 万农村人口存在饮水安全困难。

加强基础设施建设，是扶贫开发，促进经济发展的关键条件之一。湘西州提出，在农村基础设施建设方面，要继续实施"五通"工程，每年集中安排财政扶贫专项资金 1.5 亿元，抓好农村"五小"水利、农贸市场改建新建、村组道路硬化通达、农村危房改造、生态移民、农村电网改造工程和优势产业开发相配套的基础设施建设，抓好文化、教育、卫生和民生社会保障工程。力争到

2017 年，"五小"水利工程基本完成；改造和新建农贸市场 110 个，实现乡乡有达标的农贸市场；扶贫建房 10 万户，农村危房改造达到 85% 以上；抓好 10 个生态移民搬迁工程；搞好 500 个村的村组道路硬化。

作为湘西州的发展典型，凤凰县在加强基础设施建设方面提出了更高的要求。凤凰县政府提出，在实施区域发展和扶贫攻坚战略中，要着力改善城乡基础设施条件。力争到 2015 年，实现乡乡通水泥和等级油路、村村道路硬化；新增农田有效灌溉面积 2 万亩，改善和恢复灌溉面积 10 万亩；继续实施农村安全饮水工程，再解决 20 万农村人口的饮水安全问题；农户电话普及率达 50% 以上，移动电话普及率 70% 以上，有线电视入户率 80% 以上。到 2017 年，实现乡乡通宽带、村村通农网、村村通广电、村村道路硬化、村村饮水安全和完成所有危房改造的任务。力争城镇化率 50% 以上。

凤凰县特别强调农业农村基础设施建设。规划中提出，力争到 2017 年完成 5 座小 I 型水库、70 座小 II 型水库及 600 口山塘除险加固工程，建成乌巢河中型水库，调节长潭岗水库，增强防汛抗旱能力。大力实施龙塘河、大小坪灌区续建配套与节水改造，2013 年开工建设涵盖腊尔山、两林和柳薄三个乡镇的大小坪自来水厂项目，3 月底前完成禾库、米良两个乡镇水厂的建设，2014 年完成吉信镇安全饮水项目。加快 21 个村安全饮水工程的建设，到 2015 年彻底消灭饮水困难村。加快沱江、万溶江、白泥江 3 条重点中小河流的治理，支持小水窖、小水池、小塘坝、小泵站、小水渠等"五小"水利工程建设，健全抗旱抗涝水利体系。抓好农村公路建设，2015 年完成山江至贵州云场坪、腊尔山至落潮井、贵州一碗水至两林、吉信至木江坪 4 条边界四级网络公路的建设，建成 9 个农村客运站场及 223 个招呼站。2017 年完成剩余的 156 个村 1100 公里的村间道路硬化任务。抓好农村能源建设，2013 年全面完成剩余的 23 个村的电网改造，2017 年全县沼气普及率达到具备建池条件农户的 80% 以上。

湘西州基础设施建设项目，多靠争取国家专项资金来筹资，建设资金的缺口巨大。当地政府特别希望获得政策性金融资金的支持。

（三）湘西州建设特色农业需要资金支持

国家农业政策提出，为切实解决好农业农村农民问题，加快调整农业结构，增强农业的综合生产能力，确保粮食安全和主要农产品供给，必须提高农业现代化水平。湘西州在农业现代化建设方面提出，要确保农林牧副渔业总产值年增长 5% 以上，到 2017 年全县农业总产值突破 15 亿元，城乡居民人均纯收入比 2007 年翻一番。

为实现这一目标，湘西州以腊尔山地区为主战场，加大对农民专业合作组织、产业大户的扶持力度，大力发展基地 + 农户 + 企业的生产模式，帮助农户对接老爹公司、湘泉制药厂、明丰公司等农产品加工企业，建立长期稳定的农产品销售网络，解除了农户生产的后顾之忧。加大农民群众素质教育与技能培训，培养一批有文化、懂技术、会经营的新型农民，促进农业产业结构调整和农业产业化发展，力争到 2017 年基本形成一村一品、一户一业的产业开发新格局。大力培育扶贫龙头企业、种养大户和产业协会，实现种养、加工、销售一体化，解决农产品的卖难问题。

地处武陵山区的湘西州，发展农业的优势是特色农业。湘西州提出，重点拓展水果、蔬菜、烟叶、药材等支柱产业，突出抓好椪柑、烟叶、茶叶、油茶、蔬菜、百合、猕猴桃、中药材、畜牧水产等特色产业的发展。抓好 50 个扶贫开发示范园，新建 100 万亩扶贫优势产业基地。要在永顺、凤凰、吉首、古丈、保靖等县优先建立杜仲胶生产基地 2 万亩。继续重点扶持省级农业骨干企业。[①] 凤凰县规划提出，要抓好林峰、水打田、廖家桥等椪柑基地"改品

---

① 湘西自治州扶贫开发办公室：《湘西自治州 2012 年扶贫开发工作总结》，2012 年 12 月 26 日。

提质"工作，推进廖家桥、落潮井等猕猴桃基地扩展升级，建好沱江镇、廖家桥及"两山"地区的蔬菜基地建设，打造阿拉、两林、柳薄、腊尔山、禾库等五个万担烟叶乡镇，力争五年内实现蔬菜17万亩33万吨以上、烟叶5万亩12万担以上、水果种植面积30万亩以上、椪柑品改提质16万亩以上，建成2万亩红心猕猴桃基地。围绕旅游城市肉类供给，保障畜禽水产品质量安全，抓好规模特色养殖业发展，力争2017年三大牲畜饲养量45万头以上，家禽饲养量150万羽以上，肉类总产量1.5万吨以上。

湘西州虽然形成了椪柑、烟叶、茶叶、中药材、养殖等农村特色产业，但农产品精深加工率不到10%，远低于农业产业化30%的最低要求。农产品加工龙头企业大都处于原始积累的初级阶段，初级产品多，优质产品少，传统产品多，精深加工少，中低产品多，附加值高的产品少。企业投资大部分用于简单扩大规模，项目储备少，新产品开发能力弱，缺乏农产品加工的新项目、好项目。

因此，在发展特色农业方面，湘西州还有巨大的投资缺口。

（四）湘西州旅游开发还需要持续的投入

武陵山区拥有丰富的旅游资源。湘西州将旅游开发作为扶贫开发的主攻方向。在规划中提出，以发展乡村旅游、文化生态旅游、红色旅游为重点，抓好"矮寨奇观"旅游扶贫项目、红石林旅游扶贫二期工程和150个乡村文化生态游扶贫项目，着力扶持以永顺塔卧、龙山茨岩塘等为主的10个老区红色扶贫旅游景点建设，把湘西州建设成为全国旅游扶贫示范区。[①]

新兴旅游区凤凰县以建设国际一流旅游目的地为目标，提出以旅游业为主导产业，扩容提质，做大做强，力争到2017年实现接待游客1000万人次以上，实现旅游收入80亿元以上。为此，凤凰

---

① 湘西自治州扶贫开发办公室：《关于对全州扶贫开发工作的思考》，2013年10月30日。

县制定了十大文化旅游提质项目。计划 2013 年 5 月前启动烟雨凤凰文化产业城项目，完成熊希龄展览馆扩建，11 月完成沈从文展览馆扩建，年内完成镇筸十二院、南华山景区开发二期工程和高速公路两厢植树造景工程；2014 年完成沱江风光带三期工程；2015 年完成黄丝桥古城保护开发、沱江及城区排水整治工程；2016 年完成文星苑开发。

针对制约旅游业发展的宾馆饭店短缺问题，凤凰县规划 5 年内创建 2 个五星级和 2 个四星级乡村游景点，建成 3 家五星级酒店、4 家四星级酒店和 5 家三星级酒店，完成 100 家湖南省星级家庭客栈挂牌。同时，抓好"中国腊尔山"、"凤凰姜糖"、"烟雨凤凰"等特色商标的申报工作，抓好苗族银饰、土家织锦、阳戏、蓝印花布、纸扎等民俗文化与旅游开发的深度结合，抓好中国·凤凰苗族银饰节、中国·凤凰国际民俗摄影节双年展、"四月八"、"六月六"等重要节庆活动，打造一台具有浓郁的凤凰特色、国内一流的人文山水实景晚会。

为美化环境，凤凰县规划了推进高速公路两旁景观带、"青山抱古城"、"森林古城"、十里沱江风光带两岸植树造景、乡镇整脏治乱绿化行动等工程建设，加大配套荒山造林、长防林工程、石漠化治理、巩固退耕还林后续产业等生态保护工程建设的力度，力争 2017 年实现全县森林覆盖率 49% 以上。

发展旅游业，前期投入资金巨大，急需金融支持。

（五）少数民族企业需要资金支持

湘西州少数民族企业产业结构严重趋同，多属旅游等相关产业，企业规模偏小。如凤凰县，2000 万元以上规模的企业只占全县企业总数的 6%。管理水平较低，传统式的管理比较普遍，真正建立现代企业制度并规范运作的较少。人才匮乏，难以实现跨行业、跨领域发展。这些少数民族的企业一方面需要国家扶持资金；另一方面需要政策性资金的支持。

（六）地方财政无力支持扶贫开发

湘西州的财政状况不可能支撑地方的经济建设，多年来靠上级财政的转移支付维持着正常运转。2008 年全州财政总收入 24.04 亿元，财政支出 62.67 亿元；2009 年全州财政总收入 26.22 亿元，财政总支出 84.97 亿元；2010 年全州财政总收入 32.23 亿元，财政总支出 104.11 亿元；2011 年全州财政总收入 41.92 亿元，财政总支出 126.38 亿元；2012 年全州财政总收入 47.9 亿元，财政总支出 150.2 亿元。[①]

凤凰县的财政收支情况也是如此。2011 年凤凰县全县完成财政总收入 34389 万元，全县完成财政总支出 125388 万元。2012 年全县完成财政总收入 50679 万元，完成财政总支出 173759 万元。

由此来看，湘西州的扶贫开发需要国家专项资金扶持与政策性金融资金支持两条腿走路。当前，在湘西州提出"同步小康"的发展目标后，农村政策性金融的支持显得更为迫切。

二 农发行湘西州分行的业务经营不适应"同步小康"要求

（一）近几年来，湘西州分行开展"一体两翼"业务情况[②]

1. 积极经营主体业务

湘西州分行一直高度重视支持粮油收购这一主体业务。

2007 年，累计向各类符合条件的粮油企业发放贷款 12616 万元，支持企业收购调销粮食 85330 吨，油料 910 吨。

2008 年，州分行对 22 户粮油企业发放粮食储备、购销及准政策性收购贷款 11413 万元，支持粮食购销企业收购调入粮食 78680 吨、油脂 890 吨。

---

① 湘西土家族苗族自治州统计局资料：《湘西土家族苗族自治州国民经济和社会发展统计公报》（2008—2012 年）。

② 本节资料来源：《中国农业发展银行湘西州分行 2008—2013 年工作总结、分行行长报告》。

2010 年，湘西州农发行累计发放粮棉收储贷款 11762 万元，支持企业收购、轮换和储备粮食 45670 吨，调入棉花 1042 吨。

2011 年，州分行累计发放各类粮油贷款 22252 万元，支持粮食企业新增粮食储备 5610 吨，油脂储备 1150 吨，各级储备轮换 46515 吨。发放其他粮油贷款余额 4680 万元。

2012 年，将支持粮油收购作为全行业务工作的重中之重，及时足额供应资金，确保支持粮油收购。累计发放粮油收储贷款 20493 万元，支持企业收购储备粮食 6.9 万吨、油脂 1400 吨，保证了中央和地方各项粮油收储计划的顺利实施。

2. 积极发展"两翼"业务

2004 年以来，湘西州农发行积极探索"两翼"业务之路，近 5 年来取得比较大的进展。

2007 年，湘西州分行将农业产业化建设作为支持新农村建设和业务有效发展的着力点，加大信贷投入，积极支持企业开展"公司 + 基地 + 农户"模式的经营，大力扶持特色优势产业，助推湘西州农业产业化建设。全年累计向龙山金山实业有限公司等 10 户农业产业化企业投放贷款 6100 多万元，支持企业开展农副产品加工转化和基地建设，支持产业化企业新建红薯、木薯、花椒、茶叶等专业生产基地 55 万余亩，辐射 20 多万农户。

2007 年，州分行还把扶持农业小企业作为支持县域经济发展、带动农民脱贫致富的有效载体，采取"一县一策、因地制宜"的办法，给予湘西奥瑞克医药化工公司等 11 户农业小企业信贷支持，累计发放农业小企业贷款 3553 万元，支持领域涉及林业、水果、茶叶、医药等多种行业，帮助 3 万多农户解决了就业门路，户均增收 5000 余元。

湘西州分行适应"建设社会主义新农村的银行"的要求，加大了对农村基础设施建设的信贷，2006 年在湖南省率先开发农村基础设施建设贷款投放业务。2007 年，发放农村公路贷款 2 亿元，支持建设县乡公路路基 395 公里，路面工程 219 公里，支持农村

675 公里畅通工程开工、完成 307 公里。

2008 年，为支持湘西州农业经济和产业发展，累计向 16 户农业产业化龙头企业、农业小企业发放贷款 8760 万元，帮助企业克服经营困难，实现了银企双赢。积极支持农村基础设施建设，累计发放农村基础设施贷款 11000 万元，支持全州的公路建设和凤凰沱江的污水治理。

2010 年，湘西州分行重点支持农业农村基础设施建设，累计发放农村基础设施建设、农业综合开发、县域城镇建设等新农村建设贷款 47900 万元，支持农业综合开发项目 1 个、支持农村流通体系建设项目 1 个，支持路网、电网、电视信息网建设项目 6 个，支持污水、垃圾无害化处理以及土地整理等政府关注、农民关心的项目 8 个。分行择优支持农业产业化经营，全年累计发放农业产业化龙头企业贷款 4790 万元、农业小企业贷款 4542 万元。

2011 年，湘西州分行累计发放支农贷款 77499 万元，累收 62008 万元，剔除核销粮食财务挂账因素后，贷款实际增加 34301 万元。在支持农业基础设施建设方面有较大突破，全年共营销中长期项目贷款 13 个，金额 10.08 亿元。抓住新农村建设和水利建设贷款这两个信贷增长点，加大了对农业综合开发、农村基础设施建设、水利建设等重点领域和薄弱环节支持的力度，累计发放农业、农村基础设施贷款 5.23 亿元。

2012 年，大力支持农业产业化经营和现代农业的发展，累计发放农业、农村基础设施贷款 5.23 亿元，年末中长期贷款比重达到 67.4%。积极支持自治州特色优势农业的发展，重点扶持粮、油、棉、林、草等湘西特色产业、特色农业，累计发放商业贷款 7450 万元。

（二）近几年来湘西州分行信贷业务结构的变化

供给农副产品收购资金，是中国农业发展银行的主体业务。从湘西州农业发展银行信贷业务看，从 2008 年到 2012 年虽然农副产品收购资金贷款总额呈上升趋势，从 2008 年的 109256.71

万元，增长到 2012 年的 213033.38 万元，但在全部信贷业务中所占比例却是不断下降的。2008 年占信贷总额的 21.75%，2010年下降到 19.16%，2012 年又下降到 13.92%。见表 5—3—1、表 5—3—2。

中国农业发展银行湘西州分行的"两翼"业务在不断地扩张，但各项业务拓展程度不一。

农业产业化龙头企业贷款从 2008 年以来，一直停滞不前，甚至倒退。2008 年这一贷款为 19799.8 万元，2009 年大幅下降，2012 年为 9360 万元，仍未恢复到 2008 年的水平。其所占信贷总额的比例，2008 年为 15.09%，此后基本维持在 4% 到 5% 之间。见表 5—3—1、表 5—3—2。

加工企业及其他企业短期贷款的开展，更是一波三折。2008年贷款额度为 6516.02 万元，2009、2010 年没有发放，2011 年贷放 560 万元，2012 年没有业务。其占信贷总额的比例，2008 年为4.97%，2011 年为 0.33%，微不足道。见表 5—3—1、表 5—3—2。

对于农业小企业的贷款，表现为稳步上升的趋势。2008 年贷款为 4420 万元，2009 年增加到 5118 万元，2012 年达到 7447 万元。这一贷款在全部信贷业务中所占比例，2008 年为 3.37%，2009 年为 4.11%，2012 年为 3.50%。见表 5—3—1、表 5—3—2。

湘西州农发行 2012 年发放农业科技贷款 950 万元，占信贷业务总额的 0.45%。此前一直没有开办这一业务。见表 5—3—1、表 5—3—2。

农村基础设施建设贷款一直是州农发行的重头戏，贷款额度呈上升态势。2008 年这一贷款为 30990 万元，2010 年增长到 59772万元，2011 年达到 58300 万元，2012 年保持在 43740 万元。这一业务在全部信贷中的比例较大，2008 年为 23.61%，2009 年为31.12%，2010 年为 48.36%，2011 年为 34.62%，2012 年为20.53%。见表 5—3—1、表 5—3—2。

湘西州农发行从 2010 年起办理农业综合开发贷款业务。2010 年、2011 年、2012 年分别为 5000 万元、5000 万元和 9300 万元，其所占比例分别为 4.05%、2.97% 和 4.37%。见表 5—3—1、表 5—3—2。

2011 年、2012 年，湘西州农发行开始经营农业生产资料贷款，分别贷放 2200 万元，占信贷总额的比例分别是 1.31% 和 1.03%。见表 5—3—1、表 5—3—2。

从 2010 年起，湘西州农发行开办了农村流通体系建设贷款业务。2010 年到 2012 年，贷款额度分别是 1300 万元、1141 万元和 1041 万元，占信贷结构的比例分别是 1.05%、0.68% 和 0.49%。见表 5—3—1、表 5—3—2。

从 2009 年开始，湘西州农发行推出县域城镇建设信贷业务，发展前景看好。2009 年贷款额度为 5990 万元，2010 年为 5640 万元，2011 年为 7590 万元，2012 年为 6690 万元。这一业务占全部信贷业务的比例，分别为 4.66%、4.56%、4.51% 和 3.14%。见表 5—3—1、表 5—3—2。

2011 年和 2012 年，湘西州农发行开拓了农村土地整治贷款，分别达到了 30200 万元和 60500 万元，在信贷结构中所占比例分别达到了 17.94% 和 28.4%。这是州农发行信贷业务新的增长点。见表 5—3—1、表 5—3—2。

2012 年，湘西州农发行还经办了水利建设贷款 19000 万元，占业务总额的 8.92%。见表 5—3—1、表 5—3—2。

挂账占用贷款一直是农发行业务的重要部分。随着历史包袱的减轻，这一业务下降额度明显，2008 年为 40967.89 万元，2009 年减到 40927.89 万元，2010 年降到 40889.89 万元，2011 年下降到了 22080.29 万元，2012 年为 22060.29 万元。这一业务在信贷业务中所占比例，2008 年为 31.22%，2010 年为 33.08%，2011 年和 2012 年下降到了 13.11% 和 10.36%。见表 5—3—1、表 5—3—2。

表 5—3—1　中国农业发展银行湘西州分行信贷业务（2008—2012）

单位：万元

	2008	2009	2010	2011	2012
资产总计	77133.14	82341.40	262924.73	103088.16	84561.73
各项贷款合计	109256.71	128518.36	152892.70	168383.82	213033.38
1. 农副产品贷款	28538.82	31172.07	29296.31	28645.53	29645.08
2. 产业化龙头企业贷款	19799.80	5310.40	5920.00	7600.00	9360.00
3. 加工企业及其他企业短期贷款	6516.02	0	0.00	560	0.00
4. 农业小企业贷款	4420.00	5118.00	5074.50	5067.00	7447.00
5. 农业科技贷款	0.00	0.00	0.00	0.00	950
6. 农村基础设施建设贷款	30990.00	40000.00	59772.00	58300.00	43740.00
7. 农业综合开发贷款	0.00	0.00	5000.00	5000.00	9300.00
8. 农业生产资料贷款	0.00	0.00	0.00	2200.00	2200.00
9. 农村流通体系建设贷款	0.00	0.00	1300.00	1141.00	1041.00
10. 县域城镇建设贷款	0.00	5990.00	5640.00	7590.00	6690.00
11. 挂账占用贷款	40967.89	40927.89	40889.89	22080.29	22060.29
12. 农村土地整治贷款	0	0	0	30200.00	60500.00
13. 水利建设贷款	0	0	0	0	19000.00
14. 贴现及转贴现资产	0.00	0.00	0.00	0.00	1100.00

资料来源：中国农业发展银行湘西州分行。

表 5—3—2 中国农业发展银行湘西州分行信贷业务结构

（2008—2012） 单位：%

	2008	2009	2010	2011	2012
各项贷款合计	100	100	100	100.00	100.00
1. 农副产品贷款	21.75	24.25	19.16	17.01	13.92
2. 产业化龙头企业贷款	15.09	4.13	4.79	4.51	4.39
3. 加工企业及其他企业短期贷款	4.97	0	0	0.33	0
4. 农业小企业贷款	3.37	3.98	4.11	3.01	3.50
5. 农业科技贷款	0	0	0	0	0.45
6. 农村基础设施建设贷款	23.61	31.12	48.36	34.62	20.53
7. 农业综合开发贷款	0	0	4.05	2.97	4.37
8. 农业生产资料贷款	0	0	0	1.31	1.03
9. 农村流通体系建设贷款	0	0	1.05	0.68	0.49
10. 县域城镇建设贷款	0	4.66	4.56	4.51	3.14
11. 挂账占用贷款	31.22	31.85	33.08	13.11	10.36
12. 农村土地整治贷款	0	0	0	17.94	28.40
13. 水利建设贷款	0	0	0	0	8.92
14. 贴现及转贴现资产	0	0	0	0	0.53

资料来源：中国农业发展银行湘西州分行。

到 2012 年，中国农业发展银行湘西州分行的信贷业务结构已经发生了比较大的变化。占第一位的是农村土地整治贷款，第二位的是农村基础设施建设贷款，第三位的才是农副产品收购资金贷款。州农业发展银行主体业务所占的比重不足 14%，而其他"两翼"业务所占比重超过了 86%，特别是农村土地开发与农村基础设施建设贷款所占比例合计起来，几乎接近 50%，见图 5—3—1。

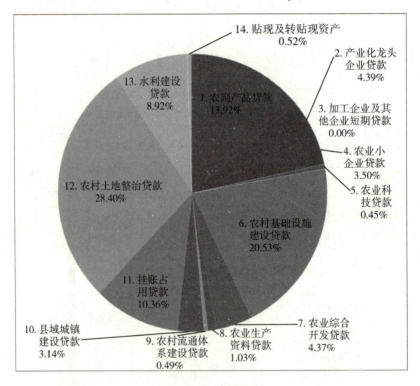

14. 贴现及转贴现资产 0.52%
2. 产业化龙头企业贷款 4.39%
13. 水利建设贷款 8.92%
1. 农副产品贷款 13.92%
3. 加工企业及其他企业短期贷款 0.00%
4. 农业小企业贷款 3.50%
5. 农业科技贷款 0.45%
12. 农村土地整治贷款 28.40%
6. 农村基础设施建设贷款 20.53%
11. 挂账占用贷款 10.36%
10. 县域城镇建设贷款 3.14%
9. 农村流通体系建设贷款 0.49%
8. 农业生产资料贷款 1.03%
7. 农业综合开发贷款 4.37%

图 5—3—1　中国农业发展银行湘西州分行 2012 年信贷结构

资料来源：中国农业发展银行湘西州分行。

（三）湘西州农发行开拓"两翼"业务的空间巨大

通过前文分析，可以看出，湘西州农发行在拓展"两翼"业务方面已经做了大量工作。但是，州农发行在支持当地发展"三农"方面，还大有文章可做。

目前，湘西州农发行在开展农村基础设施贷款、农村土地整治贷款业务方面，已取得比较好的业绩。但是，向地方融资平台贷款，其隐藏的风险必须重视，进一步扩展的空间已经有限。另一方面，在支持发展特色农业方面还做得远远不够。比如，在开展产业的龙头企业贷款、农业小企业贷款、农业综合开发贷款、农业科技贷款、农业生产资料贷款、农村流通体系建设贷款、水利建设贷款方面，贷款额度很小，还大有可为。在推进城镇化建设方面，州农发行也做得不够，新型城镇化热潮已经兴起，农发行大有用武之地。

三　中国农业发展银行湘西州分行先行先试的政策建议

（一）将服务于武陵山片区扶贫开发与城镇化作为业务经营的主方向

湘西州所在的武陵山片区是国家重点推进的扶贫开发区。国家已给了武陵山片区"先行先试"的"尚方宝剑"。湖南省提出了建设农村小康的发展目标，湘西州也适时提出实现"同步小康"的口号，期望在 2020 年实现同步小康。在湘西州，扶贫开发与城镇化，既是实现同步小康的目标，更是保证实现同步小康的发展路径。作为国家政策性银行，未来州农发行应该坚守政策性银行的特殊定位，将服务于武陵山片区扶贫开发和城镇化作为业务经营的主要方向。

（二）因地制宜强化"两翼"业务

湘西州不是粮棉主产区，决定了州农发行的主体业务不可能是供给农副产品收购资金，尽管这是州农发行的重要工作，也是重中之重。湘西州独特的资源禀赋，决定了其发展路径的本地特色。因此，湘西州农发行应该大胆地因地制宜地发展"两翼"业务。当前，一是要抓住武陵山片区区域发展与扶贫攻坚在湘西州试点的战略机遇，加大对农业农村基础设施贷款的投放力度，重点依托规范的融资平台支持农业农村基础设施建设，推进农田水利建设、土地收储、农副产品加工园等贷款项目。二是要支持列入国家、省、州政府推广计划的优良品种、节水灌溉、农产品加工、农业机械等领域的科技成果转化和产业化项目，重点支持从事农业良种繁育推广一体化的两户养殖企业的发展。三是要积极探索信贷支持农业科技创新的有效运行模式。四是要努力争取政策，支持以凤凰为龙头的旅游开发项目。五是要积极投入城镇化建设，抓住时机，发放相关贷款。六是要积极发展中间业务，发展巩固代理保险业务，加大网银、银行卡等结算手段的推广应用力度，等等。

（三）多渠道汇集低成本的政策性资金

中国农业发展银行担负着农业政策性贷款业务的重任，必须保证低成本资金有可持续的来源。如何筹措低成本资金，是中国农业发展银行系统面临的难题。目前，湘西州农发行信贷资金来源比较单一，主要是上级行给定的信贷资金，额度有限，不适应地方经济发展的需要。

近些年，国家支农资金增长较快，支农项目政出多门，据不完全统计，目前我国中央级直接分配、管理农业财政资金的部门达9个之多，不同部门支农资金拨付的机制并不统一，经过农发行系统拨付的国家专项支农资金不多。对农业发展银行而言，代理国家支农资金拨付，能够增加农发行可用的低成本信贷资金。因此，建议在湘西州先行先试，将各类财政支农资金统一由州农发行代理拨付。

（四）加大湘西州分行的信贷额度

对于像湘西州这样的国家连片扶贫开发的少数民族、贫困落后地区，国家应该加大政策性金融支持的力度。中国农业发展银行总行应考虑对少数民族贫困地区信贷计划实行特事特办，进行信贷计划单列。湘西州农发行的贷款额度可以直接向总行申请。

（五）给予湘西州分行更多的经营自主权

为了使湘西州农发行更好地服务于武陵山片区的扶贫开发，应该给予其更多的经营自主权。一是弱化州农发行发放农副产品贷款任务，在开展"两翼"业务方面给予更多自主权，调动其积极性，因地制宜地经营当地经济发展急需的贷款项目。二是农发行总行下放审批权限，像湘西州分行这样的少数民族贫困地区的二级分行，在权审批的商业性短期贷款项目限额应高于一般地区。三是允许湘西州农发行实行灵活的职工激励机制，允许州农发行提取一定比例的利润，奖励工作优秀的员工。

（六）对湘西州分行实行差别化监管

农发行湘西州分行在扶贫开发、推动少数民族贫困地区发展方面，应该承担更多的政策性支持职能。因为其承担的任务比较特殊，需要在金融监管方面实行差别化。建议上级金融管理部门在贷款审批权限、信贷规模分配、激励考核机制、信贷产品创新、贷款拨备计提、不良资产处置、坏账核销等方面出台差别化政策，在不良贷款、贷款集中度、存贷比、涉农贷款占比等方面提高容忍度。

当前，对湘西州农发行，一是实施项目资本金监管差别化。现阶段农发行对项目资本金的比例要求是一般不能低于20%，根据少数民族贫困地区发展的实际需要，可将项目资本金下调至15%—20%。二是实行呆坏账监管方面实行差别化。允许湘西州农发行呆坏账比例可在一定程度上高于其他地区。监管部门虽对全国不同银行业机构提出了放松不良贷款容忍度，但没有具体针对不同地区、不同行业的实施细则，各省、各地难以掌握实施和发挥差别化的监管政策优势，湘西州农发行可在政策允许的范围内尝试进行突破。三是适当放宽农村抵押物范围，探索农村土地承包经营受益权抵押、林权抵押等抵押担保。

（七）尝试湘西州分行代行武陵山片区农村开发银行职能

国家已经启动了武陵山片区扶贫开发攻坚，出台了《武陵山片区区域发展与扶贫攻坚规划》。武陵山片区扶贫开发必须成片联动，才能推动整个区域的发展。由于武陵山片区涉及湘、鄂、黔、渝四省市，区域协调不畅。不少学者提出，应该成立武陵山片区协调机构。从政策性金融支持角度而言，建议国家考虑成立武陵山片区农业政策性银行分支机构，负责大型基础设施、农村产业发展、新型城镇化等方面政策性金融资金的支持。

　　湘西州位于武陵山片区的核心区，传统上为武陵山区政治、经济、文化中心。建议武陵山片区农业政策性银行——中国农业发展银行分支机构设立于首府吉首市。可考虑先由中国农业发展银行湘西州分行代行武陵山片区中国农业发展银行中心分行的职能，等条件成熟后，再建立中国农业发展银行武陵山片区中心分行。

附录

农发行在支持少数民族贫困地区城镇化建设中必须实行差别信贷政策

中央城镇化工作会议指出："推进城镇化是解决农业、农村、农民问题的重要途径，对全面建成小康社会具有重大的现实意义和深远的历史意义。"农业发展银行作为服务"三农"的农业政策性银行，要认真贯彻中央城镇化工作会议精神，在支持少数民族贫困地区新型城镇化的过程中实现差别信贷政策，才能更好地发挥重要作用。

一 少数民族贫困地区的发展亟待政策性金融的支持

湘西自治州位于湖南西北部，全州总面积 1.55 万平方公里，下辖 8 县市，总人口 290 万，其中以土家族、苗族为主的少数民族占 78%。湘西州是国家西部大开发、武陵山片区区域发展与扶贫攻坚先行先试地区，是湖南省湘西地区开发重点地区和扶贫攻坚的主战场，其中 7 个县属国家级贫困县，是典型的"老、少、边、山、穷"地区，亟待政策性金融的支持。

（一）商业性金融的缺失导致民族贫困地区对政策性金融的强烈需求

截至 2013 年末，湘西州金融机构存款余额 629 亿元，比 2008 年增长 166%，年均增长 21.6%；金融机构贷款余额 259 亿元，比 2008

年增长 142%，年均增长 19.4%。存贷差由 2008 年的 129 亿元扩大到 370 亿元，存贷比由 2007 年的 54% 下降到 2013 年的 41%。其中龙山县存贷比不到 30%。部分商业银行对地方经济发展的信贷支持不力，相反却起到了"抽血"的作用，2013 年末，湘西州邮政储蓄银行存款余额高达 96.8 亿元，而贷款余额仅为 9.16 亿元，当年新增存款 33 亿元，新增贷款仅 4.5 亿元，有限的信贷资源反倒向外流失，支持了发达地区的发展。几家国有商业银行中，除了建行向总行争取到差别信贷政策，对矿产品加工业信贷的门槛略有降低外，其他几家银行如工行、农行、中行，均因上级行信贷管理收紧，信贷投入大幅萎缩。全州基础设施中长期贷款？亿元，占全省？%，2013 年新增中长期贷款？亿元，仅占全州全年固定资产投资？%。

（二）推进武陵山片区区域发展与扶贫攻坚试点需要政策性金融强力地支持

2011 年，国家启动武陵山片区区域发展与扶贫攻坚试点，这是国家深入实施西部大开发、促进区域协调发展的重大战略举措。湘西州属此次试点的核心区域。根据国家武陵山片区区域发展与扶贫攻坚总体规划和湖南省的实施规划，湘西州编制了区域发展与扶贫攻坚规划，共规划项目 1566 个，总投资 4431 亿元。同时，湘西州启动实施了区域发展与扶贫攻坚"1115 工程"（即区域发展 10 大重点工程、扶贫攻坚 10 大民生工程、10 个百亿产业、50 个重点产业项目）。武陵山片区区域发展与扶贫攻坚试点，为推进金融创新、探索开发性金融、寻求政策性金融提供了机遇。

（三）全面同步建成小康社会需要政策性金融的强力支持

党的十八大向全国人民做出了到 2020 年全面建成小康社会的庄严承诺，湖南省委、省政府出台了《关于分类指导加快推进全面建成小康社会的意见》，提出了要在中部地区率先实现全面小康的宏伟目标。湘西州积极跟进，提出依托"四化两型"引领，围绕区域发展与扶贫攻坚两大任务，大力实施"五大建设"（优势产业、基础设施、新型城镇、生态文明、民生事业）发展战略，力争到 2017 年建州 60 周年时，实现生产总值、财政收入、固定资产投资、旅游总收入、工业增加值、城乡居民收入 6 个翻番，全面小康实现程度达到 90% 左右，到 2020 年时，基本同步建成全面小康社会。湘西州要同步建设全面小康社会，必须依托项目支撑，必须依靠特殊信贷政策的支持。

（四）农村基础设施建设需要政策性金融的强力支持

过去，由于国家的投入有限，湘西州农村的基础设施建设严重滞后，欠账较多，全州等级公路率仅 30%，农网改造率仅 50%，急需治理的病险水库有 580 多座。根据"十二五"规划，湘西州实施农村公路交通、农网改造、水利设施等农村公益性、民生性工程建设，共需投资 300 多亿元。由于州、县两级财政都是吃饭财政，根本无力承担投资主体责任，而上级的预算投资毕竟有限，仅能解决不到 50 亿元，缺口逾 250 亿元。商业银行出于短期效益的考虑，不愿投也不敢投。因此，政策性金融便成为弥补商业信贷缺失、缓解资金缺口难题的现实选择。

（五）新型城镇化建设需要政策性金融的强力支持

2013 年，湘西州城镇化率为 39.2%，远远落后于全国全省的平均水平，尚有较大的发展空间。根据以往的发展规律，每年约提高城镇化率 1.5—1.8 个百分点，2020 年时有望达到 52%，7 年累计可提高约 13 个百分点，共计约有 40 万农民进城变成市民，按 1 万人/平方公里的人口密度计算，需拓展城区面积 40 平方公里。新拓展的城区面积要达到宜居水平，每平方公里至少需公共基础设施投资 10 亿元，共需投入 400 亿元。这是推进城镇化最基本的投入成本，钱从哪里来？地方财政承担不起，商业银行不会投入城镇基础设施，必须发挥政策性金融的优势，通过做大做实地方政策融资平台，与政策性银行实施银企合作，运作好土地储备项目，以地生财，滚动开发，做活城镇经营文章，拓展城镇发展空间，以达到推进新型城镇化的目的。

二　农发行是少数民族贫困地区新型城镇化建设信贷资金的重要提供者

大力支持农业农村基础设施建设，推进城乡发展一体化。这是农发行可持续发展的最大机遇所在，也是信贷支农的最大潜力所在。国内外经验表明，加强农业农村基础设施建设，是促进城乡公共服务均等化，加快农村经济社会振兴的有效途径。但长期以来，我国财政对农业农村基础设施的欠账较多，基础设施建设资金集中投入与财政资金分年预算、分批拨付的矛盾比较突出，已经成为制约农业农村经济社会发展的瓶颈因素。

首先，中央城镇化会议提出"推进政策性金融机构改革，当前要发挥好现有政策性金融机构在城镇化中的重要作用"。农发行作为国有农业政策性银行和服务"三农"的银行，其信贷支持重点具有明显的公益性和非经营性，而难以依靠自身经营实现收支平衡的农业开发和农村基础设施建设项目，是农业农村可持续发展的薄弱环节和重点领域。其主要运作方式是政府主导，实体承贷、预期收益权抵押。

其次，今年中央经济工作会议指出："使市场在资源配置中起决定性作用。"政策性金融更应加大对少数民族贫困地区的支持力度。农发行作为政府调节市场失灵和弥补市场缺陷的重要工具，可以有效调节少数民族贫困地区出现的资金逆向流动。近年来，湘西州农发行充分发挥政策性银行的优势，围绕粮油产业发展、农村基础设施、农业产业化和流通体系建设等支持重点，不断加大信贷投入，2008 年以来累计发放各类贷款 32.05 亿元，其中中长期项目贷款 16.43 亿元，2012 年末贷款余额 21.3 亿元，规模超越了工行、农行、中行等国有商业银行，仅次于信用联社和建行，成为第三大贷款银行，逐渐成为助推湘西州经济社会发展的主力军。

最后，今年中央 1 号文件指出："支持农业发展银行开展农业开发和农村基础设施建设中长期贷款业务，建立差别监管体制。"农村基础设施有些项目往往是投资大、周期长、自身效益低、资金回笼慢、回报率低，如城乡统筹中农业和农村基础设施中长期建设项目，首先要列入政府规划、政府立项，项目建设和运营也必须由政府控制或主导，一般商业性银行和社会资金不愿投入，具有典型的公益性、非经营性特征。作为农业政策性银行，经营原则是保本微利，追求的目标是经济、社会、生态效益的最大化，追求社会效益的最大化，忠实地体现政府的支农意图，广泛归集引导社会资金回流农村，发挥农发行在城乡一体化建设中的骨干和支柱作用，正是对农村金融体系缺失的补充。农发行凭借自身政策性银行的优势，可以围绕统筹城乡规划一体化做文章，及早着手，找到最佳切入点，积极跟进城乡发展规划的编制实施，重点支持列入当地发展规划、政府主导、社会关注、具有较强民生效应的项目，实施相对应的信贷服务。

三　农发行助推少数民族贫困地区新型城镇化应当实施差别信贷政策

农发行作为支持新农村建设的农业政策性银行，要在支持城乡一体化中有所作为，为农业增产、农民增收、农村稳定提供更有力的、多层面的农业政策性金融支持，就必须统筹城乡发展，找准支持重点和关键，必须实施差别信贷政策，才能更好地发挥信贷的支持作用。

（一）扩大农发行支农范围

若农发行能够完善农村政策性金融服务功能，加大服务力度与渗透力度，配合政府加大对城乡发展一体化的支持，则可有效发挥政府补贴和政策性垫付资金双重的倡导性功能，引导社会投资者增加对城乡发展一体化建设的投入，打破制约"城乡一体化"发展的瓶颈。因此，要扩大农发行支农范围，使其更好地发挥作用，少数民族贫困地区新型城镇化基础设施都可以纳入支持范围，一是支持农村基础设施建设，重点围绕水、电、路、通信等项目；二是支持保障房和农民集中住房建设；三是支持农村教育、卫生事业发展；四是支持文化产业和旅游业，支持申报世界遗产的文化保护和景区基础设施建设；五是支持交通、水利、能源、通信等重大基础设施项目建设，支持国家级和省级重点产业园建设，夯实发展基础；六是支持新型城镇化与扶贫开发相结合，推动中心城市和重点城镇基础设施和公共服务设施建设、开发园区产城一体化、土地整治和土地储备等，促进人口和产业聚集及城乡一体化发展。

（二）落实财税扶持金融的优惠政策

一是建议国家从经营性基本建设投资或国有土地出让金中提取一定比例，设立"农业投资发展基金"，对支持城乡统筹发展的政策性贷款给予100%的利息补贴。二是建立贷款本金偿还财政扶持机制，实行中央财政承担40%，省级、州级、县级财政各承担20%的还贷比例。三是通过减免农发行营业税等额用于归还少数民族贫困地区到期贷款。

（三）信贷计划单列与办贷简化

央行适度增加农发行年度信贷计划，并明确贫困地区中长期专项指导计划，不足可适当追加，结余收回，不得调剂使用，贷款资金来源由人民银行总行全额再贷款，利率实行优惠。农发行总行对少数民族贫困地区基础设施贷款适当提高省级分行审批权限。完善信贷管理制度，优化办贷流程。

（四）放宽贷款条件

一是下调项目资本金比例。根据少数民族贫困地区的实际情况，应将项目资本金比例下调至15%。通过下调项目资本金，降低项目的准入门槛，更好地发挥资金的杠杆作用。二是延长贷款期限。对公益性基础设施项目贷款期限，一般为10—15年，最长可达20年，对有效益、现金流充足的项目按实际测算确定贷款期限。三是免担保抵押。公益性项目不要求提供足额担保抵押，可采取信用贷款方式或预期收益质押方式。四是放宽负债率、债务率、偿债率等经济指标限制。

（五）出台农业政策性银行相关法律法规

建议抓紧出台《农业政策性银行法》或《中国农业发展银行条例》，使农发行业务经营纳入法制化管理的轨道。随着农发行支农力度尤其是支持城乡统筹发展力度的加大，建议国家对农发行建立有效的外部激励约束机制。围绕促进政府支农政策目标的实现、信贷资金安全、国有资产保值增值、银行经营业绩等方面，对农发行建立绩效考评机制。将考评结果同员工收入、费用安排等挂钩，并在财务费用的管理使用上借鉴商业银行收入费用率管理方式，逐步建立一种良性的费用约束机制，并赋予一定的自主权，以促进农发行的可持续发展。

（六）推进涉农资金的整合

理顺并归并各类财政支农资金由农发行统一代理拨付。据不完全统计，目前我国中央级直接分配、管理农业财政资金的部门有9个。根据国务院赋予农发行"代理财政支农资金的拨付"的职能，建议对中央和地方各类支农资金进行整合，归并到财政部门统一管理，并由农业发展银行代理结算与拨付，以增强农发行的支农主导作用，加强对支农资金的监管。

经济所学者参加座谈会

座谈会现场

湘西农发行领导在座谈会现场

座谈会现场

湘西农发行领导与经济所学者交谈

神秘湘西

湘西德夯大桥

凤凰不夜城

凤凰城里的沈从文故居

沈从文在《边城》里提到的顺顺吊脚楼

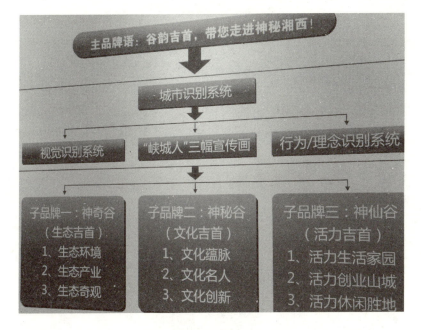

湘西州城市发展规划

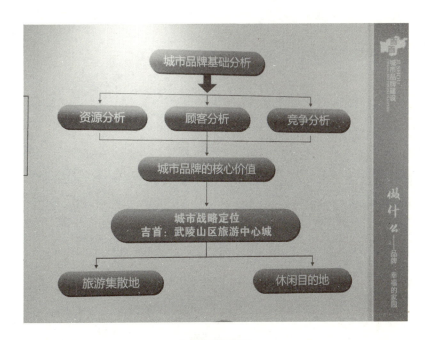

吉首市发展定位

德夯古寨里的女子打鼓手

座谈会现场

座谈会现场

湖南作家彭学明题写的"边城娘家"

座谈会现场

后　记

在外界看来，湘西素来以神秘著称，从《乌龙山剿匪记》到宋祖英故乡古丈，再到沈从文的故乡凤凰城，大多数人只能从小说和传说中窥探到她的身影。在大湘西世界绝版的风景里，居住着土、苗、瑶、侗等多个民族，她们热情好客，能歌善舞。在这片土地上，大自然鬼斧神工的杰作让人目瞪口呆，各民族创造的灿烂文化亦会令人目不暇接。

但是，由于地理位置、历史、资源储量等方面存在较大差异，湘西各县市的经济发展存在不平衡，产业结构也存在较大的差异。新中国成立初期，农业是湘西的主导产业，以农业为主导的龙山县GDP 总量占全州的 22.2%。随着经济的不断发展，湘西的产业结构也随之发生较大的变化，产业结构的变动直接影响了县市经济的发展。至 1992 年，吉首市 GDP 实现了 5.4 亿元，GDP 总量全州排名第一，占全州比重达 20.5%；龙山县 GDP 总量占全州比重下降至 15.5%。到 2012 年，吉首市 GDP 实现 96.3 亿元，是 1992 年的 17.8 倍；占全州比重为 24.2%，提高了 3.7 个百分点；龙山县GDP 总量占全州比重下降至 10.4%，下降了 5.1 个百分点。党的十八大报告提出，到 2020 年要全面实现小康社会，对于一些经济发达地区来说，这个目标并不遥远，但对像湘西苗族土家族自治州这样的地方，则显得有些困难。

为了深入了解在民族落后地区的小康建设步伐，尤其是调研金融对三农的支持情况以及促进乡镇发展的情况，中国社会科学院经济研究所国情调研课题组联系了湘西州农发行，希望能够通过该行对乡镇三农工作的扶持情况，研究分析出有针对性的分析报告和发展思路。主持该行工作的陈晓明行长给予大力支持，欢迎课题组前往调研。2013 年 10 月 31 日至 11 月 8 日，课题组成员一行 7 人深入湘西州开展"农发行支持少数民族地区同步小康"专题调研活动。课题组一行先后深入吉首市、凤凰县、花垣县等地，就当地的社会、经济和金融发展状况进行考察，并与相关部门座谈。座谈会上，课题组充分肯定了农业发展银行对湘西少数民族地区农业、经济发展发挥的重要作用和作出的积极贡献，并结合国家武陵山片区区域发展与扶贫攻坚规划在湘西州先行先试等特点，就农发行如何加大力度支持少数民族地区实现同步小康，提出了意见和建议，希望结合湘西州州情，抓住机遇，研究分析政策性银行的市场定位，深刻领会融资政策、指令性信贷计划，扩大对湘西少数民族地区的风险容忍度，同时要加强对少数民族地区提供特色金融服务等方面的支持力度。调研有助于推动农发行的改革与发展，充分发挥农业政策性银行的职能作用和政策优势，促进少数民族地区加快社会经济发展，争取到 2020 年末实现全面建成小康社会的宏伟目标。

课题组的调研活动在《光明日报》刊登了消息，将在调研基础上形成的《要报》呈递给国家的有关领导，取得了较好的效果。

本报告的顺利完成，首先要感谢湘西农发行陈晓明行长的支持和配合，其次要感谢课题组成员的辛勤调研和写作。报告写作分工情况：前言由彤新春撰写，第一章由蔡朝晖撰写，第二章由曲韵撰写，第三章由姜长青撰写，第四章由于文浩撰写，第五章由赵学军撰写，附录由陈晓明撰写。整个报告提纲设计、内容要求、修改统稿由彤新春负责。

为本报告顺利结项，科研处周济、陆桦二位领导给予支持与指导，在此一并表示感谢，他们为本所的国情调研做了大量辛勤的工作，是真正的幕后英雄，在此向他们致敬！中国社会科学出版社的冯春凤编审为本报告的出版也付出了辛勤的汗水，一并致谢。